国家社会科学基金资助项目（10BKG007）
北京市属高等学校人才强教计划资助项目（PHR20100514）

北京先秦考古

韩建业　著

文物出版社
北京·2011

封面设计：李　红

责任印制：张道奇

责任编辑：杨新改

图书在版编目（CIP）数据

北京先秦考古/韩建业著 . —北京：文物出版社，2011.1

ISBN 978 - 7 - 5010 - 3107 - 8

Ⅰ . ①北…　Ⅱ . ①韩…　Ⅲ . ①考古—北京市—先秦时代

Ⅳ . ①K872. 1

中国版本图书馆 CIP 数据核字（2010）第 235855 号

北京先秦考古

韩建业　著

*

文 物 出 版 社 出 版 发 行

（北京东直门内北小街 2 号楼）

邮编：100007

http：//www. wenwu. com

E-mail：web@ wenwu. com

北京君升印刷有限公司印刷

新 华 书 店 经 销

787×1092　1/16　印张：19.25　插页：1

2011 年 1 月第 1 版　2011 年 1 月第 1 次印刷

ISBN 978 - 7 - 5010 - 3107 - 8　定价：98. 00 元

目　　录

插图目录

第一章　引言

本书研究的北京地区指现在北京市所辖区县范围①，先秦指从 1 万多年前的新石器时代早期至秦皇朝建立以前的时期。

北京地区位于欧亚大陆的东缘，华北平原的北端，三面环山东南面海，被称为"北京湾"，是一块相对独立的小地理单元，这决定了北京地区文化始终有一定的自身特点。但又通过豁口道路与周围连通，且处于面向内陆和面向海洋两大文化区的过渡地带②：其北部山区面向内陆，实即欧亚草原带的东缘，与欧亚大陆中西部文化颇多联系；南部平原面向海洋，与黄淮海平原文化交流频繁。面向内陆和面向海洋的两大文化区之间又存在碰撞和融合。本书的写作目的之一，就是考察复杂的多元文化交流在北京地区先秦考古学文化动态发展过程中的作用，以及北京地区先秦文化在"早期中国"形成和发展中的重要历史地位③。

北京地区西周以后成为势力颇盛的燕国的核心，这对汉唐时期北京作为北方重镇，乃至于元、明、清以来北京成为全国政治、文化的中心，都奠定了一定的基础。本书的写作目的之二，就是考察北京地区先秦社会的

① 2010 年 7 月北京市政府将东城区与崇文区合并为新的东城区，将西城区与宣武区合并为新的西城区，使原 18 个区县变为 16 个。为方便使用考古资料，本书仍采用合并前的区县格局和名称。

② 苏秉琦等曾将中国划分为面向内陆和面向海洋两大部分，见苏秉琦、殷玮璋：《关于考古学文化的区系类型问题》，《文物》1981 年 5 期第 10～17 页。

③ 这里所谓"早期中国"，指商代以前中国大部地区文化彼此交融连锁而形成的以中原为核心的相对的文化统一体，与张光直提出的"中国相互作用圈"、严文明所说"重瓣花朵式的格局"和苏秉琦所说"共识的中国"含义近同。见张光直：《中国相互作用圈与文明的形成》，《庆祝苏秉琦考古五十五年论文集》第 6 页，文物出版社，1989年；严文明：《中国史前文化的统一性与多样性》，《文物》1987 年 3 期第 38～50 页；苏秉琦：《中国文明起源新探》第 161 页，生活·读书·新知三联书店，1999 年。

演进及其对塑造燕文明的贡献。

北京地区全新世以来自然环境存在明显变化。由于城市化节奏的加快，生态环境已面临诸多问题①。本书的写作目的之三，就是考察这个敏感地带先秦时期的人地关系，这对于客观评价秦汉以后人类对北京地区的开发有参考价值，对现在北京的现代化建设当有一定的启示作用。

北京地区先秦时期考古学研究主要从中华人民共和国成立以后开始②，并大致经历了两个发展阶段。

第一阶段为1949～1972年，属于初创期。

北京地区考古虽然早在20世纪20年代就驰名中外，但重点在周口店旧石器时代遗址的发掘和研究方面。新石器时代至秦以前的考古学研究，主要从中华人民共和国成立以后开始。与中原等地相比，明显滞后一个大的阶段。这期间以1961年对昌平雪山遗址的发掘最为重要。这次发掘揭示出一、二、三期遗存的早晚地层关系，初步确立了北京地区铜石并用时代至青铜时代文化的发展序列③。此外，1962年发现并试掘房山琉璃河西周遗址④，1966年发现门头沟东胡林新石器时代早期墓葬⑤。其他主要就是东周前后一些遗址和墓葬的发现，包括房山窦店⑥、蔡庄⑦、长沟古城⑧和黑古

---

① 霍亚贞：《北京自然地理》，北京师范学院出版社，1989年。

② 北京市文物局考古队：《建国以来北京市考古和文物保护工作》，《文物考古工作三十年（1949～1979）》第1～12页，文物出版社，1979年；北京市文物研究所：《北京考古四十年》，北京燕山出版社，1990年；北京市文物研究所：《北京市考古五十年》，《新中国考古五十年》第1～27页，文物出版社，1999年；宋大川主编：《北京考古发现与研究（1949～2009）》，科学出版社，2009年。

③ 《北大历史系考古专业四年级在京郊实习——发掘到新石器时代至辽代文化遗址》，《光明日报》1964年4月2日。

④ 北京市文物工作队：《北京房山县考古调查简报》，《考古》1963年3期第115～121页。

⑤ 周国兴、尤玉柱：《北京东胡林村的新石器时代墓葬》，《考古》1972年6期第12～15页。

⑥ 该城址先被称为"芦村城址"，后改称"窦店土城"，见冯秉其、唐云明：《房山县古城址调查》，《文物》1959年1期第71页；刘之光、周恒：《北京市周口店区窦店土城调查》，《文物》1959年9期第56～57页；北京市文物工作队：《北京房山县考古调查简报》，《考古》1963年3期第115～121页。

⑦ 王汉彦：《周口店区蔡庄古城遗址》，《文物》1959年5期第73页。

⑧ 冯秉其、唐云明：《房山县古城址调查》，《文物》1959年1期第71页；北京市文物工作队：《北京房山县考古调查简报》，《考古》1963年3期第115～121页。

台、丁家洼遗址①，宣武广安门外桥南②、白云观遗址③，昌平半截塔④和松
园墓葬⑤、怀柔城北墓葬⑥等。总体上缺环较多，综合性研究缺乏，整个先秦
时期考古学文化的序列还尚未建立。此阶段周昆叔对北京两处埋藏泥炭沼的调
查和孢粉分析⑦，表明地学界已开始关注北京地区晚更新世和全新世自然环境。

　　第二阶段从 1972 年至今，属于重要发展期。

　　"文化大革命"期间北京考古工作基本停止。1972 年以后北京先秦考古工
作逐渐恢复。1972 年开始的琉璃河西周遗址发掘，可以作为进入这一阶段的
标志。1973 ~ 1977 年对西周燕国都城遗址⑧和燕侯墓地⑨进行大规模发掘和勘
察。1981 ~ 1986 年，又在该遗址发掘 200 余座燕国墓葬，其中包括著名的
M1193 大墓⑩。90 年代以后还有许多发现⑪。其他重要工作，包括 1975 年昌

①　北京市文物工作队：《北京房山县考古调查简报》，《考古》1963 年 3 期第 115 ~ 121 页。
②　赵正之、舒文思：《北京广安门外发现战国和战国以前的遗迹》，《文物参考资料》
　　1957 年 7 期第 74 ~ 75 页。
③　北京市文物工作队：《北京西郊白云观遗址》，《考古》1963 年 3 期第 167 页。
④　北京市文物工作队：《北京昌平半截塔村东周和两汉墓》，《考古》1963 年 3 期第
　　136 ~ 139 页。
⑤　苏天钧：《北京昌平区松园村战国墓葬发掘纪略》，《文物》1959 年 9 期第 53 ~ 55 页。
⑥　北京市文物工作队：《北京怀柔城北东周两汉墓葬》，《考古》1962 年 5 期第 219 ~
　　239 页。
⑦　周昆叔：《对北京市附近两个埋藏泥炭沼的调查及其孢粉分析》，《中国第四纪研究》
　　第 4 卷第 1 期第 118 ~ 134 页，1965 年。
⑧　中国社会科学院考古研究所、北京市文物研究所琉璃河考古队：《琉璃河燕国古城
　　发掘的初步收获》，《北京文博》1995 年 1 期第 24 ~ 27 页。
⑨　北京市文物研究所：《琉璃河西周燕国墓地（1973 ~ 1977）》，文物出版社，1995 年。
⑩　琉璃河考古队：《1981 ~ 1983 年琉璃河西周燕国墓地发掘简报》，《考古》1984 年 5
　　期第 405 ~ 416 页；中国社会科学院考古研究所等：《北京琉璃河 1193 号大墓发掘简
　　报》，《考古》1990 年 1 期第 20 ~ 31 页。
⑪　北京大学考古学系、北京市文物研究所：《1995 年琉璃河周代居址发掘简报》，《文
　　物》1996 年 6 期第 4 ~ 15 页；北京市文物研究所、北京大学考古学系：《1995 年琉
　　璃河遗址墓葬区发掘简报》，《文物》1996 年 6 期第 16 ~ 22 页；琉璃河考古队：《琉
　　璃河遗址 1996 年度发掘简报》，《文物》1997 年 6 期第 4 ~ 13 页；楼朋林：《琉璃河
　　遗址 2001 年度西周墓葬发掘简报》，《北京文物与考古》第五辑第 73 ~ 79 页，北京
　　燕山出版社，2002 年；《琉璃河遗址新发掘的西周墓葬》，《2002 中国重要考古发
　　现》第 42 ~ 46 页，文物出版社，2003 年。

平白浮西周大墓①、1977 年平谷刘家河商代大墓②的发现，1982～1983 年昌平雪山遗址第二次发掘③，1984～1987 年平谷上宅和北埝头新石器遗址发掘④，1985～1989 年延庆葫芦沟、西梁垙、玉皇庙东周北方民族墓葬发掘⑤，1986～1990 年房山镇江营先秦遗址发掘⑥，1986 年房山窦店古城的勘察和试掘⑦，2001 年以来门头沟东胡林⑧和怀柔转年⑨新石器时代早期遗址的发掘，2004 年昌平张营遗址发掘⑩，以及 2005～2006 年房山丁家洼⑪、岩上⑫、

---

① 北京市文物管理处：《北京地区的又一重要考古收获——昌平白浮西周木椁墓的新启示》，《考古》1976 年 4 期第 246～258 页。
② 北京市文物管理处：《北京平谷县发现商代墓葬》，《文物》1977 年 11 期第 1～7 页。
③ 北京市文物研究所：《北京考古四十年》第 22～25 页，北京燕山出版社，1990 年。
④ 北京市文物研究所等：《北京平谷上宅新石器时代遗址发掘简报》，《文物》1989 年 8 期第 1～8 页；北京市文物研究所等：《北京平谷北埝头新石器时代遗址调查与发掘》，《文物》1989 年 8 期第 9～16 页；郁金城、郭京宁：《上宅遗址的发掘及上宅文化的若干问题》，《北京平谷与华夏文明：国际学术研讨会论文集（2005）》第 165～170 页，社会科学文献出版社，2006 年。
⑤ 北京市文物研究所山戎文化考古队：《北京延庆军都山东周山戎部落墓地发掘纪略》，《文物》1989 年 8 期第 17～35 页；北京市文物研究所：《龙庆峡别墅工程中发现的春秋时期墓葬》，《北京文物与考古》第四辑第 32～45 页，1994 年；北京市文物研究所：《军都山墓地——玉皇庙》，文物出版社，2007 年；北京市文物研究所：《军都山墓地——葫芦沟与西梁垙》，文物出版社，2009 年。
⑥ 北京市文物研究所：《镇江营与塔照——拒马河流域先秦考古文化的类型与谱系》，中国大百科全书出版社，1999 年。
⑦ 北京市文物研究所拒马河考古队：《北京市窦店古城调查与试掘报告》，《考古》1992 年 8 期第 705～719 页。
⑧ 北京市文物研究所：《东胡林人及其遗址》，《北京文物与考古》第 6 辑第 3～9 页，民族出版社，2004 年；北京大学考古文博学院、北京大学考古学研究中心、北京市文物研究所：《北京市门头沟区东胡林史前遗址》，《考古》2006 年 7 期第 3～8 页。
⑨ 郁金城、李超荣等：《北京转年新石器时代早期遗址的发现》，《北京文博》1998 年 3 期第 2～4 页；李超荣：《北京地区旧石器时代考古的新发现》，《中国考古学研究的世纪回顾·旧石器时代考古卷》第 77～79 页，科学出版社，2004 年。
⑩ 北京市文物研究所、北京市昌平区文化委员会：《昌平张营——燕山南麓地区早期青铜文化遗址发掘报告》，文物出版社，2007 年。
⑪ 北京市文物研究所：《丁家洼遗址发掘报告》，《北京段考古发掘报告集》第 214～228 页，科学出版社，2008 年。
⑫ 北京市文物研究所：《岩上墓葬区考古发掘报告》，《北京段考古发掘报告集》第 1～143 页，科学出版社，2008 年。

南正①等遗址的发掘。此外，1986 年对拒马河流域的调查，摸清了汉代以前文化遗址的基本状况，是迄今为止在北京地区进行的最为深入和有价值的考古调查②。时至今日，仅经发掘或重点调查的墓葬和遗址已有 30 多处（图一）。

在以上发现的基础上，考古界把研究重点放在了文化分期和谱系方面。关于北京地区新石器时代分期和谱系的研究稍显薄弱，并多包含在更大区域范围的论述当中。而商周时期的研究较为可观，其中邹衡、张忠培、李伯谦、韩嘉谷等关于夏家店下层文化、围坊三期文化等的论述③，刘绪、赵福生、陈光等对西周燕文化的论述④，陈光对东周燕文化的分期⑤，靳枫毅等对玉皇庙文化的论述⑥，都很具有代表性。至于北京地区的聚落形态和文明起源问题，虽然在 20 世纪 90 年代以后也有人关注，并提出不同

---

① 北京市文物研究所：《房山南正遗址——拒马河流域战国以降时期遗址发掘报告》，科学出版社，2008 年。

② 北京市文物研究所：《北京市拒马河流域考古调查》，《考古》1989 年 3 期第 205 ~ 218 页。

③ 邹衡：《关于夏商时期北方地区诸邻境文化的初步探讨》，《夏商周考古学论文集》第 264 页，文物出版社，1980 年；张忠培等：《夏家店下层文化研究》，《考古学文化论集》（一）第 58 ~ 78 页，文物出版社，1987 年；李伯谦：《论夏家店下层文化》，《中国青铜文化结构体系研究》第 124 ~ 142 页，科学出版社，1998 年；李伯谦：《张家园上层类型若干问题研究》，《考古学研究》（二）第 131 ~ 143 页，北京大学出版社，1995 年；韩嘉谷：《大坨头文化陶器群浅析》，《中国考古学会第七次年会论文集》第 294 ~ 306 页，文物出版社，1992 年；杨建华：《燕山南北商周之际青铜器遗存的分群研究》，《考古学报》2002 年 2 期第 157 ~ 174 页；蒋刚：《燕山南麓夏至早商时期考古学文化编年、谱系与文化格局》，《公元前 2 千纪的晋陕高原与燕山南北》第 111 ~ 147 页，科学出版社，2008 年。

④ 刘绪、赵福生：《琉璃河遗址西周燕文化的新认识》，《文物》1997 年 4 期第 34 ~ 41 页；陈光：《西周燕国文化初论》，《中国考古学的跨世纪反思》，商务印书馆（香港）有限公司，1999 年。

⑤ 陈光：《东周燕文化分期论》，《北京文博》1997 年 4 期第 5 ~ 17 页、1998 年 1 期第 18 ~ 31 页、1998 年 2 期第 19 ~ 28 页。

⑥ 靳枫毅：《军都山玉皇庙墓地的特征及其族属问题》，《苏秉琦与当代中国考古学》第 194 ~ 214 页，科学出版社，2001 年；靳枫毅、王继红：《山戎文化所含燕与中原文化因素之分析》，《考古学报》2001 年 1 期第 43 ~ 72 页。

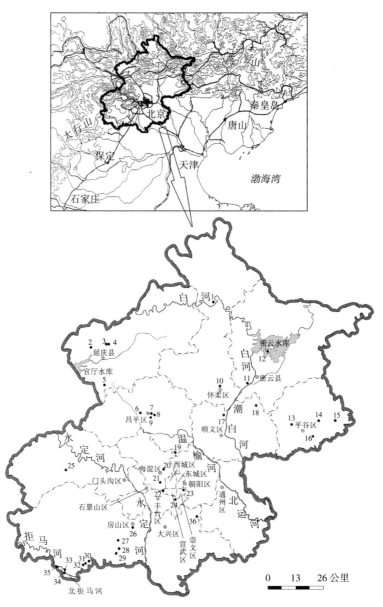

图一　北京地区地理环境和先秦遗址分布图

（上：地理环境　下：先秦遗址的分布）

1. 转年　2. 玉皇庙　3. 西梁垙　4. 葫芦沟　5. 西拨子　6. 雪山　7. 松园　8. 张营　9. 白浮　10. 怀柔城北　11. 燕落寨　12. 凤凰山　13. 北埝头　14. 刘家河　15. 上宅　16. 龙坡　17. 牛栏山　18. 龙湾屯　19. 半截塔　20. 燕园　21. 八里庄　22. 广安门桥南　23. 韩家潭　24. 贾家花园　25. 东胡林　26. 黑古台　27. 丁家洼　28. 窦店　29. 琉璃河　30. 长沟　31. 南正　32. 岩上　33. 塔照　34. 镇江营　35. 蔡庄　36. 亦庄

观点①，但总体重视不够。值得一提的是，近年来还特别注意对考古发现的动植物遗存和各类遗物的科学鉴定和分析，并附录在镇江营、张营、丁家洼、玉皇庙等遗址的发掘报告中。还有人专门讨论考古资料所显示的北京先秦农业情况②。此外，一些新近出版的专著也包含较多北京地区先秦考古的内容③。

该阶段对北京地区晚更新世和全新世自然环境的研究显著增多。先是1978年周昆叔等依据对北京平原第四纪晚期的花粉分析，提出晚更新世湿冷期和全新世暖期问题④。进入20世纪80年代，孔昭宸、张子斌、赵希涛等深入地探讨了北京地区晚更新世以来尤其是全新世以来气候变化和自然环境演变状况⑤。王乃樑等则研究了北京西山山前平原永定河古道迁移、变形及其和全新世构造运动的关系⑥。90年代后则有李华章和蔡卫东对北京地区第四纪古地理的综合研究⑦，郝守刚、夏正楷、刘静等对东胡林全新世黄土剖面、斋堂盆地河谷地貌结构及近万年以来水土流失状况的

① 齐心认为北京地区在龙山时代已经进入文明社会（齐心：《北京地区古代文明起源的思考》，《北京文博》1995年1期第55~60页），而李维明则认为要晚到西周时期（李维明：《北京地区夏、商、西周时期考古学文化浅议》，《首都师范大学学报》（社会科学版）1999年1期第112~119页）。

② 于德源：《北京古代农业的考古发现》，《农业考古》1991年1期第91~97页。

③ 李海荣：《北方地区出土夏商周时期青铜器研究》，文物出版社，2003年；杨建华：《春秋战国时期中国北方文化带的形成》，文物出版社，2004年；陈平：《北方幽燕文化研究》，群言出版社，2006年；乌恩岳斯图：《北方草原考古学文化研究——青铜时代至早期铁器时代》，科学出版社，2007年。

④ 周昆叔、严富华、梁秀龙等：《北京平原第四纪晚期花粉分析及其意义》，《地质科学》1978年1期第57~66页。

⑤ 张子斌、王丁、丁嘉贤：《北京地区一万三千年来自然环境的演变》，《地质科学》1981年3期第259~268页；孔昭宸、杜乃秋、张子斌：《北京地区10000年以来的植物群发展和气候变化》，《植物学报》第24卷2期第172~181页，1982年；赵希涛等：《北京平原30000年来的古地理演变》，《中国科学》B辑第27卷6期第544~554页，1984年。

⑥ 王乃樑、杨景春、徐海鹏等：《北京西山山前平原永定河古道迁移、变形及其和全新世构造运动的关系》，《第三届全国第四纪学术会议论文集》，科学出版社，1982年。

⑦ 李华章、蔡卫东：《北京地区第四纪古地理研究》，地质出版社，1995年。

研究等①。对自然环境和文化发展关系的真正揭示则从 20 世纪 80 年代末才开始。1989 年，周昆叔通过对上宅等遗址及其环境的考察研究，奠定了北京地区环境考古的基础②。还有多项研究都涉及北京地区自然环境和文化发展的关系问题③。

　　通过以上发现和研究，虽大致建立了北京地区先秦考古学文化的发展序列，对北京地区人地关系也有了一定了解，但仍然存在不少问题：以前的研究多局限于各个时段，缺乏着眼于整个先秦时期的系统分期研究和文化谱系梳理，从而难以理清北京先秦多元文化的碰撞、交流和融合的动态过程；聚落形态研究薄弱，对当时的社会状况缺乏足够了解，从而难以把握北京地区早期文明的起源和发展进程；环境考古多局限在单个遗址，缺乏长时段的综合观察，从而难以正确评价先秦北京的人地关系。本书拟针对这些问题展开讨论。

---

① 郝守刚、马学平、夏正楷等：《北京斋堂东胡林全新世早期遗址的黄土剖面》，《地质学报》第 76 卷 3 期第 420～429 页，2002 年；刘静、夏正楷：《斋堂盆地的河谷地貌结构及近万年以来的水土流失概况》，《水土保持研究》第 12 卷 4 期第 90～92 页，2005 年。
② 周昆叔：《北京环境考古》，《第四纪研究》1989 年 1 期第 84～94 页。
③ 孙秀萍：《北京地区全新世以来自然环境和人类活动的关系》，《第四纪冰川与第四纪地质论文集》（第五集）第 52～55 页，地质出版社，1988 年；徐海鹏：《北京新石器时代人类活动的地理环境》，《北京大学学报》（历史地理学专刊），1992 年；王其腾：《京津地区的自然环境与新石器时代文化》，《环渤海考古国际学术讨论会论文集》（石家庄·1992）第 162～164 页，知识出版社，1996 年；李维明、李海荣：《环境与北京文明的诞生》，《中国历史文物》2002 年 2 期第 50～58 页。

第二章　分期年代

文化分期出发点应是分期意义上典型遗址、典型单位和典型器物。典型器物一般是某些数量较多、变化敏感的陶容器，典型单位指那些层位清楚、共存较多典型器物的地层单位，而典型遗址除包含较多典型单位外，最好这些单位间还存在清楚的叠压打破关系①。我们首先依据对典型陶器的考古类型学分析，结合地层关系，确定各典型遗址的分期；之后再以此衡量其他一般性遗址的分期，从而归纳出整个地区的总分期②；最后讨论各期绝对年代。需要指出的是，根据考古学文化的实际情况并结合自然区划，北京地区实际可以分成南、北两个文化小区，房山—良乡台地为南区，昌平—北京台地和杨各庄—平谷台地为北区③。但由于每个小区典型遗址数有限，因此不再分区讨论分期和年代。

一　典型遗址分期

北京地区具有分期意义的典型遗址有平谷上宅，昌平雪山和张营，房山镇江营、塔照、琉璃河和丁家洼，延庆玉皇庙，怀柔城北等。

1. 上宅遗址

在简报结语中，发掘者认为该遗址"可分为三期四段。第八层为早期；第七、六层为中期早段，第五、四层为中期晚段；第三层为晚期"④。分期

---

① 韩建业：《中国北方地区新石器时代文化研究》第20页，文物出版社，2003年。
② 严文明：《纪念仰韶文化遗址发现六十五周年》，《仰韶文化研究》第337~338页，文物出版社，1989年。
③ 周昆叔：《北京环境考古》，《第四纪研究》1989年1期第84~94页。
④ 北京市文物研究所等：《北京平谷上宅新石器时代遗址发掘简报》，《文物》1989年8期第8页。

结果与简报所介绍 T0208 的地层堆积情况基本吻合，但该探方不见第 8 层。由于正式发掘报告尚未出版，因此无法判断各探方地层是否如此统一，暂以发掘者的分期结论为准。

　　早期以 T0907 第 8 层为代表，仅见夹粗砂黄褐陶筒形罐，外壁有"三段式"纹饰：上段饰旋纹、中段饰压印点纹、下段饰网状压印纹或刻划纹。中期以 T0407 第 7 层和 T0408 第 4 层为代表，流行夹粗砂褐陶斜抹压条纹筒形罐、粗泥质褐陶"之"字纹深腹钵、夹细砂褐陶"之"字纹圈足钵。该期晚段和早段的最大区别，是细泥质红陶浅腹平底钵的明显增多，有的钵（碗）为红顶，还出现泥质陶勺、小杯等（图二）。晚期以 T0208 第 3 层为代表，筒形罐、深腹钵消失，以细泥质红陶浅腹平底钵、碗为主。

2. 雪山遗址

　　1961 年第一次发掘时将该遗址分为五期，但详细资料至今没有发表①。1982～1983 年第二次发掘还发现属于第二期的 H16 打破第一期 H17 的地层关系②。

　　第一期以第二次发掘的 H17 为代表，常见夹砂（含滑石末）褐陶的双耳筒形罐、双耳侈口罐、泥质褐陶素面双耳高领罐，以及高领壶、弧腹盆、敛口钵、豆等陶器。第二期以第一次发掘的 H66 和第二次发掘的 H16 为代表，夹砂和泥质褐陶为主，也有泥质黑、灰陶。典型陶器有双鋬绳纹鬲、素面鬲、翻缘甗、斝、鸟首形足鼎、深腹罐、贯耳大口瓮、矮领瓮、豆、高领壶、高柄杯、平底盆、双腹盆、三足盘、平底碗、折壁器盖等。第三期以第一次发掘的 H109 为代表，包含夹砂褐陶素面袋足鬲等陶器③（图三）。第四期以第一次发掘的 H78 为代表，见有夹砂红褐陶花边鬲等陶器。第五期以 H110 为代表，多饰较粗绳纹，见有灰陶鬲、泥质灰陶细柄豆等陶器④。

---

① 北京大学历史系考古专业 1958 级学生昌平考古实习报告，现藏北京大学考古文博学院资料室。

① 北京大学历史系考古专业 1958 级学生昌平考古实习报告，现藏北京大学考古文博学院资料室。
② 王武钰：《雪山遗址第二次考古调查与发掘收获简述》，《北京考古信息》1989 年 2 期。
③ 邹衡：《关于夏商时期北方地区诸邻境文化的初步探讨》，《夏商周考古学论文集》第 263 页，文物出版社，1980 年。
④ 李伯谦：《张家园上层类型若干问题研究》，《考古学研究》（二）第 131～143 页，北京大学出版社，1995 年。

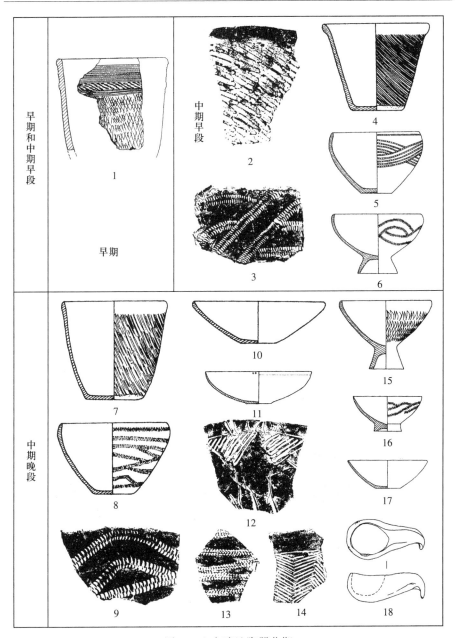

图二　上宅遗址陶器分期

1、4、7. 筒形罐（T0907⑧：2、T0407⑦：5、T0707⑤：14）　2、3、9、12～14. 纹饰拓片
（T0811⑦、T0811⑥、T1214⑤、T0307④：7、T0208⑤、T1214⑤）　5、8. 深腹平底钵
（T0607⑦：1、T0406⑤：16）　6、15、16. 圈足钵（T0407⑦：1、T0706⑤：1、T0308⑤：5）
10、11、17. 浅腹平底钵（T0606⑤：2、T0408④：8、T0307⑤：11）　18. 勺（T0407⑤）

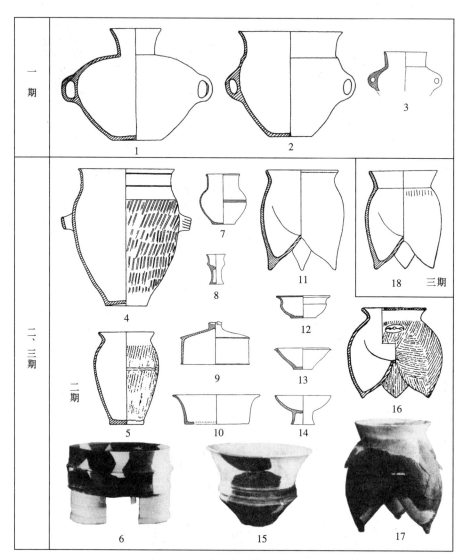

图三 雪山遗址陶器分期

1. 双耳高领罐 2. 双耳侈口罐 3、7. 高领壶 4. 贯耳大口瓮 5. 深腹罐 6. 三足盘 8. 高柄杯
9. 折壁器盖 10. 平底盆 11、16~18. 鬲（H66：231*、H66：7、17 编号不明，H109：7）
12、13. 平底碗 14. 豆 15. 双腹盆（11、16、18 为第一次发掘，其余均为第二次发掘）（*这里
采用的是韩嘉谷论文中的器物编号，见韩嘉谷：《大坨头文化陶器群浅析》，《中国考古学会第七次
年会论文集》第 294~306 页，文物出版社，1992 年。同一件器物在邹衡的论文中编号为 H66④：94，
见邹衡：《关于夏商时期北方地区诸邻境文化的初步探讨》，《夏商周考古学论文集》，文物出版社，
1980 年）

3. 镇江营遗址

发掘者将该遗址先秦遗存分为 9 期,其中新石器遗存为 4 期,商周遗存为 5 期。普遍发现各期遗存叠压打破的地层关系。如 FZT1910②、FZH190(商周第五期)→FZH167、FZH138(商周第四期)→FZT1910⑤、FZH193、FZH233(商周第三期)→FZH281(新石器第四期)→FZT1910⑦(新石器第三期),FZH946、FZH697(商周第三期)→FZH698(商周第二期),FZH1038(新石器第三期)→FZT1106⑥(新石器第二期)→FZH1015(新石器第一期),FZT0504②(商周第四期)→FZT0504③、FZH347(商周第一期)→FZT0504④、FZH348(新石器第四期)等①。其中新石器第一期及商周第三、四期遗存最为丰富。

新石器第一期多数为夹砂(含滑石)红褐陶,泥质红陶不到总数的 1/3,绝大多数素面,个别指甲纹、镂孔、划纹、戳刺纹、红彩等,最多的陶器是釜和钵,其次为盆、壶、器盖、直体支座等。其红顶钵、勺等与上宅中期晚段同类陶器近似,时代也应大致相当。发掘者又将其分为 3 期,实即 3 段,陶器形态存在细微差别:釜从圆腹向鼓肩演变,盆、深腹钵经历敞口、直口、微敛口的变化,此外从中段开始还出现釜形鼎(图四)。存在各段遗存叠压打破的地层关系,如 FZH1065(晚段)→ FZH1066(中段)→FZH1067(中段)→FZH1095(早段)。

新石器第二期以 FZT1106 第 6 层为代表,陶器群和陶系与第一期近似,但器物形态发生变化,如釜肩部凸出,鼎足由长镂孔变为竖向刻槽,支座由直体变成斜体等,并新出敛口壶、带钩鏊罐等(图五)。与上宅晚期遗存接近。

新石器第三期大多数仍为夹砂(含滑石)褐陶,泥质红陶其次,新出少量泥质灰陶,代表性器类有双耳或双鏊筒形罐、素面高领罐、敛口钵等(图六)。与雪山一期遗存基本相同。

新石器第四期以 FZH1108 和 FZH1101 为代表,夹砂褐陶和泥质灰陶为主(多含滑石粉末),有少量泥质黑皮陶,常见绳纹,也有篮纹、方格纹、

---

① "→"表示其前的地层单位打破或者叠压其后的地层单位,下同。

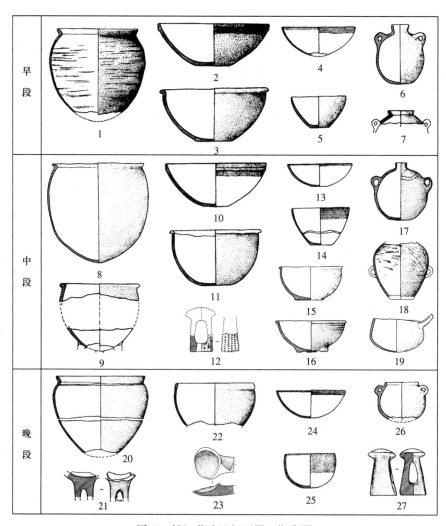

图四　镇江营遗址新石器一期陶器

1、8、20. 釜（FZH1095：90、FZH39：17、FZH1339：12）　2、3、10、11、15、16、22. 盆
（FZH1099：2、FZH1095：67、FZH479：7、FZH1067②：60、FZH282②：3、FZH321：31、
FZH422：1）　4、5、13、14、19、24、25. 钵（FZH1128：5、FZH1099：1、FZH1067②：55、
FZH321：22、FZH280：59、FZH1015：3、FZH1339：1）　6、7、17、18、26. 壶（FZH1128：1、
FZH660：2、FZ035、FZH321：1、FZH516：15）　9、21. 鼎（FZT1107⑧：2、FZH71：30）
12、27. 支座（FZH280：136、FZH654：13）　23. 勺（FZH516：3）

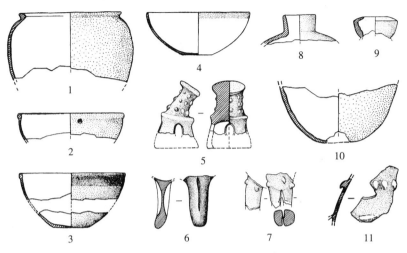

图五　镇江营遗址新石器二期陶器

1. 釜（FZT1106⑥：7）　　2、3. 盆（FZH1390：39、41）　　4. 钵（FZT1106⑥：1）

5. 支座（FZH537：6）　　6、7. 鼎足（FZH1390：3、9）　　8～10. 壶（FZH1390：

1、FZH541：2、FZT1106⑥：8）　　11. 带钩鋬罐（FZH80②：1）

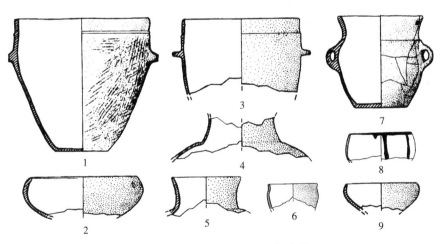

图六　镇江营遗址新石器三期陶器

1、3、7. 筒形罐（FZH1038：1、FZH1038：2、FZH1389：1）　　2、8、9. 敛口钵

（FZT1108⑦：5、FZH67：9、FZH505：40）　　4、5. 高领罐（FZH617：2、FZH70：4）

6. 小盆（FZH70：6）

旋纹等，器类有鬲、翻缘甗、斝、鸟首形足鼎、贯耳双腹盆、平底盆、鼓腹盆、双鋬深腹罐、大口罐、素面小罐、矮领瓮、平底碗、豆、折壁器盖等（图七）。与雪山二期遗存基本相同。该期遗存未发现相互间叠压打破的地层关系，发掘者将其分为 3 组 2 段，根据并不很充分，故以暂不分段为宜。

商周第一期以 FZT2123 第 4 层为代表，大多数为夹砂褐陶，少量泥质灰陶，普遍包含滑石粉末；流行绳纹，其他还有附加堆纹、划纹、圆圈纹等；主要器类有鬲、翻缘甗、大口折肩罐、小罐、折腹盆、折壁器盖等（图八）。与雪山三期遗存近似。

商周第二期仍以夹砂褐陶为主，泥质灰陶少量，均含滑石粉末，盛行绳纹，也有附加堆纹、旋纹、划纹等，以花边高领鬲最具代表性。与雪山四期遗存近似。

商周第三期陶器绝大多数夹细砂或泥质，褐陶或灰陶，均含滑石粉末，盛行交错绳纹，也有附加堆纹、划纹等。常见陶器有筒腹鬲、联裆鬲、袋

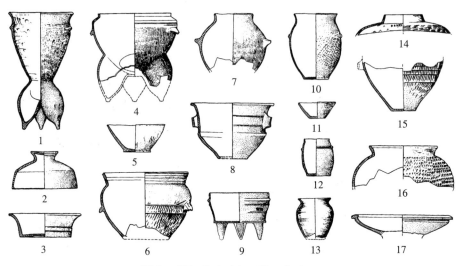

图七　镇江营遗址新石器四期陶器

1. 甗（FZH1101：10）　2. 折壁器盖（FZH1102：10）　3. 平底盆（FZH1108：35）　4. 斝（FZH1108：6）　5、11. 平底碗（FZH1108：4、FZH277：17）　6. 鼓腹盆（FZH275：1）　7、10. 双鋬深腹罐（FZH1101：11、FZH1064：4）　8. 贯耳双腹盆（FZH532：2）　9. 鸟首形足鼎（FZ037）　12、13. 素面小罐（FZH532：1、FZH1101：1）　14、15. 矮领瓮（FZH532：3、4）　16. 大口罐（FZH1377：8）　17. 豆（FZH1101：12）

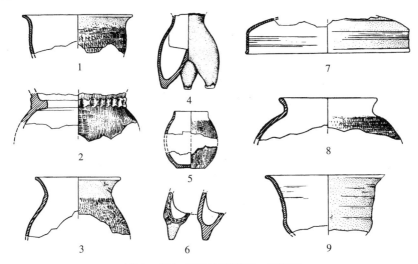

图八 镇江营遗址商周第一期陶器

1、2、4. 翻缘甗（FZT2123④∶3、FZT2123④∶28、FZH679∶1） 3、6. 鬲（FZT2123④∶4、FZ030） 5. 小罐（FZH485∶7） 7. 折壁器盖（FZT2123④∶2） 8. 大口折肩罐（FZT2123④∶6） 9. 折腹盆（FZT2123④∶1）

足鬲、折沿甗、深腹盆、浅腹盆、小口瓮、罍、小口罐、甑、钵等。发掘者将其分为6组3段，其一段遗存单薄，筒腹鬲等与二段同类器基本没有形态上的差别。故以调整成两段为宜：原一、二段合并为早段，原三段为晚段。早段以FZH946为代表，花边筒腹鬲翻缘束颈，联裆鬲和袋足鬲裆部稍高，仅见矮圈足簋；晚段以FZH953为代表，筒腹鬲折沿直腹，联裆鬲和袋足鬲裆部略低，主要见高圈足簋（图九）。早、晚段间存在多组叠压打破的地层关系，如 FZF4（晚段）→ FZH650（晚段）→ FZH981（早段）→ FZH946（早段）→FZH697（早段）。

商周第四期灰陶比例猛增，绝大多数为夹细砂灰陶，其次为泥质灰陶和夹细砂褐陶，均含滑石粉末，仍盛行绳纹，也有旋纹。常见器类有袋足鬲、联裆带足跟鬲、高圈足簋、小口罐、小口瓮、深腹盆、浅腹盆、甑、钵、豆等，甗消失。与雪山五期遗存基本相同。发掘者将其分为4组3段，其一、二段器物形态差异不明显，故可合并为早段，原三段为晚段，分别以FZH142和FZH918为代表：袋足鬲、鼓腹带足跟鬲裆部继续降低，至裆和袋足接近消失；小口罐、小口瓮、浅腹盆、深腹盆的下腹均由略弧变为斜

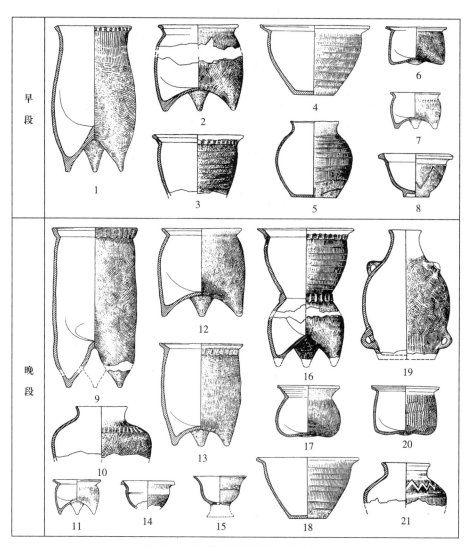

图九　镇江营遗址商周第三期陶器

1、9. 筒腹鬲（FZH1278：1、FZH953：2）　　2、7、11～13. 联裆鬲（FZH946：3、FZH946：
22、FZH926：13、FZH1324：1、FZH503：11）　　3、16. 折沿甗（FZH1056①：9、FZH1113：
20）　　4、18. 深腹盆（FZH957：2、FZH711：1）　　5、10. 小口罐（FZH694：4、FZH1030：6）
6、17、20. 袋足鬲（FZH591：7、FZH518：1、FZH862：14）　　8、14、15. 簋（FZH1123：14、
FZH1101：4、FZH711：2）　　19. 四系罐（FZH896：1）　　21. 罍（FZH535：16）

早
段

晚
段

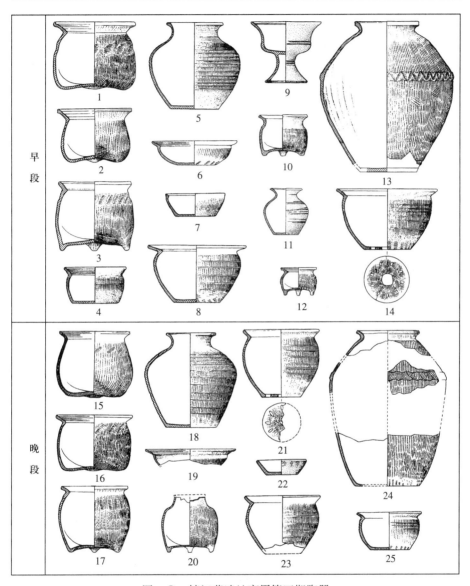

图一〇　镇江营遗址商周第四期陶器

1、2、15、16. 袋足鬲（FZH875：1、FZH329：1、FZH620：14、FZH1158：1）　3、10、12、

17、20. 联裆带足跟鬲（FZH821：5、FZH647：11、FZT1109③：14、FZH918：76、FZH388：5）

4、6、19、25. 浅腹盆（FZH150：1、FZF2：9、FZH1295：20、FZH760：1）　5、11、18. 小口

罐（FZH142：6、FZH142：4、FZH374：20）　7、22. 钵（FZH292：1、FZH117：38）

8、23. 深腹盆（FZH142：5、FZH918：104）　9. 高圈足簋（FZH142：3）　13、24. 小口瓮

（FZH134：8、FZT1909③：12）　14、21. 甑（FZH959：8、FZH918：85）

直，底变大；高圈足簋只见于早段，而直领带足跟鬲为晚段新出（图一〇）。早、晚段间存在多组叠压打破的地层关系，如 FZH1146（晚段）→FZH918（晚段）→FZH842（早段）→FZH913（早段），FZH117（晚段）→FZH145（早段）→FZH134（早段）→FZH142（早段）。

　　商周第五期陶器以夹砂和泥质灰陶为主（均含滑石末），红褐陶也占较大比例，尤其釜类器 2/3 左右都是夹砂红褐陶，主要容器有釜、尊、甑、罐、豆、盆、钵等。发掘者将其分为分别以 FZH1363 和 FZH742 为代表的 2 组，存在釜折沿由窄向宽、腹由直向斜，尊由宽肩向窄肩等变化，可能与时代的相对早晚有关，但该遗址的地层关系还不足以确认早晚关系（图一一）。

4. 塔照遗址

　　该遗址先秦遗存可分 3 期，分别对应镇江营遗址商周第一、二、五期，以前两期遗存较为丰富。存在第一、二期间叠压打破的地层关系，如

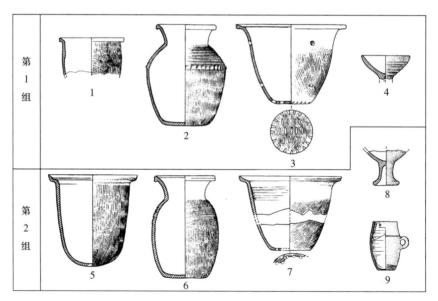

图一一　镇江营遗址商周第五期陶器

1、5. 釜（FZH190：2、FZH742③：1）　　2、6. 尊（FZH1363：4、FZH1133：19）　　3、7. 甑（FZH1363：5、FZH372：3）　　4、8. 豆（FZH131：2、FZH742③：20）　　9. 带耳罐（FZH1202：1）

FTT3008④（第二期）→FTM14（第一期）。

第一期陶器与镇江营商周第一期类似，有鼓腹鬲、折肩鬲、折沿鬲、翻缘甗、大口折肩罐、大口瓮、罍、小罐、假腹豆、矮圈足簋、折腹盆、钵等器类。发掘者将其分为6组3段，其实以合并为2段更能体现其阶段性差异：原一段为早段，以FTH54为代表，鼓腹鬲裆部较高，折肩鬲转折部位偏低，大口折肩罐口径明显小于腹径，小口罐折肩不显，下腹斜弧；原二、三段为晚段，以FTH105为代表，鼓腹鬲裆部降低，折肩鬲转折部位抬高，大口折肩罐口径接近腹径，小口罐折肩斜直腹，新出折沿鬲、假腹豆（带"十"字镂孔）、矮圈足簋、罍等器类（图一二）。早、晚段间存在多组叠压打破的地层关系，如FTM15（晚段）→FTH11（晚段）→FTH54（早段），FTM11（晚段）→FTT3106⑤（晚段）→FTH92（早段）。

第二期陶器与镇江营商周第二期类似，除花边高领鬲外，还有袋足鬲、柱足鬲、甑、甗、小口瓮、小口罐、大口折肩罐、豆、簋、盆、钵等器类。发掘者将其分为以FTH86为代表的一段、FTT3011④为代表的二段，最显著的变化是花边高领鬲的领部由矮变高（图一三）。一、二段间的叠压打破关系，如FTT3107④（二段）→FTH77（一段）→FTH76（一段）→FTH84（一段）→FTH86（一段）。

此外，还采集到相当于镇江营商周第五期的夹砂红褐陶釜，代表该遗址第三期遗存。

5. 琉璃河遗址

该遗址多次发掘，但仅1973～1977年发掘的墓葬资料出版有正式发掘报告。随葬陶器多为较小的明器，也有实用器。以夹砂（含滑石末）和泥质灰陶为主，也有黑皮陶和褐陶。流行绳纹，也有旋纹、戳刺纹、划纹、附加堆纹、压印纹等。最常见器类是鬲、簋、罐。鬲、罐特征与镇江营商周第三期和第四期早段相近。发掘者根据类型学方法将这批墓葬分为3期，从宏观着眼实即3段：早段以ⅠM26、ⅡM251、ⅠM54、ⅠM58为代表，联裆鬲裆部较高；簋弧腹矮圈足，多在绳纹上刻划大三角纹；罐略瘦高，肩部靠上，肩腹饰绳纹或肩部饰刻划三角纹；还有袋足鬲、粗柄敞口豆、三足瓮、贯耳圈足壶等；相当于镇江营商周第三期早段。中段以ⅠM6、ⅠM51、ⅠM60

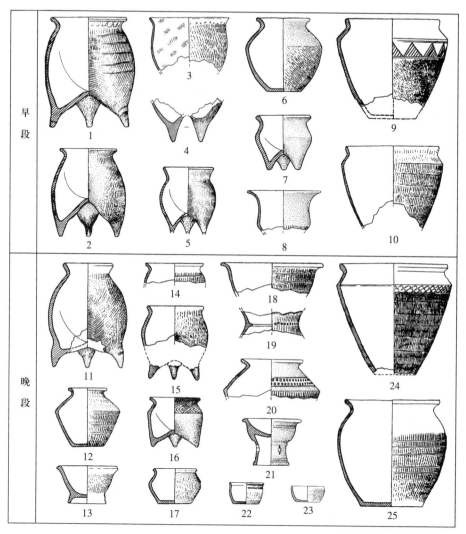

图一二　塔照遗址第一期陶器

1、2、5、11、15. 鼓腹鬲（FTH92：25、FTH54：11、FTH37：1、FTH113：1、FTT3507⑤：1）
3、4、18、19. 翻缘甑（FTH54：9、FTH92：16、FTG1③：12、FTG10：11）　6、12. 小口罐
（FTH54：47、FTM6：3）　7、16. 折肩鬲（FTH92：15、FTM11：3）　8. 折腹盆（FTH54：64）
9、10、24. 大口折肩罐（FTH54：1、FTH95：1、FTH105：2）　13. 矮圈足簋（FTM15：1）
14. 折沿鬲（FTG2：7）　17. 小罐（FTM15：2）　20. 甗（FTH105：4）　21. 假腹豆（FTM6：2）
22、23. 钵（FTM11：2、FTM13：2）　25. 大口瓮（FTT3411⑤：6）

一
段

二
段

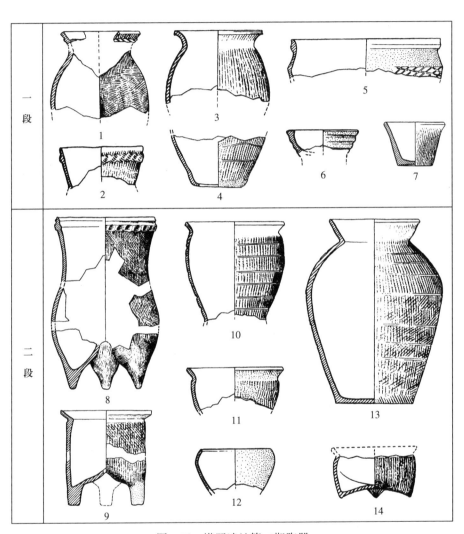

图一三　塔照遗址第二期陶器

1、2、8. 花边高领鬲（FTH106：6、FTH97：4、FTT3011④：1）　3、14. 袋足鬲（FTH77：1、
FT028）　4. 甗（FTH86：1）　5. 大口折肩罐（FTH78：4）　6. 豆（FTH84：4）　7、12.
钵（FTH76：52、FTT3011④：6）　9. 柱足鬲（FTT3108④：1）　10. 瓹（FTT3008④：28）
11. 盆（FTT2907④：3）　13. 小口瓮（FTT3005④：1）

为代表，联裆鬲裆部降低；出现折腹高圈足簋，圈足还略显粗矮；罐变矮，肩部下移，饰绳纹或旋纹；相当于镇江营商周第三期晚段。晚段以ⅠM17、ⅠM13、ⅡM267为代表，联裆鬲裆部最低；折腹高圈足簋圈足细长；罐矮胖，肩部继续下移成鼓腹，饰旋纹；相当于镇江营商周第四期早段（图一四）。各段墓葬间还缺乏叠压打破关系。

以后几次发掘的墓葬也都被发掘者纳入这一分期方案：比如1995年发掘的95F15M1、95F15M2属于早段，95F15M3属于中段，95F15M4、95F15M10属于晚段；2001年发掘的LGM248、LGM250为中段，LGM249为晚段；2002年发掘的M7、M8属于早段，M2、M3、M5等属于中段，M4、M11属于晚段。

1995年对居址区进行了重点发掘，发掘者将先秦遗存分为"西周遗存"和"战国遗存"两大期。其中"西周遗存"又分早、晚2段：早段以G11H33、G11H27为代表，褐陶比重较大，联裆鬲、袋足鬲、矮圈足簋、鼎、豆等陶器与墓葬早段同类器形态一致，花边筒腹鬲、花边折沿甗、盆、小口罐等则与镇江营遗址商周三期早段遗存近同；此外还有深腹盆形甑、小口瓮、双耳壶等器类（图一五）。晚段以F10H106为代表，灰陶增加，细高圈足簋、浅盘豆以及敛口鼓腹簋上的旋纹特征均近似墓葬晚段特征，袋足鬲形态接近镇江营商周第四期早段，筒腹鬲消失（图一六）。存在多组两段间叠压打破的地层关系，如G11H21（晚段）→G11H32（晚段）→G11H34（早段）等。这就从地层上进一步确认了墓葬3段划分方案的正确性。"战国遗存"以夹砂褐、灰陶为主，有敞口宽沿釜、深腹盆（或甑）、鼓腹罐、细柄豆、小口瓮等陶器（图一七），与镇江营商周第五期遗存第2组陶器接近。

1996年除发掘出"西周遗存"的早、晚段遗存外，发掘者还辨认出相当于墓葬中段的G11H49类遗存，其簋虽为高圈足，但仍稍显粗矮，共存贯耳壶（图一八）。

值得注意的是，1978在琉璃河刘李店一灰坑（78H1）中清理出10多件完整陶器，仅发表的联裆鬲就有6件，其他还有小口罐、甑、四系壶等。发掘者在简报题目中称其为"商代遗迹"，在文中又说"刘李店H1的年代上限可到商代中晚期，下限可到西周中期或更晚，应是一座以商代遗物为主

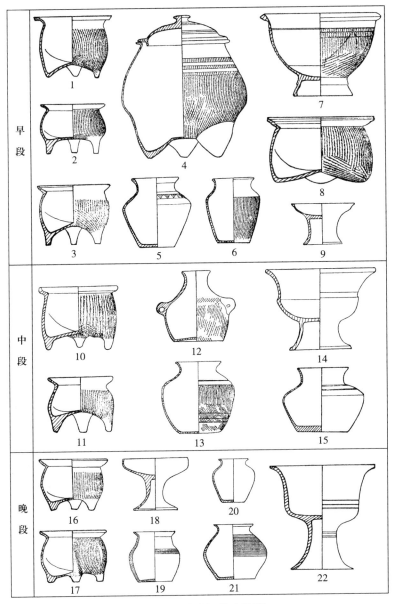

图一四　琉璃河墓地陶器

1～3、10、11、16、17. 联裆鬲（ⅡM251：14、ⅠM54：8、ⅠM54：32、ⅠM60：5、ⅠM51：6、
ⅠM13：2、ⅡM341：2）　　4. 三足瓮（ⅠM54：30）　　5、6、13、15、19～21. 罐（ⅠM53：20、
ⅠM53：4、ⅠM6：5、ⅠM51：10、ⅠM17：7、ⅠM13：5、ⅡM298：1）　　7、14、22. 簋（Ⅰ
M53：17、ⅠM60：4、ⅠM17：3）　　8. 袋足鬲（ⅠM3：1）　　9、18. 豆（ⅡM251：33、ⅠM13：1）
12. 双耳壶（ⅠM51：5）

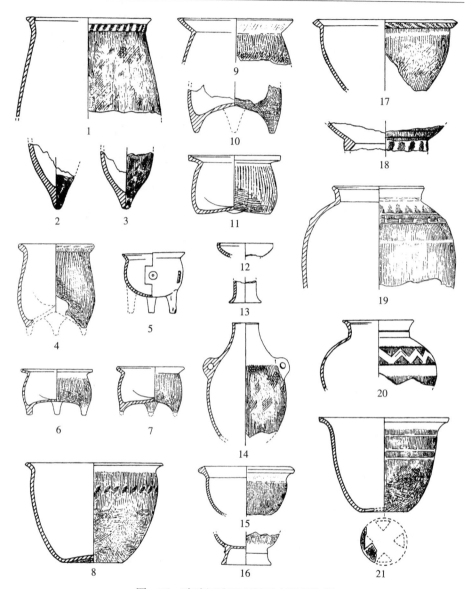

图一五　琉璃河遗址西周遗存早段陶器

1~3. 花边筒腹鬲（G11H3：18、G11H3：6、G11H19：6）　4、6、7、9、10. 联裆鬲（G11H27：2、
G11H33：15、G11H11：2、G11T2603⑥：24、F10T1324⑬：31）　5. 鼎（G11H11：4）　8. 盆
（G11T2603⑧A：10）　11. 袋足鬲（G11H33：2）　12、13. 豆（F10T1323⑪：22、F10T1322⑥：5）
14. 双耳壶（G11T2505④：8）　15、16. 矮圈足簋（G11T2703④：27、G11T2603④：12）
17、18. 折沿甑（G11H27：6、G11H33：11）　19. 小口瓮（G11H36：4）　20. 小口罐（G11T2605
③A：24）　21. 甑（G11H27：7）

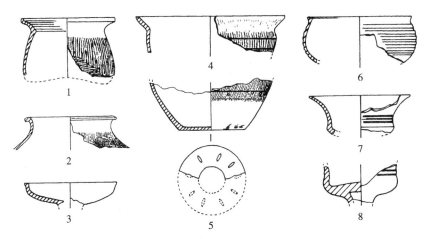

图一六　琉璃河遗址西周遗存晚段陶器

1. 袋足鬲（G11H28：5）　2. 小口瓮（F10H106：22）　3. 豆（F10H126：10）

4. 盆（F10H106：6）　5. 甑（G11H28：2）　6～8. 簋（F10H106：2、20、5）

图一七　琉璃河遗址战国遗存陶器

1、5. 釜（D15H2：18、5）　2. 豆（D15H2：1）　3. 钵（G13F1：2）

4. 小口瓮（D15H2：7）　6. 盆（甑）（D15H2：8）　7. 罐（D15H2：3）

图一八　琉璃河遗址西周遗存中段陶器
1. 高圈足簋（G11H49∶73）
2. 贯耳壶（G11H49∶88）

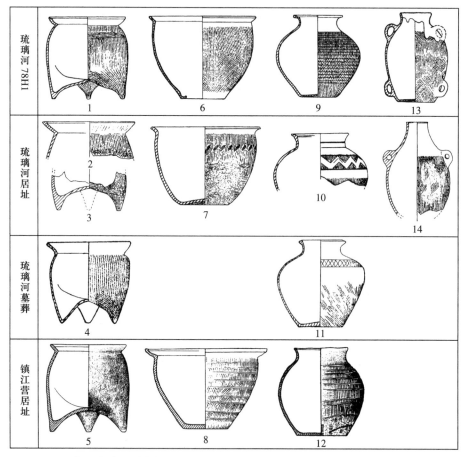

图一九　琉璃河刘李店78H1与琉璃河居址、墓葬及镇江营居址陶器比较

1~5. 联裆鬲（78H1∶6、G11T2603⑥∶24、F10T1324⑬∶31、ⅠM26∶1、FZH1324∶1）　　6. 甗（78H1∶8）　　7、8. 盆（G11T2603⑧A∶10、FZH957∶2）　　9~12. 小口罐（78H1∶9、G11T2605③A∶24、ⅠM52∶19、FZH694∶4）　　13. 四系壶（78H1∶7）　　14. 双耳壶（G11T2505④∶8）

的灰坑"①。按照考古学常识，一个包含"西周中期或更晚"遗物的灰坑，其时代就不能早于"西周中期或更晚"，更不可能是商代遗迹。仔细观察这批陶器，会发现其联裆鬲唇部内侧略勾，微鼓肩，裆部略高，形态与琉璃河居址和墓葬西周早期、镇江营居址商周第三期早段同类器基本一致，其余器物也彼此有很大的相似性，时代也应相当（图一九）。简报还介绍了灰坑78H1附近采集的两件残花边筒腹鬲，形态也与琉璃河居址西周早期和镇江营居址商周第三期早段同类器一致（图二〇）。

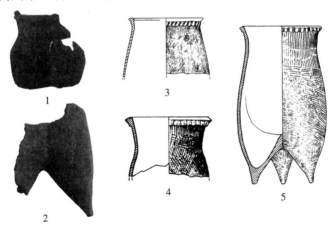

图二〇 琉璃河刘李店、琉璃河居址、镇江营居址陶花边筒腹鬲比较
1、2. 琉璃河刘李店采集 3. 琉璃河居址（G11H3：18） 4、5. 镇江营居址
（FZH1286：1、FZH1278：1）

此外，1973 年还在琉璃河刘李店附近清理两座墓葬，在 M1 中发现筒腹鬲、鼓腹鬲各 1 件，圈足较高的簋 2 件（图二一）②。鼓腹鬲与塔照第一期早段同类器近似，筒腹鬲足还见于镇江营商周第一期，其时代也应与其相当。

总起来看，琉璃河遗址存在 3 期遗存，1973 年发掘的刘李店 M1、M2 为第一期，作为主体的"西周遗存"为第二期，"战国遗存"为第三期。其

---

① 北京市文物研究所：《北京房山琉璃河遗址发现的商代遗迹》，《文物》1997 年 4 期第 7 页。
② 北京市文物管理处等：《北京琉璃河夏家店下层文化墓葬》，《考古》1976 年 1 期第 59~60 页。

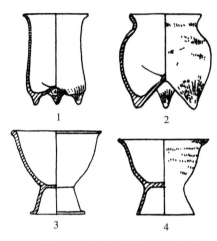

图二一　琉璃河刘李店 M1 陶器
1. 筒腹鬲（M1：1）　2. 鼓腹鬲（M1：2）
3、4. 簋（M1：3、4）

中第二期又可分为 3 段。

6. 张营遗址

该遗址 1989 年和 2004 年先后两次发掘。先秦遗存可以分为 2 期，主体为第二期"早期青铜文化遗存"，第一期"雪山一期文化遗存"只有陶片零星发现于第二期遗迹填土当中①。第二期遗存又被发掘者分为 3 段，各探方的第 6 层属第 1 段，第 5 层、第 4B 层及叠压其下的遗迹属第 2 段，第 4A 层、第 4 层及叠压其下的遗迹属第 3 段。

第一期陶片为夹砂（含滑石末）褐陶，有罐、钵、盆的口沿，以及环状器耳碎片，特征与雪山一期遗存近同。第二期几乎都是夹砂陶，且以夹粗砂者居多；大多数为红褐陶，灰、黑陶少量；器表多拍印绳纹，也有少量三角划纹、附加堆纹等。主要器类有鬲、甗、瓮、罐、钵、盆、豆。该期各段之间存在细微差别：第 1 段的圆唇鼓腹鬲口沿略翻，微有实足跟，大口折肩罐口稍小（图二二）；第 2 段的圆唇鼓腹鬲口沿微折，没有实足跟，大口折肩罐口变大，甗、折腹盆、弧腹盆等卷沿或翻缘，新出制作精整的方唇鬲，有抹光高实足跟（图二三）；第 3 段的圆唇鼓腹鬲折沿，方唇鬲的抹光实足跟变矮，甗、折腹盆、弧腹盆等也变为折沿或微折沿，见有"十"字镂孔柄豆（图二四）。第 1、2 段分别相当于塔照第一期的早、晚段，第 3 段更晚一些。

_____

① 发掘者将该遗址的一座瓮棺葬（W4）定在战国时期。实则该瓮棺葬所用陶釜鼓腹尖圆底，下腹拍印绳纹而上腹绳纹旋抹压光，和战国晚期的敞口斜直腹绳纹釜有明显差别，而与北京房山窦店 W3、天津宝坻秦城 W23 等西汉陶釜基本一致。见北京市文物研究所拒马河考古队：《北京市窦店古城调查与试掘报告》，《考古》1992 年 8 期第 705～719 页（图七，6、11）；天津市历史博物馆、宝坻县文化馆：《宝坻秦城遗址试掘报告》，《考古学报》2001 年 1 期第 111～142 页（图二七，1、2、4、5）。

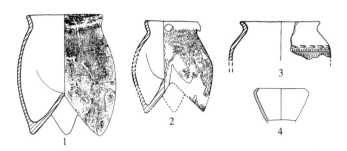

图二二　张营遗址第二期第 1 段陶器

1、2. 鬲（T12⑥：1、T3⑥：2）　3. 大口折肩罐（T12⑥：5）　4. 钵（T10⑥：1）

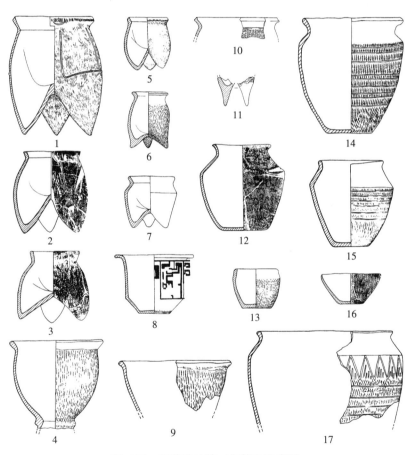

图二三　张营遗址第二期第 2 段陶器

1~3、5~7、10、11. 鬲（89H16：1、F4：4、H98：5、H100：2、T8⑤：6、T9⑤：5、T0703④B：11、
T10⑤：12）　4. 甗（H11：8）　8、9. 盆（M6：7、T0403⑤：1）　12. 小口罐（M6：6）
13、16. 钵（T11⑤：9、T10⑤：9）　14、17. 大口瓮（H98：4、H18：5）　15. 大口折肩罐（M6：10）

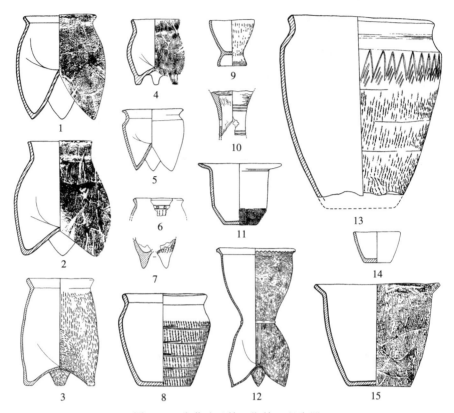

图二四　张营遗址第二期第 3 段陶器

1 ~ 7. 鬲（H58：8、H42：1、T0603④A：1、H105：16、T0305④：9、H62：17、T8④：15）
8. 大口折肩罐（T13④：3）　9、10. 豆（T0503④：4、F6：7）　11、15. 盆（F3：4、H58：
10）　12. 甗（H105：2）　13. 大口瓮（T8④：12）　14. 钵（T0405④：6）

7. 丁家洼遗址

发掘者将该遗址先秦遗存分为一、二两期，第一期又被分为Ⅰ、Ⅱ两段。存在多组地层关系，如 H122（二期）→H121（一期Ⅰ段）、H111（二期）→H113（一期Ⅰ段）、H9（二期）→H89（一期Ⅱ段）、H123（一期Ⅱ段）→H124（一期Ⅰ段）等。

一期陶器以夹砂（含滑石末）褐陶为主，泥质灰陶其次，流行绳纹，也有附加堆纹，主要器类为鬲、盆、豆、罐、尊。其中鬲又分袋足鬲和柱足的燕式鬲两类，口部内敛严重，足内部下凹；豆腹略深；尊斜直领。仔细分析，Ⅰ段袋足鬲足跟略高于Ⅱ段，Ⅰ段尊领比Ⅱ段更倾斜，Ⅰ段豆盘腹略内曲的现象已不见于Ⅱ段。一期总体和镇江营四期晚段接近，但袋足鬲足内部下凹更浅，豆腹也不如前者内曲明显，其相对年代应比镇江营四期晚段更晚。二期陶系情况基本同前，鬲口部略内敛，足内部微下凹或近平；豆腹斜弧；尊直领；新见侈口素面罐、甑等（图二五）。

8. 玉皇庙墓葬

发掘者将这批墓葬分为 3 期，第一、二期墓葬（北区墓葬）均开口于早期泥石流堆积层之下，第三期墓葬（南、西区墓葬）均开口于晚期泥石流堆积层之下。第一、二期之间缺乏能够表明早晚的地层关系。

第一期陶器基本都为夹砂红褐陶，素面占绝大多数，也有绳纹、戳印篦点纹。主要是扁腹罐和圆腹罐，扁腹罐中腹转折圆缓，圆腹罐最宽处在中腹。还有个别绳纹折肩罐、高领壶、单耳罐等。折肩罐肩部转折舒缓，下腹斜弧。第二期以夹砂红褐陶为主，出现少量泥质灰陶、灰褐陶和黑皮陶。素面仍占绝大多数，出现旋纹等。虽以扁腹罐和圆腹罐为主，但折肩罐增多，出现折肩尊、细柄豆、盆。扁腹罐稍高，中腹转折稍趋明显，圆腹罐最宽处上移，折肩罐肩部转折明显，下腹斜弧。第三期泥质灰陶大增至和夹砂红褐陶相当，出现戳印连珠纹。主要器类是圆腹罐和折肩罐，其次为扁腹罐、折肩尊、细柄豆、高领壶、盆。扁腹罐中腹转折明显，圆腹罐最宽处上移至肩，折肩罐下腹斜直，豆腹变浅（图二六）。

9. 怀柔城北墓葬

发掘者将 23 座先秦墓葬分为 4 期，根据不足。后来贺勇、陈光、郑君雷、胡传耸等都对其进行了分期研究[1]。在陈光关于东周燕文化的分期方案中，这批墓葬被划在总第六组、总第七组和总第十一组。就该墓地来说，实际分别就是第 1～3 组。第 1 组包括 M50、M4、M10 等墓葬，随葬的陶生

---

[1]　贺勇：《论燕国墓葬陶器分期》，《考古》1989 年 7 期第 642～648 页；陈光：《东周燕文化分期论》（续），《北京文博》1998 年 1 期第 18～31 页；郑君雷：《战国时期燕墓陶器的初步分析》，《考古学报》2001 年 3 期第 275～304 页；胡传耸：《东周燕文化初步研究》，北京大学考古文博学院硕士研究生毕业论文，2006 年。

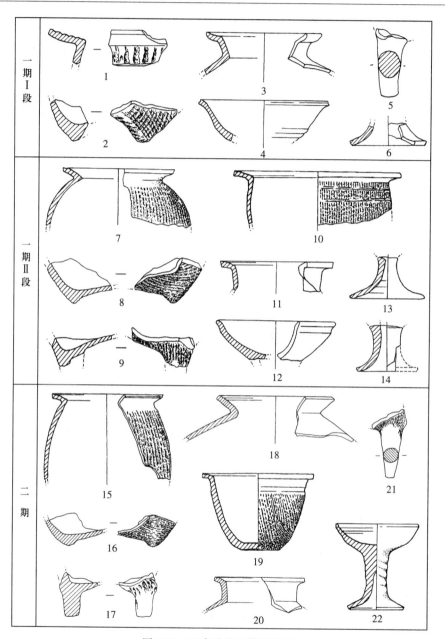

图二五　丁家洼遗址陶器分期

1、2、5、7~9、15~17、21. 鬲（H73：2、H73：3、H113：1、H103：1、H6：1、H89：
1、H122：1、H68：1、H9：1、H19：1）　3、11、20. 尊（H121：2、H42：2、H74：1）
4、6、12~14、22. 豆（H73：4、H121：1、H7：1、H79：2、H22：3、H68：2）
10、19. 盆（H6：3、H122：3）　18. 罐（H122：5）

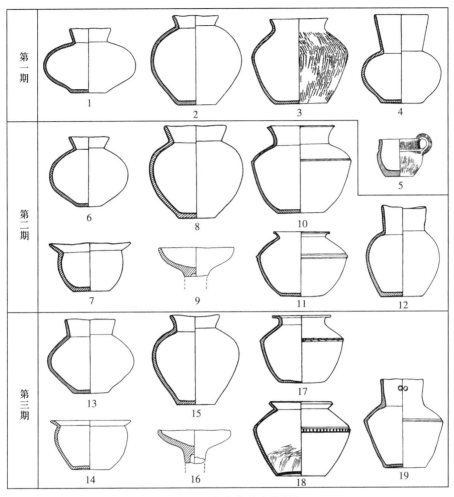

图二六　玉皇庙墓葬陶器分期

1、6、13. 扁腹罐（M22：1、M298：1、M213：1）　2、8、15. 圆腹罐（M19：1、M196：1、
M210：1）　3、11、18. 折肩罐（M9：1、M208：1、M127：1）　4、12、19. 高领壶（M232：1、
M86：1、M175：1）　5. 单耳罐（M2：26）　7、14. 盆（M291：1、M221：2）　9、16. 豆
（M71：1、M214：1）　10、17. 折肩尊（M102：1、M341：1）

活用器有燕式鬲和釜，燕式鬲圜底，足内部已完全变平，应明显比丁家洼
二期晚一个阶段。新出的直腹釜形态与镇江营商周第五期第 1 组者近同。随
葬的仿铜陶礼器有鼎、豆、壶、匜、盆等。鼎盖上有三环形圆纽，豆细柄
较高，壶盖上有三个较短的竖直纽，圈足低矮。第 2 组包括 M56 等墓葬，
陶礼器中的鼎盖上为三兽纽，豆细柄更高，壶盖上有三个较长鸟形纽，高

圈足。第 3 组以 M12 为代表，燕式鬲平底（图二七）。按照类型学排序，第
1～3 组应当是依次早晚的关系。

此外，房山门头沟东胡林早期遗存和怀柔转年遗存，包含直腹盆和筒
形罐类陶器，器物形态与上宅早期近似而明显粗陋，时代则应更早。

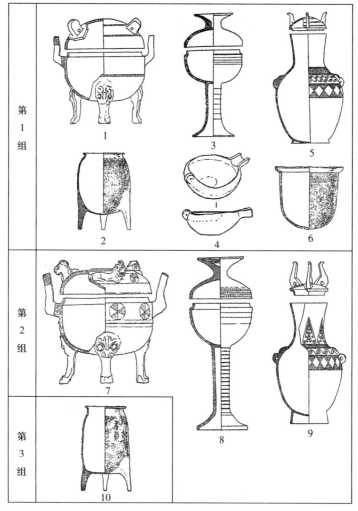

图二七　怀柔城北墓葬陶器分组

1、7. 鼎　2、10. 燕式鬲　3、8. 豆　4. 匜　5、9. 壶　6. 釜（1、3～
5. M50　2. M10　6. M4　7～9. M56　10. M12）

二　总分期

以上10个典型遗址的分期，应基本能代表整个北京地区先秦文化遗存的分期。在此基础上，通过陶器形态和共存情况的对比，可确定其他一些一般遗址的分期。最后可将北京地区先秦文化遗存分为9大阶段16期25段（表一）。限于资料，期之下段的划分详略不等，需要在以后资料增多的情况下加以调整。

表一　北京地区先秦文化遗存分期对照表①

分期		遗址	东胡林	转年	上宅	北埝头	镇江营	雪山	张营
第一阶段	一期	1 段	√	√					
第二阶段	二期	2 段			早期				
	三期	3 段			中期早段	F5 组			
第三阶段	四期	4 段	√		中期晚段	√	新石器第一期早段		
		5 段					新石器第一期中段		
		6 段					新石器第一期晚段		
	五期	7 段			晚期		新石器第二期		
第四阶段	六期	8 段					新石器第三期	第一期	第一期
第五阶段	七期	9 段					新石器第四期	第二期	

————————

① 表中"√"号表示采集有该期段的陶器，下同。

续表一

分期＼遗址			东胡林	转年	上宅	北埝头	镇江营	雪山	张营
第六阶段	八期	10 段					商周第一期	第三期	
		11 段							第二期第 1 段
		12 段							第二期第 2 段
		13 段							第二期第 3 段
	九期	14 段					商周第二期	第四期	
		15 段							
第七阶段	十期	16 段					商周第三期早段		
		17 段					商周第三期晚段		
	十一期	18 段					商周第四期早段	第五期	
		19 段					商周第四期晚段		
第八阶段	十二期	20 段							
		21 段							
	十三期	22 段							
第九阶段	十四期	23 段					商周第五期第 1 组		
	十五期	24 段					商周第五期第 2 组		
	十六期	25 段							

分期	期	段	刘家河	塔照	琉璃河	丁家洼	玉皇庙	葫芦沟	西梁洸	怀柔城北
第五阶段	七期	9 段	H1							
第六阶段	八期	10 段								
		11 段		第一期早段	第一期					
		12 段	M2	第一期晚段						
		13 段								
	九期	14 段	铜器墓	第二期一段						
		15 段		第二期二段						
第七阶段	十期	16 段	T3④		第二期早段					
		17 段			第二期中段					
	十一期	18 段			第二期晚段					
		19 段								
第八阶段	十二期	20 段				一期I段	第一期			
		21 段				一期II段	第二期	第一期	第一期	
	十三期	22 段				二期	第三期	第二期	第二期	
第九阶段	十四期	23 段								第1组
	十五期	24 段								第2组
	十六期	25 段			第三期					第3组

第一阶段即第一期，以东胡林早期和转年遗存为代表，陶器主要为粗陋夹砂褐陶的直腹盆（盂）和筒形罐类。除个别口沿外有附加堆纹和錾状装饰外，其余基本为素面（图二八）。

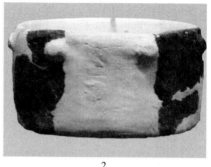

1　　　　　　　　　　　　　　　2

图二八　东胡林和转年遗址陶直腹盆
1. 东胡林（T9⑤：20）　2. 转年

第二阶段包括第二、三期，陶器均以夹砂筒形罐为主，习见刻划、戳印等装饰纹。

第二期，以上宅早期遗存为代表，陶器仅见夹粗砂黄褐陶筒形罐，外壁有"三段式"纹饰，上段饰旋纹、中段饰压印点纹、下段饰网状压印纹或刻划纹。

第三期，以上宅中期早段为代表，包括平谷北埝头 F5 等房址遗存①。筒形罐有的上部饰横向"之"字纹、中下部饰竖压横排"之"字纹，更多的饰斜向抹压条纹。还有饰"之"字纹组成的绞索状图案的圈足钵、支座等（图二九）。

第三阶段包括第四、五期，陶器常见红顶钵、红顶盆等泥质陶器。

第四期，以镇江营新石器第一期和上宅中期晚段遗存为代表，也见于北埝头遗址。镇江营新石器第一期遗存流行圜底釜和红顶钵，其次有盆、壶、镂孔足鼎、直体支座、勺等。而上宅遗址也开始多见与前者近似的泥质红顶钵、勺等陶器。镇江营新石器第一期还可以分成 3 小段。

---

① 北京市文物研究所等：《北京平谷北埝头新石器时代遗址调查与发掘》，《文物》1989 年 8 期第 9 ~ 16 页。

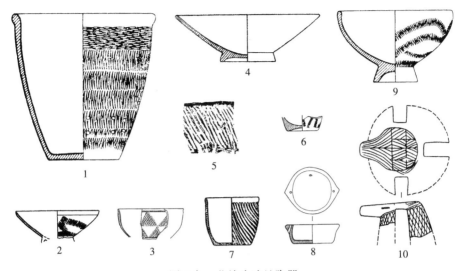

图二九　北埝头遗址陶器

1、6、7. 筒形罐（F5：1、F1：5、F6：4）　2、4、9. 圈足钵（F1：10、F1：8、F9：2）

3. 深腹平底钵（F6：5）　5. 斜抹压条纹陶片　8. 双系杯（F6：13）　10. 支座（F6：14）

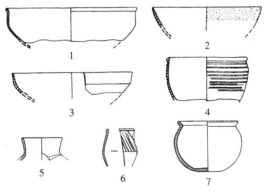

图三〇　燕落寨遗存陶器

1. 盆　2、3. 钵　4、6、7. 罐　5. 壶

　　第五期，以上宅晚期和镇江营新石器第二期为代表，包括密云燕落寨遗存①（图三〇）。流行红顶钵、红顶盆、刻槽足鼎、小口壶等陶器，在镇江营新出现陶小敛口壶、带钩鐾罐以及带状红彩等。

---

① 北京市文物局考古队：《建国以来北京市考古和文物保护工作》，《文物考古工作三十年（1949～1979）》第 1～12 页，文物出版社，1979 年。

第四阶段即第六期，以雪山第一期为代表，包括镇江营新石器第三期、张营第一期和海淀燕园遗存[1]等。陶器中夹砂陶（含滑石末）明显多于泥质陶，以褐色为主，灰、黑陶少量。崇尚素面，有一定数量的彩陶，少见绳纹等拍印纹饰。彩陶图案有垂带纹等。陶容器绝大多数为平底，少数带圈足，不见三足器，种类主要有素面侈口罐、素面双耳高领罐、高领壶、双耳或双鋬筒形罐、弧腹盆、敛口钵、豆等。

第五阶段即第七期，以雪山第二期为代表，包括镇江营新石器第四期、刘家河 H1[2]。夹砂褐陶和泥质灰、黑陶为主（多含滑石粉末），常见绳纹，也有篮纹、方格纹、旋纹等。典型陶器有双鋬绳纹鬲、素面鬲、翻缘甗、斝、鸟首形足鼎、贯耳大口瓮、双鋬深腹罐、大口折肩罐、矮领瓮、豆、高领壶、高柄杯、平底盆、双腹盆、三足盘、平底碗、折壁器盖等。

第六阶段包括第八、九期，常见各类鬲、甗、罐、尊、瓮、豆、簋等陶器，盛行绳纹。

第八期，以雪山第三期、塔照第一期、张营第二期遗存为代表，包括镇江营商周第一期、琉璃河第一期、平谷刘家河 M2[3]，还见于密云凤凰山[4]（图三一）、昌平下苑、丰台榆树庄、房山西营[5]等处。陶器有鼓腹鬲、筒腹鬲、折肩鬲、折沿鬲、翻缘甗、大口折肩罐、大口瓮、罍、高领罐、假腹豆、矮圈足簋、折腹盆、钵等器类。多为夹粗砂（含滑石末）红褐陶，也有泥质灰陶或黑皮陶；流行绳纹，其他还有附加堆纹、划纹、圆圈纹、彩绘等。又可分为 4 段：第 1 段见有素面褐陶鼓腹鬲；第 2 段鼓腹鬲口沿略翻，微有实足跟，裆部较高，折肩鬲转折部位偏低，大口折肩

① 岳升阳、陈福友、夏正楷：《燕园遗址调查简报》，《考古与文物》2002 年（先秦考古）增刊第 9～12 页。
② 北京市文物工作队：《北京平谷刘家河遗址调查》，《北京文物与考古》第 3 辑第 51～63 页，1992 年。
③ 北京市文物工作队：《北京平谷刘家河遗址调查》，《北京文物与考古》第 3 辑第 51～63 页，1992 年。
④ 北京市文物研究所：《北京考古四十年》第 33 页，北京燕山出版社，1990 年。
⑤ 北京市文物研究所：《北京市拒马河流域考古调查》，《考古》1989 年 3 期第 205～218 页。

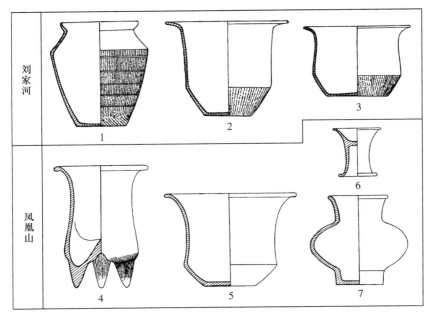

图三一　凤凰山和刘家河墓葬陶器

1. 大口折肩罐（刘家河 M2∶11）　　2、3、5. 折腹盆（刘家河 M2∶2、刘家河 M2∶
1、凤凰山）　4. 筒腹鬲（凤凰山）　6. 豆（凤凰山）　7. 假圈足高领罐（凤凰山）

罐口径明显小于腹径；第 3 段鼓腹鬲口沿微折，没有实足跟，裆部降低，折肩鬲转折部位抬高，大口折肩罐口径接近腹径，新出方唇折沿高实足跟鬲、假腹豆、矮圈足簋、罍等器类；第 4 段鼓腹鬲折沿，方唇鬲的实足跟变矮。

　　第九期，以塔照第二期遗存为代表，包括镇江营商周第二期、雪山第四期和平谷龙坡早期①。1977 年发现的平谷刘家河铜器墓，填土中见有类似雪山三期的磨光黑陶陶片，以及类似龙坡早期的花边高领鬲口沿残片，表明其年代不早于龙坡早期，或大致与其相当。以花边高领鬲最具代表性，还有袋足鬲、柱足鬲、甑、甗、小口瓮、小口罐、大口折肩罐、豆、簋、盆、钵等器类。以夹砂褐陶为主，泥质灰陶少量，均含滑石粉末，盛行绳纹，也有附加堆纹、旋纹、划纹等。该期还可分一、二两段，最显著的变

————————

① 北京市文物研究所：《平谷县龙坡遗址发掘简报》，《北京文物与考古》第 6 辑第 10~21 页，民族出版社，2004 年。

化是花边高领鬲的领部由矮变高。

第七阶段包括第十、十一期，联裆鬲、袋足鬲居于主体。

第十期，以琉璃河第二期早、中段和镇江营商周第三期遗存为代表，包括龙坡晚期、刘家河 T3④组遗存和昌平白浮村墓葬 M1，顺义牛栏山①、平谷韩庄②也有同时期遗存。绝大多数陶器夹细砂或泥质，褐陶或灰陶，均含滑石粉末，盛行交错绳纹，也有附加堆纹、划纹等。常见陶器有筒腹鬲、联裆鬲、袋足鬲、折沿甗、深腹盆、浅腹盆、小口瓮、罍、小口罐、甑、簋、钵等。又可分为早、晚两段。早段花边筒腹鬲翻缘束颈，联裆鬲和袋足鬲裆部稍高，仅见矮圈足簋；晚段筒腹鬲折沿直腹，联裆鬲和袋足鬲裆部略低，出现折腹高圈足簋，圈足还略显粗矮。

第十一期，以琉璃河第二期晚段和镇江营商周第四期遗存为代表，包括雪山第五期，延庆西拨子也有同时期遗存③。灰陶比例猛增，绝大多数为夹细砂灰陶，其次为泥质灰陶和夹细砂褐陶，均含滑石粉末，仍盛行绳纹，也有旋纹。常见器类有袋足鬲、联裆带足跟鬲、高圈足簋、小口罐、小口瓮、深腹盆、浅腹盆、甑、钵、豆等，甗消失。又可分为早、晚两段。袋足鬲、鼓腹带足跟鬲裆部继续降低，至裆和袋足接近消失；小口罐、小口瓮、浅腹盆、深腹盆的下腹均由略弧变为斜直，底变大；折腹高圈足簋圈足细长，只见于早段，而直领带足跟鬲为晚段新出。

第八阶段包括第十二、十三期。

第十二期，以丁家洼一期和玉皇庙一、二期为代表，包括葫芦沟一期和西梁垙一期。二者陶器总体差别甚大，但也有一致的方面：均见有斜直领尊和腹略深的豆。各自又可分为早、晚两段。

第十三期，以丁家洼二期和玉皇庙三期为代表，包括葫芦沟二期和西梁垙二期。尊变为直领，豆腹变浅。

① 程长新：《北京顺义县牛栏山出土一组周初带铭铜器》，《文物》1983 年 11 期第 64~67 页。
② 北京市文物局考古队：《建国以来北京市考古和文物保护工作》，《文物考古工作三十年（1949~1979）》第 1~12 页，文物出版社，1979 年。
③ 北京市文物管理处：《北京市延庆县西拨子村窖藏铜器》，《考古》1979 年 3 期第 227~230 页。

第九阶段包括第十四～十六期，生活用器流行燕式鬲和釜，仿铜礼器常见鼎、豆、壶的组合。

第十四期，以怀柔城北第 1 组墓葬和房山镇江营商周第五期第 1 组遗存为代表，包括房山窦店古城内墙的中心夯土墙基槽①，见于房山辛庄遗址②。生活用器燕式鬲弧腹圜底，足内部已完全变平，实为鼎形；新出的釜直腹、斜折沿，有的沿外部略上竖；尊宽肩微折，还有盆形甑等（图三二）。仿铜陶礼器鼎盖上有三环形圆纽，豆细柄较高，壶盖上有三个较短的竖直纽，圈足低矮，还有匜等。

第十五期，以怀柔城北第 2 组墓葬和房山镇江营商周第五期第 2 组遗存为代表，包括昌平松园战国墓葬、海淀八里庄瓮棺葬③，见于房山片上遗址④和窦店古城⑤。生活用器燕式鬲圜底略平；釜直腹略斜，折沿外部明显上竖；尊斜弧领、窄肩微折或圆肩；绳纹罐肩稍宽、体略胖，还有小口折肩瓮、盆形甑、单耳杯等（见图三二）。仿铜礼器鼎盖上为三兽纽，豆细柄更高，壶盖上有三个较长鸟形纽，高圈足。松园墓葬还出土一组满饰云纹红色彩绘的仿铜礼器，包括鼎、豆、壶、盘、匜、簋、盨，其中长颈扁腹壶、方座簋等为新出（图三三）。

第十六期，以怀柔城北第 3 组墓葬和琉璃河第三期遗存为代表，包括昌平半截塔东周墓、岩上"战国时期墓葬"、南正战国遗存⑥、窦店古城 W1

① 北京市文物研究所拒马河考古队：《北京市窦店古城调查与试掘报告》，《考古》1992 年 8 期第 705～719 页。
② 北京市文物研究所：《北京市拒马河流域考古调查》，《考古》1989 年 3 期第 205～218 页。
③ 安志敏：《北京西郊八里庄发现战国瓮棺》，《燕京学报》37 期，1949 年；安志敏、伊秉枢：《北京西郊发现的瓮棺》，《燕京学报》39 期第 165～175 页，1950 年。
④ 北京市文物研究所：《北京市拒马河流域考古调查》，《考古》1989 年 3 期第 205～218 页。
⑤ 北京市文物研究所拒马河考古队：《北京市窦店古城调查与试掘报告》，《考古》1992 年 8 期第 705～719 页。
⑥ 明确的战国遗存包括出土敞口斜直腹釜等陶器的 H6～H8、H10、H14、H15、H29、H38，G2、G3、G5、Y3、Y4、Y7 等。至于出土敛口弧腹釜的 G1、G4，Y1、Y2、Y5、Y6 等，当属西汉遗存。

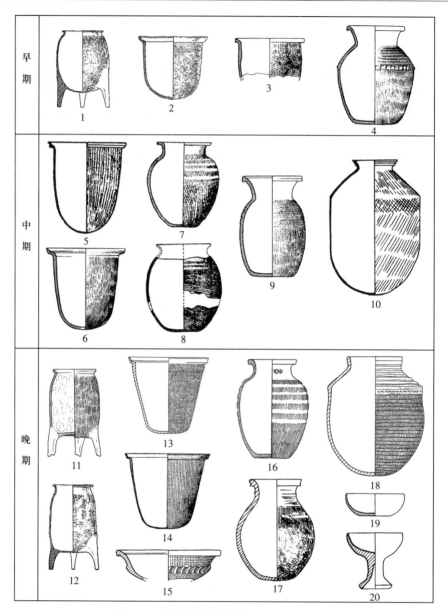

图三二　战国时期燕文化生活用陶器分期

1、11、12. 燕式鬲（怀柔城北 M10、岩上 M12：2、怀柔城北 M12）　2、3、5、6、13、14. 釜（怀柔城北 M4、镇江营 FZH190：2、八里庄二号瓮棺、镇江营 FZH742③：1、岩上 W14：1、窦店 W2：1）　4、9. 尊（镇江营 FZH1363：4、FZH1133：19）　7、8、16、17. 罐（片上 H2：1、窦店三内夯 X：1、白云观、琉璃河 D15H2：3）　10、18. 瓮（八里庄二号瓮棺、岩上 W14：2）　15. 盆（南正 G5③：17）　19. 钵（南正 G5③：15）　20. 豆（南正 G5④：5）

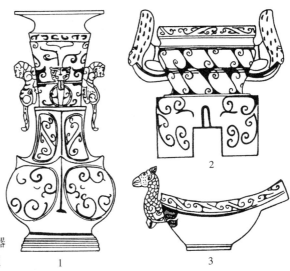

图三三　松园墓葬朱绘仿铜陶器
1.壶（M2）　2.簋（M1）　3.匜

和 W2、窦店古城内墙夯土 Ⅳ 和 Ⅴ[①]、亦庄 M6[②]，见于宣武区广安门外[③]、西城区白云观[④]、房山黑古台[⑤]等遗址。生活用器燕式鬲直腹平底；釜斜直腹，折沿外部上竖部分超过平折部分，圜底近平或平底；尊斜弧领微折肩，绳纹罐瘦高，还有小口折肩瓮、盆形甗、盆、豆、钵等（见图三二）。

三　绝对年代

目前发表的关于北京地区先秦时期考古学文化的 ^{14}C 测年数据有 94 个，而以琉璃河、镇江营和玉皇庙遗址数据最多，分别有 32、17 和 16 个。我们将这些数据依据其地层单位的期属为序列成表二。

---

① 北京市文物研究所拒马河考古队：《北京市窦店古城调查与试掘报告》，《考古》1992 年 8 期第 705～719 页。

② 北京市文物研究所：《北京亦庄考古发掘报告（2003～2005 年）》第 14～15 页，科学出版社，2009 年。

③ 赵正之、舒文思：《北京广安门外发现战国和战国以前的遗迹》，《文物参考资料》1957 年 7 期第 74～75 页。

④ 北京市文物工作队：《北京西郊白云观遗址》，《考古》1963 年 3 期第 167 页。

⑤ 北京市文物工作队：《北京房山县考古调查简报》，《考古》1963 年 3 期第 115～121 页。

表二　北京地区先秦时期考古学文化绝对年代表

遗址	实验室编号	物质	树轮校正年代	地层单位	期属	出处
东胡林	BA02144	木炭	BC8650～7950（置信度95.4%）	T3HD2（第7层）	第一期	《考古》2006.7
东胡林	BA02145	木炭	BC8280～7780（置信度95.4%）	T3HD3（第7层）	第一期	《考古》2006.7
东胡林	BK2002035	木炭	BC8335～7595（置信度95.4%）	T3HD5（第7层）	第一期	《考古》2006.7
东胡林	BA05890		BC8000～7600（置信度93.1%）	T9③	第一期	《考古》2006.7
东胡林	BA05924		BC7790～7590（置信度95.4%）	T10③B	第一期	《考古》2006.7
东胡林		人骨	BC9220～8750（置信度95.4%）	2003年发掘墓葬	第一期	《考古》2006.7
转年	BK92056	木炭	BP9210±100	T8④	第一期	《文物》1996.6
上宅	BK85077	木炭	BC5480～5230	T0508⑧	第二期	
北埝头	BK84083	木炭	BC5200～4802	F2	第三期	
上宅	BK85079	木炭	BC5453～5230	T0309⑦	第三期	
上宅	BK85078	木炭	BC4891～4582	T0706⑤	第四期	
上宅	BK84109	木炭	BC5321～4849	T1④	第四期	
*镇江营	BK89051	炭土	BC8054～7533	FZH1095	第四期	《镇江营与塔照》
*镇江营	BK89053	炭土	BC6998～6425	FZH1067②	第四期	《镇江营与塔照》
镇江营	BK90066	炭土	BC5237～4948	FZH1074①	第四期	《镇江营与塔照》
*镇江营	BK90075	木炭	BC2558～2284	FZH1390	第五期	《镇江营与塔照》
雪山	WB82-58	木炭	BC3640～3374	T225H11	第六期	
燕园	BK97070	木头	BC2858±100		第六期	《考古与文物》增刊，2002
*镇江营	BK90063	木炭	BC3363～2925	FZH1338	第七期	《镇江营与塔照》
塔照	BK90018	木炭	BC1881～1676	FTM6	第八期	《镇江营与塔照》

续表二

遗址	实验室编号	物质	树轮校正年代	地层单位	期属	出处
塔照	BK90025	炭土	BC1739～1519	FTH82	第八期	《镇江营与塔照》
塔照	BK90024	灰土	BC1671～1449	FTH81	第八期	《镇江营与塔照》
塔照	BK90019	木炭	BC1616～1439	FTM9	第八期	《镇江营与塔照》
张营	BA05005	木炭	BC1690～1490（置信度95.4%）	F1	第八期	《昌平张营》
张营	BA05004	木炭	BC1540～1390（置信度92.7%）	H48	第八期	《昌平张营》
张营	BA05006	木炭	BC1500～1310（置信度95.4%）	Y1	第八期	《昌平张营》
*塔照	BK90023	炭土	BC2030～1778	FTH79	第九期	《镇江营与塔照》
塔照	BK90026	炭土	BC1266～1070	FTH86	第九期	《镇江营与塔照》
琉璃河	ZK－5834B	木椁	BC1120±90	M1193 第47～56轮	第十期	《考古》1999.7
琉璃河	ZK－5833B	木椁	BC1020±80	M1193 第37～46轮	第十期	《考古》1999.7
琉璃河	ZK－5832B	木椁	BC1050±50	M1193 第27～36轮	第十期	《考古》1999.7
琉璃河	ZK－5831B	木椁	BC1115±75	M1193 第17～26轮	第十期	《考古》1999.7
琉璃河	ZK－5830B	木椁	BC967±42	M1193 第7～16轮	第十期	《考古》1999.7
琉璃河	ZK－5829B	木椁	BC995±65	M1193 第1～56轮	第十期	《考古》1999.7
琉璃河	ZK－5829B	木椁	BC995±65	M1193 第1～56轮	第十期	《考古》1999.7
琉璃河	ZK－5800	人骨	BP2878±33	M503	第十期	《考古》2002.7
琉璃河	ZK－5801	人骨	BP2468±42	M508	第十期	《考古》2002.7
琉璃河	ZK－5802	人骨	BP2890±35	M509	第十期	《考古》2002.7

续表二

遗址	实验室编号	物质	树轮校正年代	地层单位	期属	出处
琉璃河	ZK‐5804	人骨	BP2830±31	M513	第十期	《考古》2002.7
琉璃河	ZK‐5805	人骨	BP2766±31	M516	第十期	《考古》2002.7
琉璃河	ZK‐5806	人骨	BP2850±32	M1026	第十期	《考古》2002.7
琉璃河	ZK‐5807	人骨	BP2851±31	M1082	第十期	《考古》2002.7
琉璃河	ZK‐5808A	人骨	BP2891±31	M1115	第十期	《考古》2002.7
琉璃河	ZK‐5808B	人骨	BP2834±35	M1115	第十期	《考古》2002.7
琉璃河	ZK‐5808C	人骨	BP2807±31	M1115	第十期	《考古》2002.7
琉璃河	ZK‐5809	人骨	BP2840±32	M512	第十期	《考古》2002.7
琉璃河	ZK‐5810	人骨	BP3012±33	M515	第十期	《考古》2002.7
琉璃河	ZK‐5811	人骨	BP2851±35	M1003	第十期	《考古》2002.7
琉璃河	ZK‐5812	人骨	BP2832±44	M1022	第十期	《考古》2002.7
琉璃河	ZK‐5813	人骨	BP2586±79	M1023	第十期	《考古》2002.7
琉璃河	ZK‐5814	人骨	BP2446±36	M1030	第十期	《考古》2002.7
琉璃河	ZK‐5815	人骨	BP2516±36	M1034	第十期	《考古》2002.7
琉璃河	ZK‐5816	人骨	BP2465±47	M1038	第十期	《考古》2002.7
琉璃河	ZK‐5817	人骨	BP2830±80	M1088	第十期	《考古》2002.7
琉璃河	ZK‐5818	人骨	BP2660±80	M1095	第十期	《考古》2002.7
*镇江营	BK89056	炭土	BC2140~1941	FZH1043	第一期	《镇江营与塔照》
镇江营	BK90070	木炭	BC1408~1230	FZH1332	第十期	《镇江营与塔照》
镇江营	BK89048	炭土	BC1254~993	FZT1206⑦	第十期	《镇江营与塔照》
镇江营	BK90060	木炭	BC1159~993	FZH1280	第十期	《镇江营与塔照》
镇江营	BK89058	炭土	BC1157~930	FZH896	第十期	《镇江营与塔照》
镇江营	BK90065	黑土	BC1126~927	FZH1262	第十期	《镇江营与塔照》
镇江营	BK89054	炭土	BC800~543	FZH452	第十期	《镇江营与塔照》
白浮	BK75052	棺木	BC1389~1055	M1	第十期	
白浮	WB77‐05	棺木	BC1100~840	M1	第十期	
琉璃河	ZK‐5803	人骨	BP2540±31	M403	第十一期	《考古》2002.7

续表二

遗址	实验室编号	物质	树轮校正年代	地层单位	期属	出处
*琉璃河	ZK–5819	人骨	BP2223±99	M403	第十一期	《考古》2002.7
*琉璃河	ZK–5821	人骨	BP2133±97	M1035	第十一期	《考古》2002.7
琉璃河	ZK–5822	人骨	BP2713±37	M1045	第十一期	《考古》2002.7
琉璃河	ZK–5826	人骨	BP2626±32	M1140	第十一期	《考古》2002.7
*镇江营	BK90062	木炭	BC1944~1520	FZH1193	第十一期	《镇江营与塔照》
镇江营	BK90064	木炭	BC1262~921	FZH1193	第十一期	《镇江营与塔照》
镇江营	BK90059	木炭	BC1111~925	FZH1210	第十一期	《镇江营与塔照》
镇江营	BK89059	炭土	BC899~791	FZH821	第十一期	《镇江营与塔照》
镇江营	BK89057	炭土	BC796~530	FZH950	第十一期	《镇江营与塔照》
玉皇庙	ZK–3060	兽骨	BC410~230	M18	第十二期	《考古》2001.7
*玉皇庙		兽骨	BP3260±120	M18	第十二期	《军都山墓地——玉皇庙》
玉皇庙	ZK–3061	人骨	BC360~170	M22	第十二期	《考古》2001.7
玉皇庙	ZK–3064	兽骨	BC370~200	M250	第十二期	《考古》2001.7
*玉皇庙		兽骨	BP2885±130	M250	第十二期	《军都山墓地——玉皇庙》
*玉皇庙		木炭	BP3360±80	M282	第十二期	《军都山墓地——玉皇庙》
*玉皇庙		兽骨	BP2930±140	M86	第十二期	《军都山墓地——玉皇庙》
*西梁垙	BK87101	木炭	BP2800±80	M25	第十二期	《文物》1994.4
玉皇庙	ZK–3062	兽骨	BC410~210	M142	第十三期	《考古》2001.7
*玉皇庙	ZK–3063	兽骨	BC170~40	M174	第十三期	《考古》2001.7
*玉皇庙		兽骨	BP3550±130	M174	第十三期	《军都山墓地——玉皇庙》
玉皇庙	ZK–3065	兽骨	BC370~200	M314	第十三期	《考古》2001.7
*玉皇庙		兽骨	BP2880±100	M156	第十三期	《军都山墓地——玉皇庙》

续表二

遗址	实验室编号	物质	树轮校正年代	地层单位	期属	出处
*玉皇庙		兽骨	BP2730±80	M303	第十三期	《军都山墓地 ——玉皇庙》
玉皇庙		兽骨	BP2540±90	M129	第十三期	《军都山墓地 ——玉皇庙》
玉皇庙		兽骨	BP2540±110	M209	第十三期	《军都山墓地 ——玉皇庙》
玉皇庙		兽骨	BP2210±70	M344	第十三期	《军都山墓地 ——玉皇庙》
葫芦沟	ZK－3066	兽骨	BC381～202	M39	第十三期	《考古》2001.7
葫芦沟	ZK－3067	兽骨	BC370～190	M51	第十三期	《考古》2001.7
黑古台	BK91077	木炭	BP2270±70		第十六期	《文物》1996.6

注：1. 表中数据除注明者外，余均出自中国社会科学院考古研究所编：《中国考古学中碳十四年代数据集（1965～1991）》，文物出版社，1991 年；2. 表中距今（BP）年代均为未经树轮校正的^{14}C 数据，其余数据（BC）均为经树轮校正的日历年代，具体校正依据见出处文献说明；3. 带 * 号者为偏差过大的数据。

　　第一期共有来自东胡林和转年遗址的 7 个数据，东胡林的 6 个数据集中在公元前 9220～前 7590 年这个区间，且置信度在 93.1%～95.4% 之间。中心值范围为公元前 8985～前 7690 年。转年数据与之接近。取整后的绝对年代约为公元前 9000～前 7500 年。

　　第二期有上宅 1 个数据，为公元前 5480～前 5230 年。参照内蒙古敖汉旗兴隆洼遗存的年代①，该期绝对年代约为公元前 6000～前 5200 年。

　　第三期有上宅和北埝头的 2 个数据，在公元前 5453～前 4802 年这个区间，上限与第二期下限基本衔接。参照与其面貌接近的内蒙古敖汉期赵宝沟遗存的年代②，可将该期绝对年代拟合取整为约公元前 5200～前 5000 年。

---

① 中国社会科学院考古研究所编：《中国考古学中碳十四年代数据集（1965～1991）》第 56～57 页，文物出版社，1991 年。

② 赵宝沟遗存的 3 个绝对年代数据在公元前 5194～前 4782 年之间，见中国社会科学院考古研究所编：《中国考古学中碳十四年代数据集（1965～1991）》第 57～58 页，文物出版社，1991 年。

　　第四期共有上宅和镇江营的 5 个数据，其中镇江营的 2 个数据偏离其他同期数据值太大，应当排除，其余 3 个数据在公元前 5321 ~ 前 4582 年这个区间，中心值范围为公元前 5093 ~ 前 4737 年。拟合取整后的绝对年代约为公元前 5000 ~ 前 4500 年。

　　第五期有镇江营的 1 个数据，偏晚太多，应予排除。参考与其面貌接近的河北正定南杨庄和河南安阳后岗同期遗存的年代①，可将该期绝对年代拟合取整为约公元前 4500 ~ 前 4000 年。

　　第六期有雪山和燕园的 2 个数据，在公元前 3640 ~ 前 2758 年这个区间。参考与其面貌接近的河北容城午方、内蒙古翁牛特旗石棚山遗存的 2 个数据②，其绝对年代大致约为公元前 3300 ~ 前 2900 年。

　　第七期有镇江营的 1 个数据，偏早太多，应予排除。参考与其面貌接近的河南汤阴白营龙山晚期遗存的 3 个数据③，其绝对年代大致约为公元前 2200 ~ 前 1900 年。又从镇江营 H1388 出土的鼎足看，上有多个指窝纹，与王湾三期文化新砦类型者类似。故其下限有可能晚至公元前 1800 年。

　　第八期共有塔照和张营的 7 个数据，在公元前 1881 ~ 前 1310 年这个区间，中心值范围为公元前 1779 ~ 前 1405 年。拟合取整后的绝对年代约为公元前 1800 ~ 前 1300 年。

　　第九期有塔照的 2 个数据，排除明显偏早的一个，另一个在公元前 1266 ~ 前 1070 年这个区间。取整后的绝对年代约为公元前 1300 ~ 前 1050 年。

---

①　南杨庄 H93 的数据为公元前 4226 ~ 前 3993（BK81039），后岗的 T1③、H5 的 2 个数据分别为公元前 4340 ~ 前 4004（ZK - 0076）、公元前 4470 ~ 前 4249（ZK - 0134），见中国社会科学院考古研究所编：《中国考古学中碳十四年代数据集（1965 ~ 1991）》第 24、169 页，文物出版社，1991 年。

②　午方 T3②的数据为公元前 3040 ~ 前 2783（ZK - 1234），石棚山 M76 的数据为公元前 2915 ~ 前 2667（WB82 - 08），见中国社会科学院考古研究所编：《中国考古学中碳十四年代数据集（1965 ~ 1991）》第 28、55 页，文物出版社，1991 年。

③　白营 H31、T49 隔梁和 F42 的数据分别为公元前 2192 ~ 前 1890（ZK - 0441）、公元前 2279 ~ 前 1979（ZK - 0442）、公元前 2300 ~ 前 1986（ZK - 0443），见中国社会科学院考古研究所编：《中国考古学中碳十四年代数据集（1965 ~ 1991）》第 169 页，文物出版社，1991 年。

　　第十期共有琉璃河、镇江营和白浮的 36 个数据，排除镇江营的 1 个明显偏早的数据，其余 35 个数据在公元前 1389 ~ 前 543 年这个区间，中心值范围为公元前 1222 ~ 前 672 年。根据系列样品高精度曲线拟合转换方法，琉璃河遗址 M1193 椁木最靠外侧的第 47 ~ 56 轮（ZK - 5834B）的拟合年代为公元前 1082 ~ 前 1041 年，应能代表该期的年代上限；M1003 人骨（ZK - 5811）的拟合年代为公元前 920 ~ 前 855 年，应能代表该期的年代下限①。取整后的绝对年代约为公元前 1050 ~ 前 850 年。

　　第十一期共有琉璃河和镇江营的 10 个数据，排除 3 个明显偏晚或偏早的数据，其余 7 个数据在公元前 1262 ~ 前 530 年这个区间，中心值范围为公元前 1092 ~ 前 663 年。根据系列样品高精度曲线拟合转换方法，琉璃河遗址 3 个可用的数据的拟合年代范围为公元前 852 ~ 前 750 年。取整后的绝对年代约为公元前 850 ~ 前 650 年。

　　第十二期和第十三期共有玉皇庙、葫芦沟和西梁垙的 19 个数据，其中玉皇庙和西梁垙的 9 个数据偏早或偏晚甚多②，其余 10 个数据校正后集中在公元前 791 ~ 前 170 这个区间，中心值范围为公元前 600 ~ 前 265 年。参照与玉皇庙第三期墓葬面貌接近的内蒙古凉城毛庆沟早期墓葬和杭锦旗桃红巴拉墓葬的年代③，以及与丁家洼遗存面貌接近的河南登封王城岗"春秋层"的年代④，这两期取整后的绝对年代应为约公元前 650 ~ 前 475 年。

---

① 仇士华、蔡莲珍：《夏商周断代工程中的碳十四年代框架》，《考古》2001 年 1 期第 90 ~ 100 页。另外一文的这两个数据与之微有差异：前者为公元前 1082 ~ 前 1042 年，后者为公元前 920 ~ 前 850 年，见张雪莲、仇士华、蔡莲珍：《琉璃河西周墓葬的高精度年代测定》，《考古学报》2003 年 1 期第 137 ~ 160 页。

② 《关于军都山墓地碳十四年代测定结果的说明》，《军都山墓地——葫芦沟与西梁垙》附录一三第 786 ~ 787 页，文物出版社，2009 年。

③ 毛庆沟早期墓葬的 2 个数据分别为公元前 791 ~ 前 407（BK80005）、公元前 802 ~ 前 454（BK80026），桃红巴拉的 1 个数据为公元前 810 ~ 前 434（ZK - 0266），见中国社会科学院考古研究所编：《中国考古学中碳十四年代数据集（1965 ~ 1991）》第 54、59 页，文物出版社，1991 年。

④ 王城岗"春秋层"偏上层位的碳十四数据拟合年代范围为公元前 810 ~ 前 410 年，见北京大学考古文博学院、河南省文物考古研究所：《登封王城岗考古发现与研究（2002 ~ 2005）》第 781 页，文物出版社，2007 年。

第十四、十五期没有测年数据，第十六期只有黑古台 1 个数据，校正后约在公元前 380 ~ 前 170 年。考虑到秦统一的年代，拟合后第十四 ~ 十六期的绝对年代应为约公元前 475 ~ 前 221 年。

可以看出，第一、二期之间有大约 1500 年的缺环（公元前 7500 ~ 前 6000 年），第五、六期之间和第六、七期之间都有大约 700 年的缺环（公元前 4000 ~ 前 3300 年、公元前 2900 ~ 前 2200 年），其余各期间绝对年代基本前后衔接。

按照已经建立的新石器时代文化的年代序列[①]，第一阶段（公元前 9000 ~ 前 7500 年）为新石器时代早期；第二阶段（公元前 6000 ~ 前 5000 年）为新石器时代中期，相当于裴李岗文化时期；第三阶段（公元前 5000 ~ 4000 年）和第四阶段（公元前 3300 ~ 前 2900 年）分别为新石器时代晚期和铜石并用时代早期，相当于仰韶文化前、后期[②]；第五阶段（公元前 2200 ~ 前 1800 年）为铜石并用时代晚期，相当于龙山时代后期[③]。第三、四阶段大致对应五帝时代[④]，第五阶段实际已经进入夏代早中期[⑤]。

从第六阶段（公元前 1800 ~ 前 1050 年）开始，遗存常包含青铜器，进入青铜时代前期，对应夏晚期至商代。具体来讲，该阶段第八期（公元前 1800 ~ 前 1300 年）相当于二里头文化、二里岗下层文化和二里岗上层文化时期，对应夏晚期和早商时期；第九期（公元前 1300 ~ 前 1050 年）相当于殷墟文化时期，对应晚商时期。第七阶段（公元前 1050 ~ 前 650 年）为青铜时代后期，对应西周和春秋早期。具体来讲，第十期（公元前 1050 ~ 前 850 年）对应西周早中期，第十一期（公元前 850 ~ 前 650 年）对应西周晚期至春秋早期。

第八阶段（公元前 650 ~ 前 475 年）遗存开始包含铁器，进入早期铁器

① 严文明：《略论中国文明的起源》，《文物》1992 年 1 期第 40 ~ 49 页。
② 严文明：《略论仰韶文化的起源和发展阶段》，《仰韶文化研究》第 122 ~ 165 页，文物出版社，1989 年。
③ 严文明：《龙山文化和龙山时代》，《文物》1981 年 6 期第 41 ~ 48 页；韩建业、杨新改：《王湾三期文化研究》，《考古学报》1997 年 1 期第 1 ~ 22 页。
④ 韩建业、杨新改：《五帝时代——以华夏为核心的古史体系的考古学观察》，学苑出版社，2006 年。
⑤ 韩建业：《论二里头青铜文明的兴起》，《中国历史文物》2009 年 1 期第 37 ~ 47 页。

时代前期，对应春秋中晚期。第九阶段（公元前 475～前 221 年）为早期铁器时代后期，对应战国时期①。

整个北京地区先秦时期的考古学文化延续了约 1 万多年时间。

---

① 《北京考古四十年》则将春秋战国时期仍统归入"青铜时代"，见北京市文物研究所：《北京考古四十年》，北京燕山出版社，1990 年。

第三章　文化谱系

对考古遗存依据特征作分类、梳理，以构建其时空框架，明确其文化性质、来龙去脉、交互关系等，就构成文化谱系研究的主要内容。它的关键是弄清考古学文化的层次结构问题①。所用资料当然不仅限于陶器，而是涉及遗存的所有方面。北京虽然地域不大，但却处于华北、东北和狭义的北方文化的交汇处②，文化复杂多变；对北京先秦文化谱系的研究，还必须充分考虑与周围各大区文化系统的关联（表三）。

一　新石器时代早期

即第一阶段总第一期，绝对年代约在公元前 9000~前 7500 年。

该时期遗存目前仅发现门头沟东胡林和怀柔转年。作为主要生活用具的陶器基本为夹砂陶，以夹粗砂者占多数（常含大量石英颗粒），夹细砂者少量，质地疏松。主要以泥条筑成法和泥片贴筑法制作。器表颜色斑杂，多呈红褐或灰褐色。内壁粗糙，外表稍光滑。除个别口沿外有附加堆纹、压印纹和錾状装饰外，其余基本素面。流行平底器，器类主要有直腹盆（盂）和筒形罐，有的口沿外压印连续箆齿纹组成的大折线图案。另有个别石钵形器、研磨器等容器，其中石钵形器有的外带一周刻有斜线的凸棱，与陶器纹饰类似③。作为主要工

---

① 严文明：《关于考古学文化的理论》，《走向 21 世纪的考古学》第 78~93 页，三秦出版社，1997 年。
② 狭义的"北方"包括晋中北、内蒙古中南部、陕北和冀西北大部，见苏秉琦：《谈"晋文化"考古》，《华人·龙的传人·中国人——考古寻根记》，辽宁大学出版社，1994 年；韩建业：《中国北方地区新石器时代文化研究》第 22~30 页，文物出版社，2003 年。
③ 郭京宁：《略论中国史前的石容器》，《考古学研究》（七）第 435~439 页，科学出版社，2008 年。

表三　北京地区先秦时期文化谱系简表

时代	阶段	分期	绝对年代	文化	历史时期
新石器时代早期	第一阶段	第一期	公元前 9000～前 7500 年	东胡林类遗存	
新石器时代中期	第二阶段	第二期	公元前 6000～前 5200 年	兴隆洼文化	
		第三期	公元前 5200～前 5000 年	赵宝沟文化上宅类型	
新石器时代晚期	第三阶段	第四期	公元前 5000～前 4500 年	①赵宝沟文化上宅类型 ②仰韶文化下潘汪类型	五帝时代
		第五期	公元前 4500～前 4000 年	仰韶文化后岗类型	
铜石并用时代早期	第四阶段	第六期	公元前 3300～前 2900 年	雪山一期文化午方类型	
铜石并用时代晚期	第五阶段	第七期	公元前 2200～前 1800 年	雪山二期文化	夏代早中期
青铜时代前期	第六阶段	第八期	公元前 1800～前 1300 年	夏家店下层文化大坨头类型	夏代晚期至早商
		第九期	公元前 1300～前 1050 年	围坊三期文化	晚商时期
青铜时代后期	第七阶段	第十期	公元前 1050～前 850 年	①燕文化 ②西拨子类遗存	西周早中期
		第十一期	公元前 850～前 650 年		西周晚期至春秋早期
早期铁器时代前期	第八阶段	第十二期	公元前 650～前 475 年	①燕文化 ②玉皇庙文化	春秋中期
		第十三期			春秋晚期
早期铁器时代后期	第九阶段	第十四期	公元前 475～前 221 年	燕文化	战国早期
		第十五期			战国中期
		第十六期			战国晚期

图三四 东胡林遗址工具

1. 石磨盘、石磨棒（T8⑧：2、3） 2. 骨梗石刃刀（T8⑤：14）

3. 石凿形器（T9⑥：44） 4. 石刮削器（T4⑤：107）

具的石器主要是砍砸器、刮削器、尖状器等打制石器和石核、石片、石叶等细石器，还有少量斧、锛、凿形器等磨制石器，以及石磨盘、石磨棒类磨蚀石器①。骨质工具则有锥、镖，复合工具有骨梗石刃刀，有的骨梗表面连续刻划斜线纹组成大波折图案，与陶盆口沿纹饰相似（图三四）。此外还有骨笄、穿孔蚌壳或螺壳等装饰品。东胡林墓葬墓主人属于蒙古人种，仍具有某些原始特征。

　　类似遗存还有北京以西的河北阳原虎头梁于家沟同期遗存②和北京以南的河北徐水南庄头遗存③。于家沟偏下层的夹砂褐陶素面平底残器，以及南

① 磨盘、磨棒类石器，一般并非打磨制作，而是在使用过程中才留下磨蚀痕迹，故本书暂称"磨蚀石器"，以与磨制石器相区别。

② 李珺、王幼平：《阳原于家沟旧石器时代晚期遗址》，《中国考古学年鉴》（1996）第96页，文物出版社，1998年。

③ 保定地区文物管理所等：《河北徐水县南庄头遗址试掘简报》，《考古》1992年11期第961~970页；河北省文物研究所、保定市文物管理所等：《1997年河北徐水南庄头遗址发掘报告》，《考古学报》2010年3期第361~392页；郭瑞海、李珺：《从南庄头遗址看华北地区农业和陶器的起源》，《稻作 陶器和都市的起源》第51~64页，文物出版社，2000年。

庄头的平底罐或盆类陶器，都与东胡林和转年平底器接近，南庄头有的陶器口沿外也有附加堆纹装饰。

如此看来，这类以陶平底直腹盆和平底筒形罐为代表的遗存，很可能就是分布在北京以至于冀中、冀西北地区的一类遗存，可暂称东胡林类遗存。但应当注意到，于家沟下层遗存陶器为素面，上层则见绳纹①，说明早晚还有区别。南庄头遗存器表多绳纹，或是其时代稍偏晚的反映②。而北京地区始终崇尚素面和压印几何纹，区域性特点显著。与其大体同时或更早的新石器遗存，还分布在华南、长江下游、中原、山东以及日本和俄罗斯远东地区。华南的江西万年仙人洞稍早的3C1b、3C1a层出土条纹陶和素面陶，稍晚的3B2、3B1和3A层则流行绳纹陶③。日本列岛绳文草创期的陶器经历了无文—刺突文、隆起线文、爪形文、多绳文的变化过程，也是早段素面和几何形纹饰，晚段绳纹④。

东胡林类遗存的细石器、磨制石器以及骨锥、骨镖、骨梗石刃刀等，都可以在华北旧石器时代末期遗存中找到源头，比如距今15000年前的陕西宜川龙王辿旧石器时代末期遗存，就以细石器为主体，并已出现磨制石铲和石磨盘等⑤。只有陶器的出现比较突兀。由于华北新石器早期遗存距今不过1万年稍多，而华南江西万年仙人洞、湖南道县玉蟾岩⑥类似遗存的上限则早至距今15000年以前，因此，陶器有从华南辗转传播至华北的可能性⑦。

---

① 张弛：《中国南方的早期陶器》，《古代文明》（第5卷）第15页，文物出版社，2006年。
② 南庄头遗存测年距今10500～9700年（未校正）。见保定地区文物管理所等：《河北徐水县南庄头遗址试掘简报》，《考古》1992年11期第961～970页。
③ 张弛：《江西万年早期陶器和稻属植硅石遗存》，《稻作 陶器和都市的起源》第43～49页，文物出版社，2000年。
④ 堤隆：《日本列岛晚冰期人类对环境的适应和陶器起源》，《稻作 陶器和都市的起源》第65～80页，文物出版社，2000年。
⑤ 中国社会科学院考古研究所、陕西省考古研究所：《陕西宜川县龙王辿旧石器时代遗址》，《考古》2007年7期第3～8页。
⑥ 袁家荣：《湖南道县玉蟾岩1万年以前的稻谷和陶器》，《稻作 陶器和都市的起源》第31～42页，文物出版社，2000年。
⑦ 张弛说，"这在现有的证据下实际是表明陶容器制作技术起源的一元性"，见张弛：《中国南方的早期陶器》，《古代文明》（第5卷）第16页，文物出版社，2006年。

二 新石器时代中期

即第二阶段总第二、三期，绝对年代约在公元前 6000~前 5000 年。陶器均以夹砂筒形罐为主，流行刻划、戳印等纹饰。

1. 兴隆洼文化

即总第二期遗存，以上宅早期遗存为代表，绝对年代约在公元前 6000~前 5200 年。附近同类遗存还有滦河流域的河北迁西东寨 G1[①]、承德岔沟门遗存等[②]。陶器仅发现夹粗砂黄褐陶筒形罐，外壁有"三段式"纹饰，上段饰压印旋纹、中段饰压印点纹（或加旋纹）、下段饰网状压印纹或刻划纹。此外，北京北部平谷、延庆、密云、怀柔等地还调查发现带肩石铲（也被称为石锄），打制略磨，也当属于该类遗存。

该类遗存和西辽河流域的内蒙古敖汉旗兴隆洼[③]、林西白音长汗[④]、克什克腾旗南台子[⑤]、阜新查海[⑥]同期遗存特征近同，也当属于兴隆洼文化。具体来说，上宅早期的三段式纹饰深直腹罐与兴隆洼一期、白音长汗二期甲类、查海一期同类器近同，属于兴隆洼文化早期（图三五）。怀柔、密云等地调查发现的带肩石铲也当属于早期，怀柔喇叭沟门发现的一件上端还有穿孔（图三六）。北京地区还应当存在兴隆洼文化晚期遗存。限于资料，

---

① 河北省文物研究所：《河北省迁西县东寨遗址发掘简报》，《文物春秋》1992 年增刊第 128~143 页。

② 承德县文物保护管理所：《河北省承德县新石器时代遗址调查》，《考古》1992 年 6 期第 481~488 页。

③ 中国社会科学院考古研究所内蒙古工作队：《内蒙古敖汉旗兴隆洼遗址发掘简报》，《考古》1985 年 10 期第 865~874 页；中国社会科学院考古研究所内蒙古工作队：《内蒙古敖汉旗兴隆洼聚落遗址 1992 年发掘简报》，《考古》1997 年 1 期第 1~26 页。

④ 内蒙古自治区文物考古研究所：《白音长汗——新石器时代遗址发掘报告》，科学出版社，2004 年。

⑤ 内蒙古文物考古研究所：《克什克腾旗南台子遗址发掘简报》，《内蒙古文物考古文集》（第一辑）第 87~95 页，中国大百科全书出版社，1994 年。

⑥ 辽宁省文物考古研究所：《辽宁阜新县查海遗址 1987~1990 年三次发掘》，《文物》1994 年 11 期第 4~19 页。

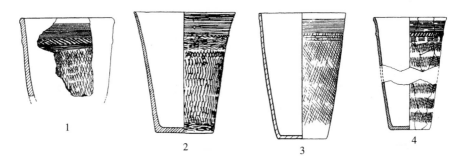

图三五　北京和西辽河地区兴隆洼文化陶筒形罐比较

1. 上宅（T0907⑧∶2）　2. 兴隆洼（F220③∶5）　3. 白音长汗（BF63②∶6）　4. 查海（D1∶1）

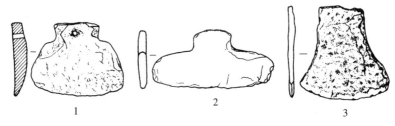

图三六　北京地区兴隆洼文化带肩石铲

1. 怀柔喇叭沟门　2、3. 密云南石城

暂时还难以说清北京地区兴隆洼文化的地方性特点，更没有必要将其作为"上宅文化"早期。

北京地区兴隆洼文化与早先的东胡林类遗存之间存在大约1500年的时间缺环，前者陶器普遍饰纹而后者崇尚素面、前者流行盂形直腹盆而后者出现弧腹钵，表明之间有较大差距。但二者陶器多属筒形罐类，前者压印、戳印几何形纹饰的风格也与后者类似，显示二者间的确还存在某种联系。如果我们把眼光扩展到西辽河流域，会发现在内蒙古敖汉旗小河西、翁牛特旗大新井①、敖汉旗榆树山和西梁②、喀喇沁旗马架子③、林西白音长汗，

① 刘晋祥：《翁牛特旗大新井村新石器时代遗址》，《中国考古学年鉴》（1989）第131页，文物出版社，1990年。
② 杨虎：《敖汉旗榆树山、西梁遗址》，《中国考古学年鉴》（1989）第131～132页，文物出版社，1990年。
③ 刘国祥、张义成：《内蒙古喀喇沁旗发现大型小河西文化聚落》，《中国文物报》2000年1月16日第1版。

以及河北迁西东寨[1]等遗址，还存在一类以素面陶为主要特征的遗存，一般称其为"小河西文化"；由于作为其主要器类的筒形罐的形态与一般所谓兴隆洼文化近似，也可以将其作为兴隆洼文化的初期。这类遗存虽然时代稍早[2]，素面风格似乎也与东胡林类遗存更为接近，但并不见陶直腹盆等，且之间仍有很长的时间差距。因此，北京以及西辽河、滦河流域兴隆洼文化的来源，仍有待继续探索。

　　在北京南部，至今尚未发现新石器中期文化遗存。但在北京地区以南的河北易县北福地[3]、廊坊北旺砖厂[4]、容城上坡[5]和武安磁山[6]等遗址，却发现同时的以盂形直腹盆为代表的磁山文化遗存。特别值得注意的是，在上宅遗址以南仅 35 公里左右的河北三河盂各庄遗址一期，就发现陶直腹盆（盂）、支座等属于磁山文化系统的遗物[7]。北京南部如果存在新石器时代中期遗存，就应当属于磁山文化系统。磁山文化的直腹盆及其装饰风格与东胡林文化似乎有更多联系。

　　新石器时代中期北京地区陶器无论在北部以筒形罐为主，还是南部以直腹盆为主，两者都还是属于一个大的文化系统，即面向东北的文化系统。这个系统陶器还特别流行几何形纹饰，共见玉玦、玉匕状垂饰、人或动物面具所代表的特殊装饰和宗教习俗。与中原地区以素面陶壶、钵为代表的裴李岗

---

① 东寨 G1 既有相当于白音长汗二期甲类、乙类的陶器，也有相当于白音长汗一期的素面陶器（图 4，7、12、20），见河北省文物研究所：《河北省迁西县东寨遗址发掘简报》，《文物春秋》1992 年增刊第 128 ~ 143 页。

② 在白音长汗遗址，存在这类遗存（一期 BF64）被所谓兴隆洼文化早期遗存（二期甲类 BF63）打破的地层关系，见内蒙古自治区文物考古研究所：《白音长汗——新石器时代遗址发掘报告》第 8 页，科学出版社，2004 年。

③ 河北省文物研究所：《北福地——易水流域史前遗址》，文物出版社，2007 年。

④ 刘化成、何利群：《河北廊坊发现新石器时代早期遗址》，《中国文物报》2007 年 7 月 27 日第 2 版。

⑤ 段宏振：《容城上坡遗址的发掘》，《北福地——易水流域史前遗址》附录一第 305 ~ 340 页，文物出版社，2007 年。

⑥ 河北省文物管理处、邯郸市文物保管所：《河北武安磁山遗址》，《考古学报》1981 年 3 期第 303 ~ 339 页。

⑦ 河北省文物管理处、廊坊地区文化局：《河北三河县盂各庄遗址》，《考古》1983 年 5 期第 404 ~ 414 页。

文化，山东地区以素面直腹釜为代表的后李文化等，都有很大差别。即使东亚地区新石器时代早期的陶器真的有共同来源，到此时早就分道扬镳了。

此外，桑干河流域河北阳原姜家梁发现的兴隆洼文化遗存，极可能就是通过北京地区扩展而去①。兴隆洼文化的"之"字纹还由北向南传播，见于磁山文化甚至裴李岗文化当中。处于兴隆洼文化南缘的北京地区，在这一文化交流过程中当起到过前锋作用。

2. 赵宝沟文化上宅类型（早期）

即总第三期遗存，以上宅中期早段为代表，包括平谷北埝头房址遗存，绝对年代约在公元前 5200 ～ 前 5000 年。附近同类遗存还有滦河流域的迁西西寨一期主体②、滦平后台子下层③等。陶器绝大多数为夹砂褐陶，少量粗泥质褐陶。除仍多见压印"之"字纹、篦点纹等外，还开始流行斜向抹压条纹、压印波折纹。仍以筒形罐为主，其次为深腹平底钵、深腹或浅腹圈足钵、杯、鸟首形支座等，还有饼状鏊④。钵类器外壁饰压印"之"字纹或篦点纹组成的绞索状图案，筒形罐上多饰竖压横排"之"字纹和斜向抹压条纹，支座上刻划菱格纹、叶脉纹等，鏊的两面遍刺小三角纹。总体装饰繁复细致，富于变化。还有斧、铲、凿、纺轮半成品（中部钻孔未透）等磨制石器，磨盘、磨棒、砺石、杵等磨蚀石器，石叶、刮削器、镞等细石器，骨梗石刃刀，以及个别小石环、扣形石器、圆陶片、小陶球等。

该类遗存与西辽河流域的内蒙古敖汉旗赵宝沟遗存⑤、林西白音长汗三期甲类遗存近似，如都以腹较浅、近底略弧收的筒形罐为主体，都有深腹

---

① 河北省文物研究所：《河北阳原县姜家梁新石器时代遗址的发掘》，《考古》2001 年 2 期第 13 ～ 27 页。

② 河北省文物研究所等：《迁西西寨遗址 1988 年发掘报告》，《文物春秋》1992 年增刊第 144 ～ 177 页。

③ 承德地区文物保管所、滦平县博物馆：《河北滦平县后台子遗址发掘简报》，《文物》1994 年 3 期第 53 ～ 74 页。

④ 北埝头发掘简报称其为"陶磨盘"（F1：12），见北京市文物研究所等：《北京平谷北埝头新石器时代遗址调查与发掘》，《文物》1989 年 8 期第 13 页（图一〇）。

⑤ 中国社会科学院考古研究所：《敖汉赵宝沟——新石器时代聚落》，中国大百科全书出版社，1997 年。

钵、圈足钵，都装饰压印几何纹、"之"字纹、抹压条纹（图三七）、戳印
篦点纹等。因此，可以将其纳入赵宝沟文化范畴[1]。但北京及其滦河流域该
类遗存有着明显的地方性特点，如少见压印几何纹而仍流行"之"字纹，
且"之"字纹仍主要为古老的竖压横排的形式，常见"之"字纹组成的绞
索状图案，多见席纹，有素面浅腹圈足钵而不见尊形器等。我们不妨称其
为赵宝沟文化上宅类型（图三八）。即使同为上宅类型，也还存在细小的地
域性差异，如北京地区流行斜向抹压条纹而很少见压印几何纹，而滦河流
域常见戳划条纹，压印几何纹稍多，还有前者的支座不见于后者[2]。

　　赵宝沟文化源于兴隆洼文化应当没有什么问题[3]，上宅类型自然也不例
外，但二者间传承演变的具体过程则颇费寻思。多数研究者根据器物排队
结果，认为滦河流域以至于北京附近存在最早期的赵宝沟文化遗存，其主
要源头在燕山以南[4]。不过我们更应该关注东北地区：属于兴隆洼文化晚期

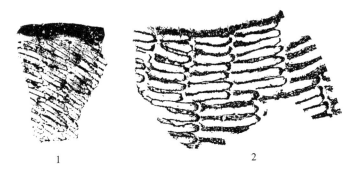

图三七　上宅和赵宝沟遗址赵宝沟文化抹压条纹比较
1. 上宅（T0811⑦）　　2. 赵宝沟（F9①：30）

①　段宏振：《燕山南麓新石器时代文化初论》，《北方文物》1995 年 1 期第 17～22 页。
　　上宅遗址的发掘者则将其作为"上宅文化"的中期早段，见北京市文物研究所等：
　　《北京平谷上宅新石器时代遗址发掘简报》，《文物》1989 年 8 期第 8 页。
②　董新林称滦河流域遗存为赵宝沟文化西寨类型，见董新林：《赵宝沟文化研究》，
　　《考古求知集》第 172～185 页，中国社会科学出版社，1997 年。
③　刘晋祥：《赵宝沟文化初论》，《庆祝苏秉琦考古五十五年论文集》第 198～202 页，
　　文物出版社，1989 年。
④　赵宾福：《赵宝沟文化的分期与源流》，《中国考古学会第八次年会论文集》（1991）
　　第 1～12 页，文物出版社，1996 年；中国社会科学院考古研究所：《敖汉赵宝
　　沟——新石器时代聚落》第 215～216 页，中国大百科全书出版社，1997 年；张治
　　强：《西寨遗址陶器分析》，《北方文物》2005 年 3 期第 11～18 页。

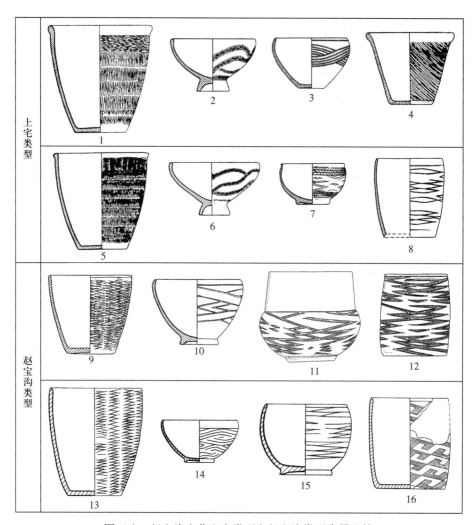

图三八　赵宝沟文化上宅类型和赵宝沟类型陶器比较

1、4、5、9、13. 筒形罐（北埝头 F5∶1、上宅 T0407⑦∶5、西寨 T15④∶5、赵宝沟 F105②∶5、白音长汗 AF27②∶13）　2、6、7、10、14、15. 圈足钵（北埝头 F9∶2、西寨 T13④∶8、西寨 T6③∶13、赵宝沟 F105②∶11、白音长汗 AF27②∶9、白音长汗 AF83②∶1）　3. 深腹钵（上宅 T0607⑦∶1）　8、12、16. 扁腹罐（西寨 T17③∶11、赵宝沟 F105②∶9、白音长汗 AF27②∶17）　11. 尊形器（赵宝沟 F2②∶15）

的查海二期和白音长汗二期乙类遗存，已经在筒形罐、深腹盆的上腹或近底部见有压印折线、绞索纹等几何形纹饰，有相当一部分"之"字纹排列整齐，已出现同一器上横竖安排整齐"之"字纹的现象，这些都与赵宝沟文化有较大的相似性[①]。但北京地区的赵宝沟文化上宅类型应当还继承了当地兴隆洼文化的某些特点，又接受了南边磁山文化陶支座等因素——就连支座上刻划的菱格纹、叶脉纹也彼此一致[②]（图三九）。

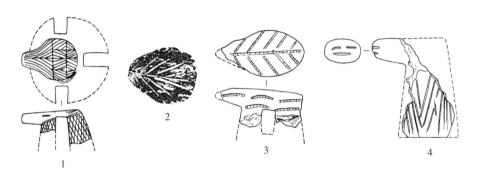

图三九　北埝头、上宅和北福地遗址陶支座比较
1. 北埝头（F6：14）　　2. 上宅（T0711⑦）　　3、4. 北福地（H76：39、F1：85）

3. 小结

无论是偏早的兴隆洼文化，还是偏晚的赵宝沟文化上宅类型早期，其实都属于面向东北的筒形罐文化系统。即使以后在北京南部发现以直腹盆（盂）为代表的磁山文化遗存，在更宏观的层面上它们仍是一个大系统。这个筒形罐—直腹盆系统向上遥承东胡林类遗存，有着独特的宗教信仰传统。虽然内部存在诸多整合过程，但总体上稳定发展、连绵不断，占据北京附近及东北地区长达4000多年。就对外关系来看，向周围拓展和影响较为显著，向西拓展至阳原盆地，"之"字纹等因素南达中原腹地，反方向的影响则相对微弱很多。

---

① 陈国庆虽也认为"燕山以南地区应是赵宝沟文化的重要发源地"，但同时也指出燕山以北几何纹等与赵宝沟文化的联系，见陈国庆：《试论赵宝沟文化》，《考古学报》2008年2期第121～140页。
② 河北省文物研究所：《北福地——易水流域史前遗址》，文物出版社，2007年。

三　新石器时代晚期

即第三阶段总第四、五期，绝对年代约在公元前 5000～前 4000 年，属于新石器时代晚期早、中段。流行红顶钵、红顶盆等泥质陶器。北京地区文化经历了南、北部明显分异到渐趋一致的发展过程。

1. 仰韶文化下潘汪类型镇江营亚型

即永定河以南的总第四期遗存，以镇江营新石器第一期遗存为代表，绝对年代约在公元前 5000～前 4500 年，属于新石器时代晚期早段。附近同类遗存还有易县北福地第二期、炭山第一期①、七里庄第一期②等。陶器多数为夹砂（含滑石末）红褐陶，器表颜色多不均；泥质红陶不到总数的 1/3。绝大多数素面，个别指甲纹、镂孔、划纹、戳刺纹等，值得注意的是还发现个别线条很细的网格状红彩。最主要的陶器是釜和钵，其次为盆、壶、喇叭钮器盖、直体支座等。釜基本都是夹砂（含滑石末）陶，鼓腹圜底，大者口径和通高达 40 多厘米，小者口径和通高不足 20 厘米，其主要功能应当是炊煮和盛储，作为炊器时与支座配套使用。支座均夹砂，基本都为直体圆顶，带长圆形大穿孔。有趣的是，少数几件鼎的器身为釜形，带长条形穿孔的足活脱为支座的变形。钵多数为细泥质的红顶钵，也有夹砂者，有的口沿外贴加一周凸棱，少数带单把或者三足，形态上明显有浅腹与深腹、圜底与平底之别；口径大者超过 30 厘米，小者不足 10 厘米，一般在 15 厘米左右，大概中小型者可用于饮食，而大型者用做盛储。盆均弧腹，泥质和夹砂者均占一定比例，多数平底，也有的为圈足或三足，当为盛储器。壶主要为带双肩耳或双腹耳的小直口圆腹壶，也有个别双肩耳大口壶，为水器或酒器。还

---

① 拒马河考古队：《河北易县涞水古遗址试掘报告》，《考古学报》1988 年 4 期第 421～454 页；河北省文物研究所：《北福地——易水流域史前遗址》，文物出版社，2007 年。

② 段宏振、任涛：《河北易县七里庄遗址发现大量夏商周时期文化遗存》，《中国文物报》2006 年 12 月 8 日第 2 版；段宏振：《河北易县七里庄遗址》，《2006 中国重要考古发现》第 41～44 页，文物出版社，2007 年。

有斧、凿、刀等磨制石器，磨盘、磨棒、砺石、杵、球等磨蚀石器，石核、石叶、石片、刮削器、尖状器、盘状器等打制石器或细石器，以及骨锥、鹿角锥、陶网坠等。又可以分为3段：釜从圆腹向鼓肩演变，盆、深腹钵经历了敞口、直口、微敛口的变化，从中段开始还出现釜形鼎。

与其类似的遗存，还广泛分布在河北中南部地区，如河北磁县下潘汪仰韶文化"第二类型"①、永年石北口早期②、正定南杨庄第一期③、三河刘白塔遗存④等。早先一般将它们归入仰韶文化后岗类型⑤，20世纪90年代以后则出现"镇江营一期文化"、"北福地二期文化"等名称，还有将其划归北辛文化的方案⑥。这类以前一般被当作从新石器时代中期向晚期过渡性质的遗存⑦，基本面貌其实和仰韶文化一期的后岗类型很是接近⑧，同时又具有若干自身特征，如釜多鼎少、彩陶不多等，因此可将其划为仰韶文化初期的一个地方类型。考虑到下潘汪遗址发掘最早，且已经有过"下潘汪文化"这样的名称⑨，因此以称其为"下潘汪类型"为宜。

但也必须注意到，包括镇江营遗存在内的易水—拒马河流域遗存，和以下潘汪仰韶文化"第二类型"与南杨庄第一期为代表的河北偏南部遗存，以及刘白塔等沟河下游遗存，仍有着一定的地方性差异，因此还可以进一步将它们分为镇江营亚型、南阳庄亚型和刘白塔亚型。镇江营亚型夹砂

---

① 河北省文物管理处：《磁县下潘汪遗址发掘报告》，《考古学报》1975年1期第73~116页。

② 河北省文物管理处等：《永年县石北口遗址发掘报告》，《河北省考古文集》第46~105页，东方出版社，1998年。

③ 河北省文物研究所：《正定南杨庄——新石器时代遗址发掘报告》，科学出版社，2003年。

④ 廊坊市文物管理所等：《河北三河县刘白塔新石器时代遗址试掘》，《考古》1995年8期第673~678页。

⑤ 唐云明：《试谈豫北、冀南仰韶文化的类型与分期》，《考古》1977年4期第233~241页。

⑥ 张忠培、乔梁：《后岗一期文化研究》，《考古学报》1992年3期第261~280页。

⑦ 孙祖初：《中原新石器时代中期向晚期的过渡》，《华夏考古》1997年4期第47~59页。

⑧ 严文明将仰韶文化分为4期，后岗类型属于第一期，见严文明：《略论仰韶文化的起源和发展阶段》，《仰韶文化研究》第122~165页，文物出版社，1989年。

⑨ 孙祖初：《中原新石器时代中期向晚期的过渡》，《华夏考古》1997年4期第47~59页。

（滑石末）为主而南阳庄亚型泥质居多，这主要是由于易水—拒马河流域陶土普遍含滑石末的缘故。其他方面，镇江营亚型钵、盆基本都是小平底，有的钵沿外有一周凸棱，而南阳庄亚型还有圜底钵；镇江营亚型多为直口矮领圆腹平底壶，双肩耳或腹耳，有个别口稍大的无颈肩耳壶；而南阳庄亚型多为折唇球腹壶和高直颈壶；镇江营亚型支座直体且多带略长的大穿孔，南阳庄亚型则为歪体猪嘴状；镇江营亚型器盖仅见圈足纽，而南阳庄亚型还见环状纽；镇江营亚型沿下有一周指甲纹的釜、带柄钵、圈足和三足的钵、盆，南阳庄亚型内设三个垫钉的鼓形陶灶、旋纹罐、旋纹盆等也都各不互见。另外，镇江营亚型不见刘白塔亚型陶器上竖、斜向的刮划纹等特征（图四〇）。

　　以釜、钵、盆、壶等陶器为代表的仰韶文化下潘汪类型，同以陶筒形罐为代表的兴隆洼—赵宝沟文化和以陶直腹盆（盂）为代表的磁山文化属于不同的文化系统，因此，后二者不可能成为前者的主要源头。与下潘汪类型最邻近的同样流行圜底陶釜的遗存，是黄河下游的北辛文化。北辛文化可以分为 3 期①，其中以滕州北辛 H710②、济宁张山 J1③、汶上东贾柏H13④为代表的中期遗存大致和下潘汪类型同时，而北辛文化早期早于下潘汪类型，且之前还有流行直腹陶釜的后李文化这个源头。可见下潘汪类型的陶釜无疑源于北辛文化（图四一，1、6）。前者的圈足纽式器盖同样可能来自后者。至于下潘汪类型的钵、壶、支座等器物，就既存在于北辛文化中期，又见于磁山文化磁山类型晚期。但仔细比较发现，磁山文化磁山类型晚期的钵无红顶现象，壶仅见小口高直颈肩耳壶（图四一，11~13），支座顶面窄长呈鞋底状（图四二，2、3），而北辛文化中期和下潘汪类型则共有红顶钵、小口矮颈肩耳壶（图四一，2~5、7~10）、小口折唇球腹壶、

---

① 栾丰实判断北辛文化的绝对年代在距今 7400~6100 年之间，见栾丰实：《北辛文化研究》，《考古学报》1998 年 3 期第 265~288 页。

② 中国社会科学院考古所山东队等：《山东滕县北辛遗址发掘报告》，《考古学报》1984 年 2 期第 159~192 页。

③ 济宁市文物考古研究室：《山东济宁市张山遗址的发掘》，《考古》1996 年 4 期第 1~7页。

④ 中国社会科学院考古所山东工作队：《山东汶上县东贾柏村新石器时代遗址发掘简报》，《考古》1993 年 6 期第 481~487 页。

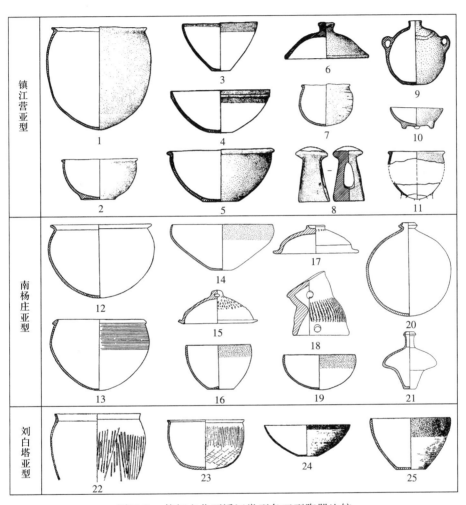

图四〇 仰韶文化下潘汪类型各亚型陶器比较

1、7、12、22、23. 釜（FZH39：17、H1128：3、T46④：1、采6、H1：2） 2、5、13. 盆
（FZH282②：3、FZH1095：67、T6④：17） 3、4、10、14、16、19、24、25. 钵（FZT1307⑦：1、
FZH479：7、FZH321：33、T6④：15、T25④：3、T82④：2、采7、H1：13） 6、15、17. 器盖
（FZH1080：52、H129：1、T6④：19） 8、18. 支座（FZH654：13、T46④：2） 9、20、21.
壶（FZ035、H119：7、T65④：9） 11. 鼎（FZT1107⑧：2） （1～11 出自镇江营，12～21 出自
南杨庄，22～25 出自刘白塔）

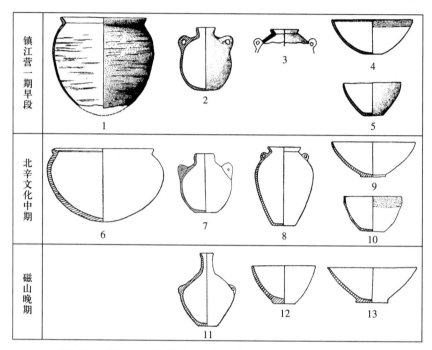

图四一　镇江营一期早段、北辛文化中期和磁山晚期陶器比较

1、6. 釜（FZH1095：90、H13：38）　2、7、11. 小口有颈肩耳壶（FZH1128：1、H13：
32、T87②：25）　3、8. 小口无颈肩耳壶（FZH660：2、J1：5）　4、5、9、10、12、13.
钵（FZH1095：93、FZH1099：1、J1：2、H13：27、H146：4、H77：3）（1~5 出自镇江
营，6、7、10 出自东贾柏村，8、9 出自张山，11~13 出自磁山）

顶面呈圆形的支座（图四二，1、4、5），显然后二者的关系更加密切。下
潘汪类型的钵、壶、支座等就应当也主要来自于北辛文化。此外，带长条
形穿孔足的鼎很可能是在北辛文化釜形鼎的启发下，由当地圜底釜和长条
形穿孔支座组合而成①。总之正如戴向明指出的那样，北辛文化的西—西北
向扩张对下潘汪类型的形成起到至关重要的作用②。

　　进一步分析，会发现晚期磁山文化对北辛文化的形成和发展也有过贡
献，而无论是磁山文化还是北辛文化，其钵、壶等泥质陶器的出现均和裴

① 严文明：《中国古代的陶支座》，《考古》1982 年 6 期第 622~629 页。
② 戴向明：《黄河流域新石器时代文化格局之演变》，《考古学报》1998 年 4 期第
　389~418页。

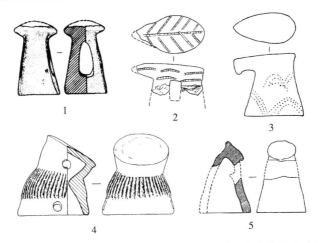

图四二　仰韶文化下潘汪类型、北辛文化、磁山文化陶支座比较

1. 镇江营（FZH654：13）　2. 北福地（H76：39）　3. 磁山（T84②：8）
4. 南杨庄（T46④：2）　5. 北辛（H506：4）（1、4 为仰韶文化下潘汪类型，2、3 为磁山文化，5 为北辛文化）

李岗文化的对外影响有关①，可见和初期仰韶文化其他类型一样，下潘汪类型最根本的基础还在中原②。

我们可以对仰韶文化下潘汪类型及其镇江营亚型的形成过程做这样的推测：公元前 5 千纪初期，整个黄河流域文化都进入动荡重组和格局调整的时期。这时以黄河下游的北辛文化最为活跃。或许伴随着人群的移动，北辛文化向河北平原强烈扩张，融合部分土著的磁山文化因素而形成仰韶文化下潘汪类型。这其中以偏北的镇江营亚型距黄河下游较远，保留的土著文化因素也较为突出，如不见小口折唇球腹壶，缺乏旋纹，支座直体带长条形大穿孔的特点和磁山文化接近，个别刻划折线纹、戳印箆点纹继承磁山文化北福地类型。而偏南的南杨庄亚型距黄河下游较近，面貌与北辛文化更为近似，如有小口折唇球腹壶，常见旋纹，支座同为歪体猪嘴状。不仅如此，在北辛文化以至于下潘汪类型的推动下，此时关中、豫中南和晋

---

① 韩建业：《裴李岗文化的迁徙影响与早期中国文化圈的雏形》，《中原文物》2009 年 2 期第 11 ~ 15 页。
② 严文明：《略论仰韶文化的起源和发展阶段》，《仰韶文化研究》第 122 ~ 165 页，文物出版社，1989 年。

南地区新石器时代中期文化也都整合转变为面貌一新的初期仰韶文化。而这一整合过程，同时也是异常频繁的文化相互交流的过程，像红顶钵、旋纹罐这样的器物就应当是交流过程中形成的共性因素①。

有着中原深沉底蕴的镇江营亚型一经形成，就表现出蓬勃的生命力，并对北方地区产生越来越强烈的影响。东北向的渗透，使得燕山南北的赵宝沟文化上宅类型晚期出现较多泥质红陶钵（包括红顶钵）、盆、小口壶、勺等，见于北京平谷上宅中期晚段及河北迁西西寨二期②、迁安安新庄③、三河孟各庄二期遗存④等当中。这类泥质红陶钵、盆还一直渗透到西辽河流域，见于内蒙古敖汉旗小山等赵宝沟文化晚期遗存当中（图四三）⑤。这在表面上只是丰富了北京北部以至于西辽河流域人们的日常生活，深层次上则促使其延续数千年之久的风俗习惯和宗教信仰渐渐发生改变，为东北地区下一步的迅猛发展提供了铺垫。西北向则有人群沿着洋河一路挺进，最终到达人烟稀少的岱海地区，留下内蒙古凉城石虎山Ⅱ这样的很类似镇江营亚型晚段的仰韶文化遗存（图四四）⑥，只是时代更晚一些，又略有一些地方特色而已⑦。荒凉的内蒙古中南部地区从此进入了生机勃勃的农业文化阶段。

2. 赵宝沟文化上宅类型（晚期）

即永定河以北洵河流域的总第四期遗存，以上宅中期晚段遗存为代表，

---

① 韩建业：《初期仰韶文化研究》，《古代文明》（第 8 卷）第 16～35 页，文物出版社，2010 年。

② 河北省文物研究所等：《迁西西寨遗址 1988 年发掘报告》，《文物春秋》1992 年增刊第 144～177 页。

③ 河北省文物管理处：《河北迁安安新庄新石器遗址调查和试掘》，《考古学集刊》第 4集第 96～110 页，中国社会科学出版社，1984 年。

④ 廊坊地区文化局：《河北三河县孟各庄遗址》，《考古》1983 年 5 期第 404～414 页。

⑤ 中国社会科学院考古研究所内蒙古工作队：《内蒙古敖汉旗小山遗址》，《考古》1987 年 6 期第 481～503 页。

⑥ 内蒙古文物考古研究所、日本京都中国考古学研究会岱海地区考察队：《石虎山遗址发掘报告》，《岱海考古（二）——中日岱海地区考察研究报告集》第 18～145 页，科学出版社，2001 年。

⑦ 韩建业：《中国北方地区新石器时代文化研究》，文物出版社，2003 年。

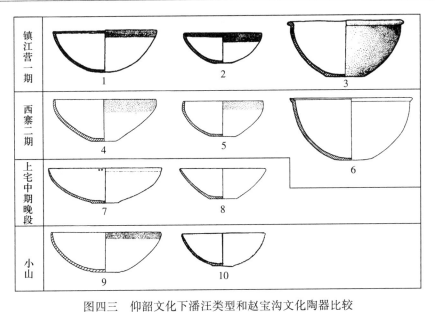

图四三　仰韶文化下潘汪类型和赵宝沟文化陶器比较

1、2、4、5、7~10. 钵（FZH1015：3、FZH544：6、T32②：8、T31②：16、T0408④：8、
T0307⑤：11、F2②：26、F1②：8）　3、6. 盆（FZH1095：67、T31：78）（1~3 为仰韶
文化下潘汪类型镇江营亚型，4~10 为赵宝沟文化）

绝对年代约在公元前 5000~前 4500 年，属于新石器时代晚期早段。附近同
类遗存还有河北迁西西寨二期、迁安安新庄主体遗存[1]、三河孟各庄二期遗
存等。在西辽河流域相当于该阶段的是属于赵宝沟文化晚期的内蒙古敖汉
旗小山遗存。基本面貌和以上宅中期早段遗存为代表的赵宝沟文化上宅类
型早期相同，只是细泥质红陶浅腹平底钵明显增多，有的钵（碗）为红顶，
还出现泥质陶壶、勺、小杯等。上文说过，这是由于仰韶文化下潘汪类型
镇江营亚型北向强烈影响的结果。

上宅类型晚期有一组石或陶质的动物形雕塑颇引人注意，包括石鸮形器、
石龟、石人形像（石猴形饰件）、陶或石质耳珰形器、陶塑猪头、陶蚕形饰、
陶海马形饰等。其中石雕一般以黑色滑石雕成，多有穿孔，当可佩戴。由于
其光滑细腻、形象生动，以至于有人将其与玉器相联系[2]。如果我们放大眼

① 文启明：《安新庄遗址再认识》，《考古》1998 年 8 期第 60~70 页。
② 齐心：《北京先秦玉器文化初探》，《北京文物与考古》第五辑第 92~98 页，北京燕
　　山出版社，2002 年。

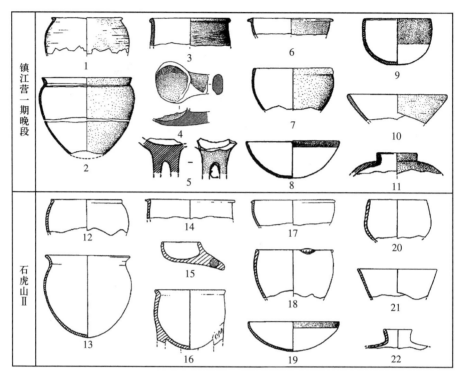

图四四　镇江营一期晚段与石虎山Ⅱ遗存陶器比较

1~3、12~14. 釜（FZH71∶7、FZH1339∶12、FZH1015∶9、Ⅱ H8∶6、Ⅱ F3∶4、Ⅱ H22∶4）

4、15. 勺（FZH516∶3、Ⅱ F11∶2）　　5、16. 鼎（FZH71∶30、Ⅱ F1∶1）　　6、7、10、17、18、

21. 盆（FZH1015∶8、FZH422∶1、FZH422∶8、Ⅱ F13∶1、Ⅱ H3∶7、Ⅱ H20∶8）　　8、9、19、

20. 钵（FZH1015∶3、FZH1339∶1、Ⅱ F9∶2、Ⅱ H8∶3）　　11、22. 壶（FZH1065∶4、Ⅱ H16∶3）

光，会发现猪、龟、鸮以及某些特殊的人的形象在东北地区和新石器时代中期的河北地区是长期被强调的对象。早在兴隆洼文化和磁山文化中就流行人兽面具类宗教用品，在兴隆洼、兴隆沟等遗址见人猪合葬现象和"猪龙"形象①，在白音长汗遗址还发现供在房屋火塘后面的石雕人像②，在东

① 中国社会科学院考古研究所内蒙古工作队：《内蒙古敖汉旗兴隆洼聚落遗址 1992 年发掘简报》，《考古》1997 年 1 期第 1~26 页；中国社会科学院考古研究所内蒙古第一工作队：《内蒙古赤峰市兴隆沟聚落遗址 2002~2003 年的发掘》，《考古》2004 年 7 期第 3~8 页。

② 内蒙古自治区文物考古研究所：《白音长汗——新石器时代遗址发掘报告》第 133 页，科学出版社，2004 年。

寨遗址发现双人面石雕像。在西辽河流域赵宝沟文化尊形器腹部刻划有"猪龙"形象，在滦平后台子赵宝沟文化遗存中发现 6 尊石雕人像。更晚的红山文化既有猪龙、人、凤、鸮、龟、蝉等各类像生精美玉器，也有陶塑人像[①]。甚至在辽东鸭绿江畔的后洼下层文化当中也发现类似滑石雕品[②]（图四五）。学者们设想这些动物或人形雕塑或许是某种通神巫术活动用品[③]，其中的人雕像可能与祭祖活动或者生殖崇拜有关[④]。无论如何，它们和上宅出土的这组雕塑底蕴相通，暗示北京以至于东北地区新石器时代偏早阶段存在一个具有相似内容的宗教信仰系统。尤其上宅的石龟在同类雕塑品中年代最早，不排除为红山文化玉龟前身的可能性。

　　与仰韶文化下潘汪类型镇江营亚型的强势发展相比，赵宝沟文化上宅类型晚期明显处于弱势地位，对外影响有限。下潘汪类型刘白塔亚型陶器上常见的竖、斜向的刮划纹及戳印纹等，应当是受上宅类型影响的结果（图四〇，22、23）。镇江营亚型中个别盆下圈足的出现，或许也与上宅类型圈足钵的影响有关。

3. 仰韶文化后岗类型

　　即北京地区的总第五期遗存，以上宅晚期和镇江营新石器第二期为代

① 辽宁省文物考古研究所：《辽宁牛河梁红山文化"女神庙"与积石冢群发掘简报》，《文物》1986 年 8 期第 1～17 页；辽宁省文物考古研究所：《辽宁牛河梁第二地点一号冢 21 号墓发掘简报》，《文物》1997 年 8 期第 9～14 页；辽宁省文物考古研究所：《牛河梁第十六地点红山文化积石冢中心大墓发掘简报》，《文物》2008 年 10 期第 4～14 页。

② 许玉林、傅仁义、王传普：《辽宁东沟县后洼遗址发掘概要》，《文物》1989 年 12 期第 1～23 页。

③ 宋兆麟：《后洼遗址雕塑品中的巫术寓意》，《文物》1989 年 12 期第 23～28 页；郭大顺：《红山文化的"唯玉为葬"与辽河文明起源特征再认识》，《文物》1997 年 8 期第 20～26 页；曹楠：《红山文化玉巫人辨析》，《红山文化研究》第 322～328 页，文物出版社，2006 年。

④ 孙守道、郭大顺：《牛河梁红山文化女神头像的发现与研究》，《文物》1986 年 8 期第 18～24 页；汤池：《试论滦平后台子出土的石雕女神像》，《文物》1994 年 3 期第 46～51 页；刘国祥：《论滦平后台子下层文化遗存及相关问题》，《考古求知集》第 194～212 页，中国社会科学出版社，1997 年。

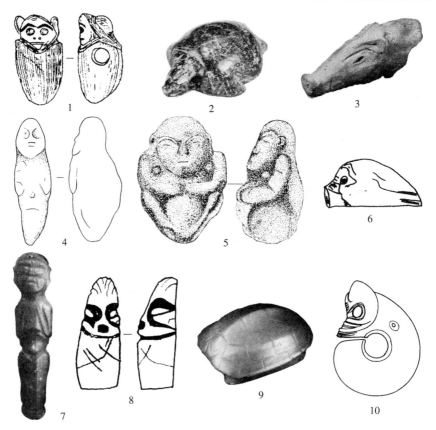

图四五　北京及东北地区新石器时代人、龟、猪形雕塑比较

1、4、5、7、8. 人形像（上宅 T1⑤：1、白音长汗 AF19②：4、后台子采：14、牛河梁 X
ⅥM4、后洼 V T1④：8）　2、9. 龟（上宅、牛河梁 M21：10）　3. 猪头（上宅
T0308⑤：4）　6. 猪塑（后洼Ⅱ T14④：1）　10. 猪龙（牛河梁Ⅱ M4：2）（1～3、5 属
赵宝沟文化，4 属兴隆洼文化，6、8 属后洼下层文化，7、9、10 属红山文化；1、2、
4～6、8 为石雕，3 为陶塑，7、9、10 为玉雕）

表，包括密云燕落寨遗存，绝对年代约在公元前 4500～前 4000 年，属于新
石器时代晚期中段。发现较少，总体面貌还不够清楚。基本和下潘汪类型
镇江营亚型类似，陶器主要为夹砂（含滑石末）红褐陶和泥质红陶，仍流
行红顶钵、红顶盆、小口壶等，仍有鼓肩陶釜。新的变化主要表现在鼎足
上的长条形大穿孔变为窄细的刻槽，新出现小敛口壶、旋纹罐、钩錾罐、
歪体猪嘴形支座、带状红彩等，另外在燕落寨还有由釜演变来的釜形罐。

这类以釜形鼎、红顶钵、小口壶、旋纹罐、钩錾罐等为主的遗存，总体上和以河南安阳后岗一期为代表的仰韶文化遗存特征近似①，当归属后岗类型。尤其新出的小敛口壶、旋纹罐、钩鋬罐、歪体猪嘴形支座、带状红彩等因素，应当来自豫北冀南，而非本地传统。就连鼎足上由大穿孔向长刻槽的转变，可能也是受到以南地区鼎足根部的凹槽影响所致。说明其在发展过程中和后岗类型其他区域存在密切交流。但这类遗存也有明显的地方特色，如夹砂陶一般含有滑石末，鼎足较矮且根部不见压窝等，这些显然是其较多继承镇江营亚型的结果。待资料增多以后，可以将其划分为后岗类型的一个地方亚型。

与仰韶文化一期其他类型一样，后岗类型也可明确分成早晚两期（大致以公元前 4200 年为界），分别以河北永年石北口中期和晚期为代表，最大的变化是晚期钵口沿外出现较多黑彩宽带。北京地区已发现的后岗类型遗存尚未出现黑彩宽带钵，且釜偏多而鼎较少，大约只相当于一般后岗类型的早期②，但不排除还会发现后岗类型晚期遗存的可能性。

以北京地区为基地，仰韶文化后岗类型进一步北扩，将北京北部乃至于滦河流域都纳入其范围，迫使筒形罐文化基本退出京津唐地区，整个北京地区文化面貌出现空前的统一局面。不仅如此，它还继续向东北方向强烈施加影响，其泥质陶钵、壶、大口钩鋬罐等因素大量渗透到西辽河流域，终于在相当程度上改变了西辽河流域长期以夹砂筒形罐占据绝对优势的局面，促成了面貌一新的早期红山文化的产生③，见于内蒙古赤峰西水泉④、

---

① 中国社会科学院考古研究所安阳发掘队：《1971 年安阳后岗发掘简报》，《考古》1972 年 3 期第 14～25 页；中国社会科学院考古研究所安阳工作队：《1972 年春安阳后岗发掘简报》，《考古》1972 年 5 期第 8～19 页；中国社会科学院考古研究所安阳工作队：《安阳后岗新石器时代遗址的发掘》，《考古》1982 年 6 期第 565～583 页。

② 北京市文物研究所：《镇江营与塔照——拒马河流域先秦考古文化的类型与谱系》第 110 页，中国大百科全书出版社，1999 年。

③ 杨虎：《关于红山文化的几个问题》，《庆祝苏秉琦考古五十五年论文集》第 216～226 页，文物出版社，1989 年；张星德：《红山文化分期初探》，《考古》1991 年 8 期第 727～736 页。

④ 中国社会科学院考古研究所内蒙古工作队：《赤峰西水泉红山文化遗址》，《考古学报》1982 年 2 期第 183～198 页。

蜘蛛山①和敖汉旗三道湾子、四棱山②等遗址。

4. 小结

　　新石器时代晚期是北京地区文化格局发生根本性改变的关键时期。随着黄河流域文化整合局势的加强和北向拓展,使得北京地区先是从公元前5000年左右开始成为东北文化系统和黄河流域文化系统南北共存的地带,北京南部已纳入仰韶文化范围,并对北京北部的赵宝沟文化形成很大压力。两文化西部大致以永定河为界,东部交界大致在洵河中游。不仅如此,仰韶文化下潘汪类型镇江营亚型的人群还西北向进入内蒙古中南部地区,其典型因素还通过北京地区北向渗透到滦河甚至西辽河流域。大约公元前4500年,北京地区甚至滦河流域都终于成为黄河流域文化的组成部分,同时也是向东北施加影响的前沿阵地。迫使筒形罐文化基本退出京津唐地区,整个北京地区文化面貌出现空前的统一局面。正是通过北京地区的纽带作用,东北地区和黄河流域两大文化系统得以相互碰撞、密切交流,终于有了集两大系统之长的红山文化的兴起,将东北的西辽河流域也基本纳入早期中国文化圈范畴,为文化上"早期中国"的形成作出了重要贡献。

　　约公元前4000～前3300年间,北京地区文化呈现基本"空白"或者十分衰弱的状态,以至于尚未发现明确属于该时期的遗存。而在中国黄河长江流域大部地区,此时文化却有空前的发展:从约公元前4000年开始,以晋南豫西地区为根基的仰韶文化庙底沟类型,向周围不断施加能量;不但使得仰韶文化各类型的文化面貌空前一致,而且其影响也北逾燕山,东达海岱,东南至江淮,南达江湘,这与《史记》所载黄帝所至之处何其相似!在庙底沟类型越太行山东向扩展的背景下,分布在太行山东麓的后岗类型宣告衰败,河北平原地区除磁县钓鱼台等少数与庙底沟类型近似的遗存外,大部呈现出一派萧条景象,北京地区也不例外。北京以至于冀西北一带,在古史传说中属于"涿鹿"之地,则这一文化巨变或许就是"涿鹿之战"

① 中国社会科学院考古研究所内蒙古工作队:《赤峰蜘蛛山遗址的发掘》,《考古学报》1979年2期第215～243页。

② 辽宁省博物馆、昭乌达盟文物工作站、敖汉旗文化馆:《辽宁敖汉旗小河沿三种原始文化的发现》,《文物》1977年12期第1～22页。

的具体反映①。或许庙底沟类型所代表的黄帝势力的东北向扩展，使河北平原的文化发展受到严重破坏，也是北京文化空前中衰的原因之一。

四 铜石并用时代早期

即第四阶段总第六期，绝对年代约在公元前3300～前2900年，属于铜石并用时代早期早段。北京地区只有以雪山第一期为代表的遗存，包括镇江营新石器第三期、张营第一期和海淀燕园遗存等，还见于昌平林场、马坊等遗址。陶器中夹砂陶明显多于泥质陶。不仅南部房山地区，就连北部地区的夹砂陶中也包含滑石末。以红褐或灰褐陶为主，灰黑陶少量，还有个别细泥质黑陶。崇尚素面，少数细泥质陶上有红色彩陶装饰，图案有横带纹、垂带纹、重鳞纹等。陶容器绝大多数为平底，少数带圈足，不见三足器，种类主要有素面侈口罐、素面双耳高领罐、高领壶、双耳或双鋬筒形罐、弧腹盆、敛口钵、擂钵、豆等。还有斧、锛、凿、刀等磨制石器工具，磨盘、磨棒、杵、砺石等磨蚀石器，凹底三角形细石器镞，以及石环

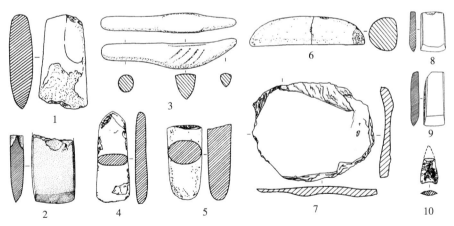

图四六 北京地区雪山一期文化午方类型石器

1、2、4. 斧（雪山、镇江营 ZH701：11、燕园 D：12） 3. 刀形器（燕园 D：66） 5. 杵（燕园 D：10） 6. 磨棒（燕园 D：97、D：2） 7. 磨盘（燕园 D：63） 8、9. 凿（雪山） 10. 镞（雪山）

---

① 韩建业：《涿鹿之战探索》，《中原文物》2002年4期第20～27页。

等装饰品。燕园遗址出土的一件刀形器，凸刃凹背，尖端上翘，中部两侧有数道斜浅槽，总体规整精美、磨制光滑，但刃部又不锋利，可能具有特殊功能（图四六）。

北京地区这类遗存早被雪山遗址的首次发掘者命名为雪山一期文化。它和附近的河北容城午方第 2 层遗存非常相似①，如都以双耳或双錾的筒形罐和侈口罐、折腹或弧腹的钵和盆，以及双耳高颈壶、豆等为主，共见垂带纹、重鳞纹等红色彩陶图案（图四七）。同类遗存还有河北易县北福地第三期遗存②、容城上坡第二期遗存③、阳原姜家梁墓地④、蓟县张家园"第一类遗存"等⑤。我们曾将这类遗存称为雪山一期文化午方类型⑥。但北京地区遗存毕竟还有其地方性特点，如不见容城等地的篮纹侈口罐等陶器。

雪山一期文化午方类型与仰韶文化后岗类型有数百年的时间差距，文化面貌相差也大。与前者面貌近似且时代较早的遗存，是河北容城午方第 3 层和平山中贾壁类遗存⑦：这类遗存和午方类型一样，也以筒形罐、侈口罐、高领罐、钵、盆等为主，也有垂带纹红彩；但多见双錾而少见双环耳，不见豆和高颈壶，彩陶中的鳞纹为多重宽翅状而非半圆形，并另有三角纹、菱块纹、网格纹、逗点纹、梯格纹等彩陶题材，并且相互组合成繁复图案（图四八）。这类遗存可称为雪山一期文化中贾壁类型，是午方类型的前身，

① 河北省文物研究所：《河北容城县午方新石器时代遗址试掘》，《考古学集刊》第 5 集第 61～78 页，中国社会科学出版社，1987 年。
② 拒马河考古队：《河北易县涞水古遗址试掘报告》，《考古学报》1988 年 4 期第 421～454 页；河北省文物研究所：《北福地——易水流域史前遗址》，文物出版社，2007 年。
③ 河北省文物研究所：《北福地——易水流域史前遗址》第 305～340 页，文物出版社，2007 年。
④ 河北省文物研究所：《河北阳原县姜家梁新石器时代遗址的发掘》，《考古》2001 年 2 期第 13～27 页。
⑤ 天津市历史博物馆考古部：《天津蓟县张家园遗址第三次发掘》，《考古》1993 年 4 期第 311～323 页。
⑥ 韩建业：《论雪山一期文化》，《华夏考古》2003 年 4 期第 46～54 页。
⑦ 滹沱河考古队：《河北滹沱河流域考古调查与试掘》，《考古》1993 年 4 期第 311～323 页。

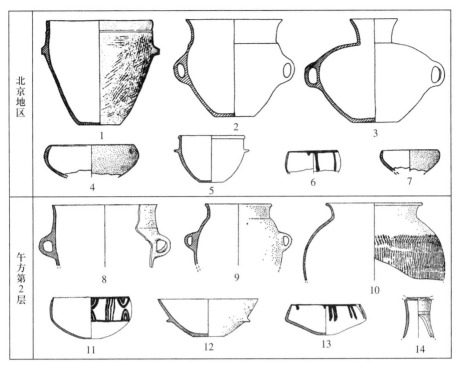

图四七　北京地区和容城午方第 2 层雪山一期文化午方类型陶器比较

1、8. 筒形罐（镇江营 FZH1038：1、午方 T10②：412）　　2、9. 素面侈口罐（雪山、午方 T9②：915）

3. 高领罐（雪山）　　4、6、7、11、13. 钵（镇江营 FZT1108⑦：5、镇江营 FZH67：9、镇江营

FZH505：40、午方 T5②：274、午方 T12②：270）　　5、12. 盆（燕园 D：70、午方 T6②：395）

10. 篮纹侈口罐（午方 T8②：422）　　14. 豆（午方 T2②：425）

年代可早到公元前 3600 年左右①。在中贾壁类型向午方类型转变的过程中，豆、高颈壶等大汶口文化因素的涌入起到重要作用。

　　如果进一步追本溯源，会发现中贾壁类型虽和仰韶文化后岗类型南杨庄亚型存在缺环，但其主体因素的确为继承后者而来，如崇尚素面，盛行红彩；钵带红顶，盆有折腹、曲腹、圆腹的区分；彩陶图案多为三角形纹、网格纹、横带纹、垂带纹等。但二者间毕竟存在较大区别，最明显者如南杨庄亚型以泥质红陶为主，流行鼎，彩陶中黑彩约为红彩的 2 倍；而中贾壁遗存盛行夹滑石素面罐类器物，绝不见鼎，彩陶均为红彩，且其三角形和

---

① 韩建业：《论雪山一期文化》，《华夏考古》2003 年 4 期第 46～54 页。

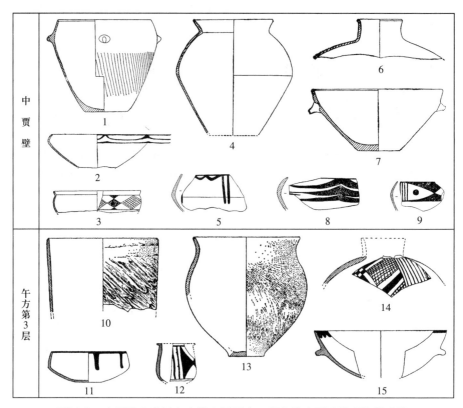

图四八　中贾壁和容城午方第3层雪山一期文化中贾壁类型陶器比较

1、10. 筒形罐（0：18、T6③：407）　2、5、8、9、11. 钵（0：20、0：2、0：1、0：3、T5③：273）　3、7、12、15. 盆（T9③b：5、H7：9、T12③：400、T5③：760）　4、13. 侈口罐（H20：2、T2③：840）　6、14. 高领罐（H22：1、T10③：430）

垂线、圆点组合的类似变体鱼纹的图案不见于前者。我们推测，二者的中间环节不会是像河北磁县钓鱼台[①]、冀西北蔚县三关二期那样类似于庙底沟类型的遗存，而只是在南杨庄亚型基础上发生变异，又受到庙底沟类型一类遗存的影响而已。此外，中贾壁类型中筒形罐、成组宽鳞纹、双孔石刀等因素，明确来自红山文化，可见红山文化的南向影响对雪山一期文化的形成起到重要促进作用。

① 赵印堂、杨剑豪：《曲阳县附近新发现的古文化遗存》，《考古通讯》1955 年 1 期第 45～46 页；董增凯、孟昭林：《河北省曲阳县发现彩陶遗址》，《文物参考资料》1955 年 1 期第 119～121 页。

　　由于北京地区在仰韶文化后岗类型之后存在长期的文化缺环，而河北
中部的雪山一期文化却有从中贾壁类型发展到午方类型的完整序列，因此
有理由相信，北京地区的雪山一期文化午方类型当为从河北中部扩展而来。
同样，河北西北部阳原、蔚县和天津等地的午方类型遗存的源头也当在河
北中部。实际上，雪山一期文化并未在京津地区停止前进的脚步，而是以
此为基地，继续扩展到原红山文化分布区的西辽河流域，从而造成曾兴盛
一时的红山文化的衰落和小河沿类遗存的兴起：小河沿类遗存以内蒙古敖
汉旗小河沿南台地早期遗存为代表，又被称为"小河沿文化"①，包括内蒙
古翁牛特旗石棚山和老鹳窝梁的大南沟墓地②，在林西白音长汗还发现"小
河沿文化"遗存晚于红山文化遗存的地层关系③。该类遗存基本面貌和午方
类型很近似④，素面夹砂褐陶侈口罐、高领罐、平底盆等为河北中部的原生
因素，高颈壶、双口壶、异形壶、鸮形壶、豆、八角星纹等原本为大汶口
文化因素，但可能也是通过河北中部和京津地区传播而来，在此意义上，
我们曾将这类西辽河流域遗存称为雪山一期文化小河沿类型⑤（图四九）。
但这并非否认小河沿类型也继承不少当地土著因素，其黑彩多于红彩、筒
形罐比例偏高等特征，以及陶尊和回形纹、雷纹等几何形纹饰，都应当是

---

① 辽宁省博物馆、昭乌达盟文物工作站、敖汉旗文化馆：《辽宁敖汉旗小河沿三种原
　　始文化的发现》，《文物》1977 年 12 期第 1~22 页。
② 辽宁省文物考古研究所、赤峰市博物馆：《大南沟——后红山文化墓地发掘报告》，
　　科学出版社，1998 年。
③ 内蒙古自治区文物考古研究所：《白音长汗——新石器时代遗址发掘报告》，科学出
　　版社，2004 年。
④ 午方遗址的发掘者就指出"午方类型"与小河沿文化的相似之处，见文启明：《午
　　方新石器时代遗存的发现和认识》，《考古学集刊》第 5 集第 285~292 页，中国社会
　　科学出版社，1987 年。有学者甚至认为可以"把午方类型看作是小河沿文化的一个
　　地方类型"，见韩嘉谷：《河北平原两侧新石器文化关系变化和传说中的洪水》，《考
　　古》2000 年 5 期第 62 页。
⑤ 王策、王清林和我们一样将西辽河流域该类遗存划归雪山一期文化，见王策、王清
　　林：《雪山一期文化研究》，《北京文博》2004 年 2 期第 56~67 页。反之，索秀芬和
　　李少兵则连北京地区遗存也划归所谓小河沿文化，见索秀芬、李少兵：《小河沿文
　　化类型》，《边疆考古研究》第 6 辑第 88~102 页，科学出版社，2007 年。

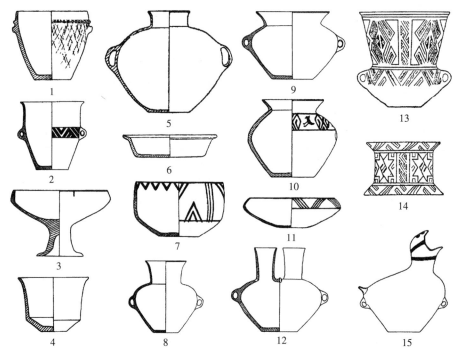

图四九　雪山一期文化小河沿类型陶器

1、2. 筒形罐（大南沟石棚山 M32：3、大南沟老鹳窝梁 M6：3）　3. 豆（大南沟石棚山 M24：3）
4、7、11. 钵（大南沟石棚山 M23：7、M53：2、M35：1）　5. 高领罐（小河沿 F4：2）　6. 平底盆（小河沿 F11：2）　8. 高颈壶（大南沟石棚山 M67：4）　9、10. 侈口罐（大南沟石棚山 M29：1、M55：5）　12. 双口壶（大南沟石棚山 M34：1）　13. 尊（小河沿 F4：1）　14. 器座（小河沿 F4：3）　15. 鸮形壶（大南沟石棚山 M67：2）

继承西辽河流域红山文化甚至赵宝沟文化而来①。此外，雪山一期文化还对晋中、内蒙古中南部等地产生了看得见的影响②。

　　雪山一期文化中较多大汶口文化因素的涌入，或许与颛顼高阳氏的北进背景有关。《左传·昭公十七年》说："卫，颛顼之虚也。"春秋时期的卫国，在现在的河南省濮阳。《吕氏春秋·古乐》则说颛顼"生自若水，实处

① 杨虎：《关于红山文化的几个问题》，《庆祝苏秉琦考古五十五年论文集》第 216 ~ 226 页，文物出版社，1989 年；张星德：《小河沿文化陶器分群研究》，《辽宁师范大学学报》（社会科学版）第 29 卷第 5 期第 115 ~ 120 页，2006 年；赵宾福：《关于小河沿文化的几点认识》，《文物》2005 年 7 期第 63 ~ 68 页。
② 韩建业：《论雪山一期文化》，《华夏考古》2003 年 4 期第 46 ~ 54 页。

空桑"。空桑也就是穷桑，在山东曲阜，这里本来是少昊的遗墟所在地。
《帝王世纪》把这两种说法综合起来，认为颛顼先住在穷桑，死后葬在"东
郡顿丘广阳里"，也就是河南内黄、清丰一带，现在这里还有"二帝陵"
（颛顼、帝喾）。总之，颛顼的活动地域大致在豫东、鲁中南地区，这里恰
好是华夏和东夷集团的交界地带①。然则分布在豫东、鲁中南地区的大汶口
文化中晚期遗存，可能就是颛顼高阳氏的文化②。颛顼与"玄宫"有很大关
系。《庄子·大宗师》有"颛顼得之，以处玄宫"这样的话，《墨子·非攻
下》说禹征三苗的时候，"高阳乃命玄宫"，大禹曾经在玄宫受命于高阳，
这个高阳和颛顼那个高阳应当是一脉吧。玄宫在什么地方呢？玄就是黑。
北方尚黑，由来已久。北方冀州的蚩尤为九黎、黎苗之祖。"黎"即《尚
书·禹贡》"厥土青黎"之黎，通"骊"，后作"黧"，即黑色。后来北方
之玄鸟、玄水、玄蛇等物，玄丘、玄丘之水、大玄之山、幽州、幽都、幽
都之山等地，玄王（契）、玄冥等商先公，以及北方玄武，可能都与黎、黑
有关。《大戴礼记·五帝德》就有颛顼"北至于幽陵"的话，幽陵就是幽
州。幽州的范围主要是河北北部、北京至辽宁西南部和内蒙古东南部，玄
宫也应当在北方这一带。《国语·周语下》说"星与日辰之位，皆在北维。
颛顼之所建也，帝喾受之。"颛顼对应北维，战国西汉的一些文献认为颛顼
为北方之帝，和他在一起的还有水神玄冥。颛顼和玄宫发生关系，或许是
其向北方迁移影响的结果。

　　雪山一期文化本身是多元文化融合的产物，以北京为基点向西辽河流
域的扩展，又是其颇为强盛的证明。正是在雪山一期文化的强势作用下，
燕山南北文化融为一体，东北地区文化最发达的西辽河流域与中原文化已
成为不可分割的统一体。这对文化上"早期中国"的巩固和发展自然有着
重大的历史意义。

　　大约公元前 2900 年以后，北京地区农业文化基本中断。实际上，此时
从内蒙古中南部的岱海地区到西辽河流域，都出现文化中衰现象。推测应

---

① 徐旭生：《中国古史的传说时代》（新一版）第 86 页，文物出版社，1985 年。
② 韩建业：《以华夏为核心的五帝时代古史体系的考古学观察》，《五帝时代——以华
　夏为核心的古史体系的考古学观察》第 149～170 页，学苑出版社，2006 年。

当有以狩猎采集为主要生计的人群进入这片广大地区。他们在北京文化史上的意义还无法恰当估计，但以前长时期积累的文化传统又一次面临中断，却是不可小视的事情。有线索表明，至少部分雪山一期文化人群有向西迁徙的可能，这可从对甘青地区马家窑文化半山类型的分析找到一些线索。马家窑文化半山类型与马家窑类型之间的区别，要远大于石岭下类型和马家窑类型、半山类型和马厂类型之间的差异。半山类型突如其来的许多新特点，包括屈肢葬、偏洞室墓、陶双口壶、陶鸮形壶、石（玉）璧、"卍"字纹等，都恰是早先雪山一期文化的典型因素。说明半山类型的形成的确与雪山一期文化的强烈影响有关。而影响如此之大，就极可能伴随着人口的迁移。进一步来说，雪山一期文化的发展和变迁，对长城沿线早期文化通道的形成有重要意义①。

五　铜石并用时代晚期

即第五阶段总第七期遗存，绝对年代约在公元前 2200～前 1800 年，属于铜石并用时代晚期晚段，也就是龙山后期。北京地区也仅有雪山第二期这一类遗存，包括镇江营新石器第四期、刘家河 H1 遗存等，还见于昌平燕丹、曹碾等遗址。陶器以夹砂褐陶和泥质灰、黑陶为主，泥质黑陶多为黑皮褐陶或灰陶，只有极少量是纯正黑陶，还有少量白陶。器表以素面为多，常见绳纹，也有篮纹、方格纹、旋纹、划纹、附加堆纹等。大型器物为泥条筑成法制作，中小型器物多为快轮拉坯制作。器类繁多，平底、三足、圈足并见，除器鬶和环状器耳之外，又新出贯耳器。典型陶器有双鋬绳纹鬲、素面鬲、翻缘甗、斝、鸟首形足鼎、贯耳大口瓮、双鋬深腹罐、大口罐、素面罐、矮领瓮、高领壶、豆、高柄杯、平底盆、双腹盆、三足盘、平底碗、折壁器盖、甑等。还有斧、锛、凿、刀、镰、纺轮等磨制石器，磨盘、磨棒、砺石等磨蚀石器，三角形镞、刮削器、石片、石核等细石器，以及石或陶环等装饰品。此外还有扁平圆饼形和厚体珠状陶纺轮。

---

① 韩建业：《半山类型的形成与东部文化的西迁》，《考古与文物》2007 年 3 期第 33～38 页。

　　这类遗存早年被雪山遗址的发掘者命名为雪山二期文化。同类遗存广泛分布在冀中和冀东北地区,包括河北任丘哑叭庄一期①、涞水北封一期②、唐山大城山③、滦南东庄店早期④、丰润韩家街⑤,以及天津蓟县围坊一期遗存⑥等。这些遗存主要陶器都是翻缘甗、鬲、斝、贯耳大口瓮、双錾深腹罐、大口罐、素面罐、矮领瓮、豆、高领壶、平底盆、双腹盆、平底碗、折壁器盖等,因此都可以纳入雪山二期文化范畴。但在京津唐地区和冀中地区之间还存在区域性差异:前者常见褐陶,有素面褐陶鬲;流行肥袋足双錾鬲,那主要是由于其邻近冀西北,受到老虎山文化筛子绫罗类型影响的结果⑦,在蔚县筛子绫罗 H122⑧、张家口贾家营 H2⑨、崇礼石嘴子⑩和怀来官庄⑪等遗存都能见到不少这类肥袋足双錾鬲,而其更早的源头则在晋中和内蒙古中南部(图五〇)。后者灰陶多于褐陶,少量筒腹鬲富有特色;贯耳器、轮制陶更多,因其更邻近山东。我们可以将这两小类遗存分别称为雪山二期文化雪山类型和哑叭庄类型⑫(图五一)。

————————

① 河北省文物研究所、沧州地区文物管理所:《河北省任邱市哑叭庄遗址发掘报告》,《文物春秋》1992 年增刊第 178~219 页。
② 河北省文物研究所、保定地区文管所、涞水县文保所:《河北涞水北封村遗址试掘简报》,《考古》1992 年 10 期第 894~899 页。
③ 河北省文物管理委员会:《河北唐山市大城山遗址发掘报告》,《考古学报》1959 年 3 期第 17~36 页。
④ 河北省文物研究所:《河北滦南县东庄店遗址调查》,《考古》1983 年 9 期第 775~778 页。
⑤ 北京大学考古实习队:《河北唐山地区史前遗址调查》,《考古》1990 年 8 期第 684~692 页。
⑥ 天津市文物管理处考古队:《天津蓟县围坊遗址发掘报告》,《考古》1983 年 10 期第 877~893 页。
⑦ 韩建业:《中国北方地区新石器时代文化研究》,文物出版社,2003 年。
⑧ 张家口考古队:《1979 年蔚县新石器时代考古的主要收获》,《考古》1981 年 2 期第 97~105 页。
⑨ 陶宗冶:《河北张家口市考古调查简报》,《考古与文物》1985 年 6 期第 13~20 页。
⑩ 张家口地区文管所:《河北崇礼石嘴子发现新石器时代遗址》,《考古》1992 年 2 期第 184~186 页。
⑪ 河北省考古研究所等:《河北省怀来县官庄遗址发掘报告》,《河北省考古文集》(二)第 4~45 页,北京燕山出版社,2001 年。
⑫ 王青则称后者为海岱龙山文化哑叭庄类型,见王青:《试论任邱哑叭庄遗址的龙山文化遗存》,《中原文物》1995 年 4 期第 75~86 页。

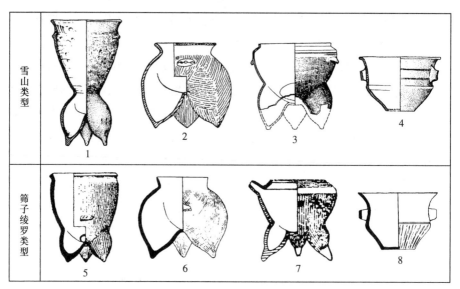

图五〇　雪山二期文化雪山类型和老虎山文化筛子绫罗类型陶器比较

1、5. 翻缘瓢（镇江营 FZH1101：10、筛子绫罗 H120：24）　2、6. 鬲（雪山 H66：7、贾家营 H2：7）　3. 斝（镇江营 FZH1108：6）　4、8. 贯耳双腹盆（镇江营 FZH532：2、贾家营 H2：3）　7. 盉（石嘴子）

　　在整个北京地区和河北偏北部都没有发现明确相当于庙底沟二期和龙山前期的遗存，表明公元前2900～前2200年之间这里确实存在一个大的文化衰弱期。但这个衰弱期大概并非文化空白。雪山二期文化偏好褐陶的特点，以及少量陶尊，都和雪山一期文化相近；还见个别拍印方格纹的筒形罐，正是东北和中原传统的融合体。推测雪山二期文化应当继承了部分土著文化因素，这个土著文化当是雪山一期文化的继承者，但真实面貌还不清楚。

　　不过，雪山二期文化总体上却和雪山一期文化差别甚大。与其面貌近似的，当是冀南豫北后岗二期文化[①]、鲁西北龙山文化[②]和豫东造律台类型[③]

①　中国社会科学院考古所安阳工作队：《1979年安阳后冈遗址发掘报告》，《考古学报》1985年1期第33～88页。

②　山东省文物考古研究所：《茌平尚庄新石器时代遗址》，《考古学报》1985年4期第465～506页。

③　中国社会科学院考古研究所河南二队、河南商邱地区文物管理委员会：《河南永城王油坊遗址发掘报告》，《考古学集刊》第5集第79～119页，中国社会科学出版社，1987年。

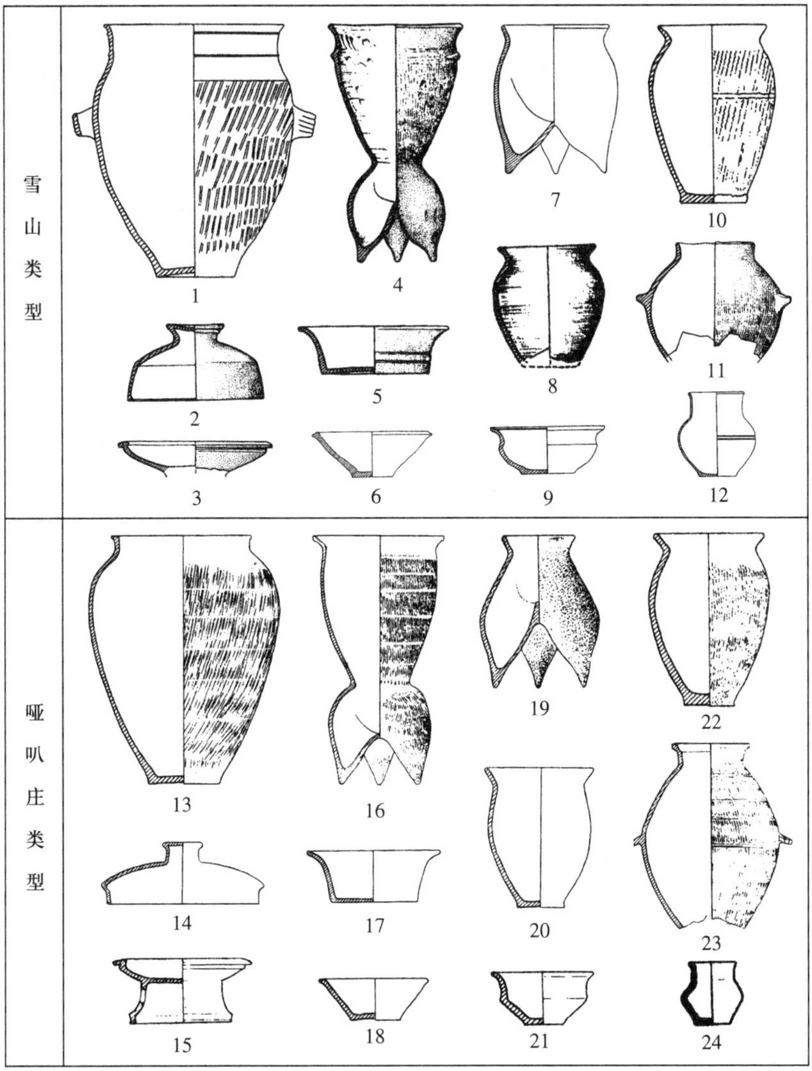

图五一　雪山二期文化雪山类型和哑叭庄类型陶器比较

1、13. 大口瓮（雪山、哑叭庄 H63：1）　2、14. 折壁器盖（镇江营 FZH1102：10、哑叭庄 M1：5）　3、15. 粗柄豆（镇江营 FZH1101：12、哑叭庄 H23：11）　4、16. 翻缘甗（镇江营 FZH1101：10、哑叭庄 H34：95）　5、17. 平底盆（镇江营 FZH1108：35、哑叭庄 H30：24）　6、9、18、21. 平底碗（雪山、雪山、哑叭庄 H10：1、哑叭庄 H7：6）　7、19. 鬲（雪山 H66④：94、哑叭庄 H50：1）　8、20. 素面罐（镇江营 FZH1101：1、哑叭庄 H62：23）　10、22. 深腹罐（雪山、哑叭庄 H63：2）　11、23. 双鋬罐（镇江营 FZH1101：11、哑叭庄 H4：34）　12、24. 壶（雪山、哑叭庄 H62：6）

等；而且后岗二期文化和龙山文化等都存在龙山前、后期连续发展的序列。王青曾经分析过哑叭庄一期遗存，发现以来自海岱龙山文化的因素占有绝对优势，其他还有后岗二期文化、三北龙山文化因素①等。事实大致如此。雪山二期文化中以贯耳器、轮制技术、鸟首足鼎、矮领瓮、豆、高柄杯、折壁器盖等鲁西北龙山文化和豫东造律台类型因素占据主体，也有较多翻缘甗、斝、深腹罐、平底碗等常见于冀南豫北后岗二期文化的因素，还有少量双鋬鬲等北方地区老虎山文化因素。我们推测，公元前2200年前后海岱和中原结合部位的鲁西北、豫东北文化有一个大规模北向扩张的趋势。由于豫北冀南地区早有后岗二期文化存在，因此它就主要向处于文化薄弱地带的冀中、北京和冀东北地区挺进，同时吸收了较多后岗二期文化和老虎山文化因素，又融合部分土著因素，从而形成雪山二期文化。此外，从镇江营H1388出土的鼎足看，上有多个指窝纹，与王湾三期文化末期新砦类型者类似②。表明雪山二期文化的下限极可能晚至新砦期，并有来自中原腹地的些许影响。

《世本·居篇》记载："契居蕃。"③ 丁山疑此蕃为亳的音伪，其地在今永定河与滹河之间。他还提到，北京之"蓟"，《说文》写作"郏"，显然得名于契④。赵铁寒也认为契始居郏，即蓟，在今北京市区⑤。这说明作为商人第一位先公契的居地极可能就在北京和冀中、冀东北一带。据《尚书·尧典》等记载，商契与夏禹大体同时，而据禹征三苗在考古学上的明确反映⑥，可知始自夏禹的早、中期夏文化为相当于龙山后期的后期王湾三期文化。这样，正好也相当于龙山后期的雪山二期文化，就很可能是始自商契的早期先商文化⑦。由于雪山二期文化下限可晚至新砦期，而王湾三期

---

① 王青：《试论任邱哑叭庄遗址的龙山文化遗存》，《中原文物》1995年4期第75~86页。

② 北京大学震旦古代文明研究中心、郑州市文物考古研究院：《新密新砦——1999~2000年田野考古发掘报告》，文物出版社，2008年。

③ 《水经·渭水注》引，《通鉴地理通释》引作"番"。

④ 丁山：《商周史料考证》，中华书局，1988年。

⑤ 赵铁寒：《汤前八迁的新考证》，《古史考述》，正中书局，1956年。

⑥ 杨新改、韩建业：《禹征三苗探索》，《中原文物》1995年2期第46~55页。

⑦ 韩建业：《先商文化探源》，《中原文物》1998年2期第48~54页；朱彦民：《商族的起源、迁徙与发展》，商务印书馆，2007年。

文化新砦类型可能为少康中兴之后的中期夏文化①，则前者也可晚至少康以后，对应商先公冥和王亥的时代②。

《左传·昭公九年》记载："及武王克商……肃慎、燕亳，吾北土也"。这个燕亳，指的当然可以是周代燕国，可"亳"一般是商人对其宗庙亳社的称呼。燕地而有商人的亳社，足见西周以前这里就曾是商人的根据地之一。可如下文所述，商代晚期燕山以南地区的围坊三期文化中，虽有不少商文化因素，但这些因素都已经深深地融入土著文化当中，并不能将围坊三期文化视为商文化本身。北京一带最多是晚商时期商王朝影响所及之地，而绝非其直接控制区域，更不大可能因此而将其神圣的"亳社"建立在此。早商时期商文化也只是渗透到北京而已。那么北京及其附近之有"燕亳"，可能正与雪山二期文化为最早期的先商文化有关。

契为商"生祖"，并非"始祖"③，商始祖是帝喾高辛氏。《诗·商颂·长发》云："有娀方将，帝立子生商。"《楚辞·天问》说："简狄在台喾何宜。"可见与商有关的还有一个有娀氏，与喾联系的还有简狄。唐兰以为有娀就是戎④，和简狄之狄合起来即为戎狄。关于帝喾居地，王国维据《书·商书序》"汤始居亳，从先王居，作帝告"和《书·商书序》孔传："契父帝喾居亳，汤自商丘迁焉，故曰从先王居"的说法，考证喾所居亳在今山东曹县境内⑤。《帝王世纪》则说帝喾葬于"东郡顿丘广阳里"，和颛顼的葬地在一处，都在现在的河南濮阳浚县以北。总之帝喾居地离不开豫东、鲁西南地区，而有娀地望或许在山西境内⑥。然则雪山二期文化之主要来源于鲁西北海岱龙山文化、造律台类型和后岗二期文化，又融合老虎山文化和土著文化因素，岂不正与商契为帝喾和有娀结合的记载吻合？可见正如

① 韩建业：《论二里头青铜文明的兴起》，《中国历史文物》2009年1期第37～47页。
② 参照《先商文化探源》一文"夏王与商先公年代对照表"，见韩建业：《先商文化探源》，《中原文物》1998年2期第51页。
③ 赵铁寒：《汤前八迁的新考证》，《古史考述》，正中书局，1956年。
④ 唐兰：《用青铜器铭文来研究西周史——综论宝鸡市近年发现的一批青铜器的重要历史价值》，《文物》1976年6期第31～39页。
⑤ 王国维：《殷卜辞中所见先公先王考》，《观堂集林》卷第九第409～437页，中华书局，1959年。
⑥ 邹衡：《试论夏文化》，《夏商周考古学论文集》第95～182页，文物出版社，1980年。

徐中舒和王玉哲所指出的那样，商人确实是源于海岱而向北方发展的①。

雪山二期文化是多元文化融合的结晶，它同时也对周围地区产生看得见的影响。西北向将贯耳双腹盆、贯耳矮领瓮、高颈壶等源自海岱豫东的因素反向传播至老虎山文化筛子绫罗类型，西南向则将源自老虎山文化的鬲类陶器传播至海岱地区②。正是由于雪山二期文化的中介作用，使得龙山后期的海岱、中原和北方地区连结为一体，对龙山时代文化上"早期中国"的发展和成熟起到重要作用。

六　青铜时代前期

即第六阶段总第八、九期，绝对年代约在公元前 1800 ~ 前 1050 年，对应夏晚期至商代。流行陶鬲、甗、罐，盛行绳纹。本地文化稳定发展，中原早商文化虽曾一度对其造成冲击，但并未动摇其地方性根基。青铜器出现并逐渐增多。

1. 夏家店下层文化大坨头类型

即总第八期遗存，绝对年代约在公元前 1800 ~ 前 1300 年，相当于二里头文化、二里岗下层文化和二里岗上层文化阶段，对应夏晚期和早商时期。以雪山第三期、塔照第一期、张营第二期遗存为代表，包括镇江营商周第一期、琉璃河第一期，还见于昌平下苑、丰台榆树庄、密云凤凰山、平谷刘家河和杜辛庄、房山西营等遗址。

陶器以夹砂褐陶占绝对优势，夹砂灰陶其次，泥质灰陶很少。夹砂陶中又以夹粗砂者居多，夹细砂者较少。褐陶多色泽不均，常泛黑斑，或外有浅

---

① 徐中舒：《殷商史中的几个问题》，《四川大学学报》1979 年 2 期第 108 ~ 112 页；王玉哲：《商族的来源地望试探》，《历史研究》1984 年 1 期。

② 正如王青所比较的那样，哑叭庄一期的筒腹鬲和海岱龙山文化的同类器很近似，二者必有密切关系。他认为这类筒腹鬲是由海岱传至冀中。见王青：《试论任邱哑叭庄遗址的龙山文化遗存》，《中原文物》1995 年 4 期第 75 ~ 86 页。实际上海岱绝非陶鬲的原生地，且海岱陶鬲只发现于龙山后期晚段，应当受到冀中影响才对。见韩建业：《老虎山文化的扩张与对外影响》，《中原文物》2007 年 1 期第 17 ~ 23 页。

淡黑皮。器表以拍印绳纹者为主，素面或压光其次，还有划纹、附加堆纹、圆圈纹、蛇纹、镂孔等。其中绳纹有粗细之分，蛇纹实为特殊的折线形、波浪形或直线形细泥条附加堆纹。常见多种纹饰集于一器之上，如网状或三角形划纹多施于瓮、罐等大型器物的肩部，旋断绳纹多饰于腹部。还有少量几何纹彩绘陶。三足、平底和圈足器仍都存在，贯耳消失，环耳和器鋬大为减少。器类有鼓腹或弧腹鬲、筒腹鬲、折肩鬲、折沿鬲、翻缘甗、大口折肩罐、大口瓮、罍、高领罐、假腹豆、矮圈足簋、折腹盆、钵等。

　　生产工具和武器以斧、锛、凿、铲、钺、刀、镰等磨制石器为主，还有磨盘、磨棒、杵、砺石等磨蚀石器，凹底三角形镞、刮削器、砍砸器、石叶等细石器或打制石器，环首刀、带翼镞、刻刀、锥、凿、带倒钩叉等铜器，纺轮、陶垫、陶拍子、网坠、袋足模具等陶器，以及镞、锥、针、针管、匕、刀等骨器。其中石钺宽体穿孔，石斧和石镰都有少数带穿孔，石刀分普通的长方形刀和特殊的梯形厚背弯身刀两种。纺轮多为念珠状，扁平饼状者其次，也有的上细下粗呈台座状，有的在外侧戳印一两周点状纹饰。陶垫有蘑菇状、筒状和环状三种，网坠则中有穿孔呈长珠状。装饰品或装饰用具有铜喇叭口耳环、铜指环、金耳环、铜梳、玉环、玉（骨）管、玉珠、玉坠、水晶饰、绿松石饰等。玉璧当为礼器。有一些小型的石容器，如臼、勺、杯，以及铸铜石范、陶范。此外还有带灼痕的鹿肩胛卜骨（图五二）。

　　北京地区这类遗存曾被发掘者称之为"雪山三期文化"和"塔照一期遗存"。韩嘉谷先是将包括北京在内的该类遗存称作"燕山南麓土著青铜文化"大坨头类型[1]，后又改称大坨头文化[2]。这一名称得到较多人的肯定[3]。实际其总体与西辽河流域同时期遗存大同小异，属于夏家店下层文化范

[1]　韩嘉谷：《京津地区商周时期古文化发展的一点线索》，《中国考古学会第三次年会论文集》第220~229页，文物出版社，1981年。
[2]　韩嘉谷：《大坨头文化陶器群浅析》，《中国考古学会第七次年会论文集》第294~306页，文物出版社，1992年。
[3]　中国社会科学院考古研究所：《中国考古学·夏商卷》第593~605页，中国大百科全书出版社，2003年；乌恩岳斯图：《北方草原考古学文化研究——青铜时代至早期铁器时代》第40~60页，科学出版社，2007年；蒋刚：《燕山南麓夏至早商时期考古学文化编年、谱系与文化格局》，《公元前2千纪的晋陕高原与燕山南北》第111~147页，科学出版社，2008年。

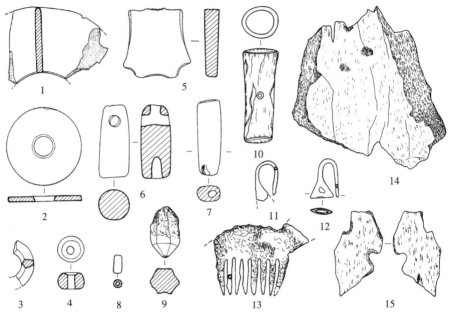

图五二　张营第二期装饰品和卜骨

1. 石璧（T3⑤：7）　2. 石环（T0606④：1）　3. 玉玦（H86：9）　4. 玉珠（F2：7）

5. 玉饰（H105：9）　6. 玉坠（T9⑤：1）　7. 玉管（M6：2）　8. 绿松石珠（H105：7）

9. 水晶饰（T10⑤：1）　10. 骨管（H62：1）　11、12. 铜喇叭口耳环（H10：4、T12⑤：4）

13. 铜梳（H105：8）　14、15. 卜骨（F1：9、F6：20）

畴①，并有过"燕山类型"②、"燕南类型"③ 等称呼。本书同意将整个燕山以南和滦河流域该类遗存称为夏家店下层文化大坨头类型④。即使同为大坨

① 中国科学院考古研究所内蒙古工作队：《赤峰药王庙、夏家店遗址试掘报告》，《考古学报》1974 年 1 期第 111 ~ 144 页；邹衡：《关于夏商时期北方地区诸邻境文化的初步探讨》，《夏商周考古学论文集》第 242 ~ 244 页，文物出版社，1980 年；张忠培等：《夏家店下层文化研究》，《考古学文化论集》（一）第 58 ~ 78 页，文物出版社，1987 年。

② 邹衡：《关于夏商时期北方地区诸邻境文化的初步探讨》，《夏商周考古学论文集》第 242 ~ 244 页，文物出版社，1980 年。

③ 李经汉：《试论夏家店下层文化的分期和类型》，《中国考古学会第一次年会论文集》第 163 ~ 170 页，文物出版社，1979 年。

④ 李伯谦：《论夏家店下层文化》，《中国青铜文化结构体系研究》第 124 ~ 142 页，科学出版社，1998 年。

头类型，也还存在区域性差异。仅就北京地区而言，北京北部的雪山、张营类遗存，就和北京南部的塔照类遗存有别。如前者夹砂陶含滑石屑者少见，鬲类多无实足跟；而后者夹砂陶普遍含滑石屑，鬲类流行实足跟等，据此或可划分地方亚型。

　　探讨夏家店下层文化大坨头类型的起源和发展，必须在分期基础上进行。根据前文分析，北京地区先秦时期第八期遗存，亦即夏家店下层文化大坨头类型遗存，大致可以分成 4 段。也可以将其合并为早、中、晚三期：第 1 段为早期，同类遗存还有天津蓟县围坊二期、张家园 T1③遗存等①，大致对应李伯谦《论夏家店下层文化》一文所分大坨头类型的第 1、2 段②，相当于二里头文化第一、二期；第 2 段为中期，同类遗存还有河北大厂大坨头 H2③、怀来官庄 M12④等，对应李文大坨头类型的第 3 段，相当于二里头文化第三、四期；第 3、4 段为晚期，同类遗存还有张家园下层 87T25②、官庄 M9、大坨头 H1 等，对应李文大坨头类型的第 4、5 段，相当于二里岗下层文化和二里岗上层文化阶段。

　　从陶器来看，夏家店下层文化大坨头类型主要是在雪山二期文化的基础上发展而来。前者早期的主体陶器鼓腹或弧腹鬲、甗、深腹罐、鼓肩瓮等，也是后者的主要器类，且都有翻缘侈口的特征；其中鬲都有饰绳纹和素面两种，也都存在某些鬲足跟外撇的现象。前者的折腹尊和簋，也和后者的折腹盆、圈足盘近同，就连簋微侈口斜直壁的特征也彼此很接近（图五三）。

　　不仅如此，西辽河流域夏家店下层文化药王庙类型的源头⑤，也应当在雪山

---

① 天津市文物管理处考古队：《天津蓟县围坊遗址发掘报告》，《考古》1983 年 10 期第 877~893 页；天津市文物管理处：《天津蓟县张家园遗址试掘简报》，《文物资料丛刊》（1）第 163~171 页，文物出版社，1977 年；天津市历史博物馆考古队：《天津蓟县张家园遗址第二次发掘》，《考古》1984 年 8 期第 698~705 页；天津市历史博物馆考古部：《天津蓟县张家园遗址第三次发掘》，《考古》1993 年 4 期第 311~323 页。
② 李伯谦：《论夏家店下层文化》，《中国青铜文化结构体系研究》第 124~142 页，科学出版社，1998 年。
③ 天津市文化局考古发掘队：《河北大厂回族自治县大坨头遗址试掘简报》，《考古》1966 年 1 期第 8~13 页。
④ 河北省考古研究所等：《河北省怀来县官庄遗址发掘报告》，《河北省考古文集》（二）第 4~45 页，北京燕山出版社，2001 年。
⑤ 中国科学院考古研究所内蒙古工作队：《赤峰药王庙、夏家店遗址试掘报告》，《考古学报》1974 年 1 期第 111~144 页。

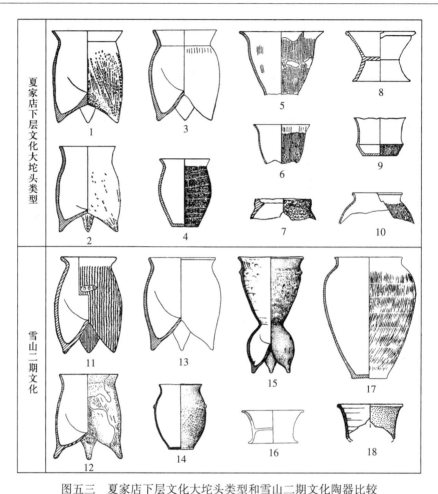

图五三　夏家店下层文化大坨头类型和雪山二期文化陶器比较

1~3、11~13. 鬲（围坊 T2③：1、T3③：13，雪山 H109：7、H66：228、H66：233、H66：231）　4、14. 深腹罐（围坊 T4③：13、镇江营 FZH1064：4）　5~7、15. 甗（张家园 87H1：2、张家园 79T1③：9、围坊 T4③：18、镇江营 FZH1101：10）　8. 簋（张家园 T1③：6）　9. 折腹尊（围坊 T1③：16）　10、17. 鼓肩瓮（张家园 T1③：7、哑叭庄 H63：1）　16. 圈足盘（哑叭庄 H50：25）　18. 折腹盆（镇江营 FZH1012：16）

二期文化。以辽宁北票丰下第五层①、内蒙古敖汉旗白斯朗营子南台地 F9②、

①　辽宁省文物干部培训班：《辽宁北票县丰下遗址 1972 年发掘简报》，《考古》1976 年 3 期第 197~210 页。
②　辽宁省博物馆、昭乌达盟文物工作站、敖汉旗文化馆：《辽宁敖汉旗小河沿三种原始文化的发现》，《文物》1977 年 12 期第 1~22 页。

赤峰四分地东山咀 F8①、赤峰康家湾遗存②等为代表的药王庙类型早期遗存，有着和雪山二期文化大体一致的陶器群，鼓腹或弧腹鬲、侈口甗、深腹罐、鼓肩瓮、折腹尊（盆）、圈足盘、三足盘、平底盆、双錾弧腹盆、浅盘豆、平底碗、高颈壶等主体器类形态接近（图五四），就连一般视为前者特有的筒腹鬲，也在后者中可找到类似器物（图五四，2、15）。则药王庙类型的出现，很可能是在雪山二期文化向夏家店下层文化转变的过程中，北向拓展并不断地方化的结果，总体属于中原文化系统③。由于雪山二期文化本身包含较多海岱龙山文化成分，因此才使有人得出夏家店下层文化与山东龙山文化有亲缘关系的论点④。在地方化的过程中，或许融入了传承自雪山一期文化小河沿类型的彩绘图案等因素，但具体过程并不清楚。

　　有趣的是，见于河北中部雪山二期文化哑叭庄类型的筒腹鬲在西辽河领域发扬光大，而在邻近的京津唐地区反而少见；而且夏家店下层文化药王庙类型流行土坯房屋的特点与后岗二期文化类似，而与京津唐地区的雪山二期文化雪山类型不同。这至少说明京津唐地区的雪山二期文化并非夏家店下层文化药王庙类型的全部来源，这其中还包括雪山二期文化哑叭庄类型甚至后岗二期文化的贡献⑤。

　　夏家店下层文化早期早段主要还局限在京津唐和西辽河流域，晚段已经扩展至壶流河流域，融合当地的老虎山文化传统而形成壶流河类型，如河北蔚县三关 M2008、前堡 F1 遗存等⑥。北京地区的大坨头类型在这次文

---

① 辽宁省博物馆、昭乌达盟文物工作站、赤峰县文化馆：《内蒙古赤峰县四分地东山咀遗址试掘简报》，《考古》1983 年 5 期第 420～429 页。

② 吉林大学边疆考古研究中心、内蒙古文物考古研究所：《内蒙古赤峰市康家湾遗址 2006 年发掘简报》，《考古》2008 年 11 期第 15～23 页。

③ 夏鼐早就指出，夏家店下层文化是"中原地区晚期龙山文化的一个变种"，见夏鼐：《我国近五年来的考古新收获》，《考古》1964 年 10 期第 485～497 页。

④ 卜工：《燕山地区夏商时期的陶鬲谱系》，《北方文物》1989 年 2 期第 30～38 页。

⑤ 王立新等认为"来自中原后岗二期文化的因素，在夏家店下层文化的孕育和生成过程中起到了至关重要的作用"。见王立新、卜箕大：《对夏家店下层文化源流及与其他文化关系的再认识》，《青果集——吉林大学考古系建系十周年纪念文集》第 179～187 页，知识出版社，1998 年。

⑥ 张家口考古队：《蔚县考古记略》，《考古与文物》1982 年 4 期第 10～14 页；张家口考古队：《蔚县夏商时期考古的主要收获》，《考古与文物》1984 年 1 期第 40～48 页。

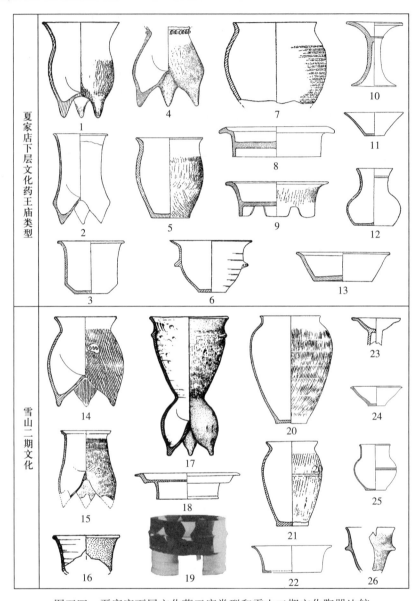

图五四　夏家店下层文化药王庙类型和雪山二期文化陶器比较

1、2、14、15. 鬲（南台地 F9：1、四分地东山咀 H11：8、雪山 H66：32、哑叭庄 H115：10）
3. 折腹尊（丰下 T17⑤：2）　　4、17. 甗（四分地东山咀 H5：1、镇江营 FZH1101：10）
5、21. 深腹罐（南台地 F1：9、雪山）　6、26. 敞口弧腹盆（南台地 F1：8、镇江营 FZH700：
2）　7、20. 鼓肩瓮（南台地 F3：4、哑叭庄 H63：1）　8、18. 圈足盘（四分地东山咀 H1：9、
哑叭庄 H31：13）　9、19. 三足盘（四分地东山咀 F8：6、雪山）　10、23. 豆（四分地东山咀
F1：1、哑叭庄 H44：1）　11、24. 平底碗（丰下 T17⑤：8、雪山）　12、25. 高领壶（四分地
东山咀 H4：1、雪山）　13、22. 平底盆（南台地 F1：11、雪山）　16. 盆（FZH1012：16）

化的西拓过程中或许起到前锋作用。另外，从围坊等发现的喇叭口耳环、弯背刀等铜器来看，已经有西方青铜文化因素渗入天津地区①，只是在北京还没有明确发现。

夏家店下层文化中期，药王庙类型向南渗透明显，其筒腹鬲、鼓腹鬲较多出现在燕山以南地区。以北京地区为基地，夏家店下层文化向南扩展到南拒马河和易水流域，与冀中南地区的先商文化形成南北对峙的局面②。例如，河北涞水渐村 H1 属于典型的夏家店下层文化遗存③，而在其西南的易县下岳各庄第一期④、七里庄第二期遗存⑤则为先商文化。同时先商文化也北向渗透，其卷沿实足跟鬲等深刻影响到塔照商周第一期遗存，使得其与北京北部以及天津地区文化面貌出现分异。还有，从西辽河流域内蒙古赤峰大甸子墓地出现较多爵、鬶、盉等中原腹地因素来看⑥，二里头文化三期所代表的晚期夏文化曾对北方地区产生过强烈影响，这种影响极可能也是通过北京地区而完成。此外，这时在燕山以南的张家园、官庄，以及西辽河流域的内蒙古喀喇沁旗大山前等遗址，也都发现喇叭口耳环等西方因素⑦。

---

① 林沄：《夏代的中国北方系青铜器》，《边疆考古研究》第 1 辑第 1 ~ 12 页，科学出版社，2002 年。

② 关于河北中部先商文化遗存，李伯谦认为属于下七垣文化漳河型（李伯谦：《先商文化探索》，《庆祝苏秉琦考古五十五年论文集》第 280 ~ 293 页，文物出版社，1989 年），沈勇认为属于下七垣文化保北型（沈勇：《保北地区夏代两种青铜文化之探讨》，《华夏考古》1991 年 3 期第 79 ~ 88 页），张翠莲认为属于下岳各庄文化（张翠莲：《论冀中北部地区的下岳各庄文化》，《文博》2003 年 3 期第 16 ~ 20 页）。以下七垣文化保北型的说法较为可取。

③ 河北省文物研究所：《河北涞水渐村遗址发掘报告》，《文物春秋》1992 年增刊第 220 ~ 229 页。

④ 拒马河考古队：《河北易县涞水古遗址试掘报告》，《考古学报》1988 年 4 期第 421 ~ 454页。

⑤ 段宏振、任涛：《河北易县七里庄遗址发现大量夏商周时期文化遗存》，《中国文物报》2006 年 12 月 8 日第 2 版；段宏振：《河北易县七里庄遗址》，《2006 中国重要考古发现》第 41 ~ 44 页，文物出版社，2007 年。

⑥ 中国社会科学院考古研究所：《大甸子——夏家店下层文化遗址与墓地发掘报告》，科学出版社，1996 年。

⑦ 林沄：《夏代的中国北方系青铜器》，《边疆考古研究》第 1 辑第 1 ~ 12 页，科学出版社，2002 年。

夏家店下层文化晚期，来自中原的早商二里岗下层文化，尤其是二里岗上层文化强烈北渐，将易水流域纳入早商文化范围，只是在这类遗存中还保留些许夏家店下层文化因素，如涞水富位第三期的大口折肩罐等；拒马河流域仍为夏家店下层文化，如庞家河 H1 等①。相应的，在北京地区的夏家店下层文化大坨头类型当中，出现较多折沿实足跟鬲、假腹豆（及其"十"字镂孔装饰）等典型的早商文化因素，而且以靠近早商文化区的北京南部最为明显。另一方面，张营出土一定数量的厚背弯身石刀、蛇纹鬲以及花边鬲，都属于朱开沟文化晚期因素②，表明内蒙古中南部青铜文化的影响已经渗透至此。从河北宣化李大人庄同时期遗存常见花边鬲来看③，这类朱开沟文化因素极可能沿着岱海—洋河—南口一线进入北京昌平一带（图五五、五六）。另外，张营遗址出土的卜骨仍仅见灼痕，敖汉旗大甸子、喀

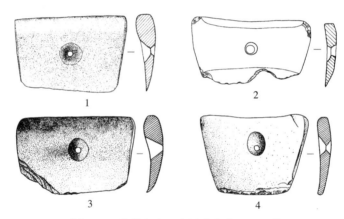

图五五　张营和朱开沟厚背弯身石刀比较

1、2. 张营（T3⑤∶3、T0602④∶1）

3、4. 朱开沟（F1005∶3、H5001∶3）

---

① 拒马河考古队：《河北易县涞水古遗址试掘报告》，《考古学报》1988 年 4 期第421～454页。

② 内蒙古自治区文物考古研究所、鄂尔多斯博物馆：《朱开沟——青铜时代早期遗址发掘报告》，文物出版社，2000 年；田广金、韩建业：《朱开沟文化研究》，《考古学研究》（五）第 227～259 页，文物出版社，2003 年。

③ 张家口市文物事业管理所、宣化县文化馆：《河北宣化李大人庄遗址试掘报告》，《考古》1990 年 5 期第 398～402 页。

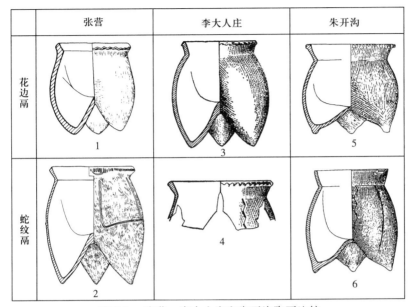

图五六　张营、李大人庄和朱开沟陶鬲比较

1、2. 张营（H100：2、89H16：1）　3、4. 李大人庄（H2：40、54）　5、6. 朱开沟（M4020：1、QH79：4）

喇沁旗大山前遗址①那种带凿痕的新型卜骨似乎还未波及于此。

我们推测，可能作为最早期先商文化的雪山二期文化，在公元前 18 世纪初发生分异：一支向西南漳河流域发展，融合当地的后岗二期文化，并吸纳晋中朱开沟文化白燕类型的卷沿鬲，而形成晚期先商文化②；一支留在当地并部分向北移动形成夏家店下层文化。如前所述，如果雪山二期文化与燕亳有关，那么夏家店下层文化就仍有作为燕亳的可能性。可见，邹衡提出的夏家店下层文化"燕南型"（即大坨头类型）与燕亳有关的见解很有道理③。另外还有海河北系区夏家店下层文化可能属于有易氏文化④，或者夏家店下层文

① 赤峰考古队：《内蒙古喀喇沁旗大山前遗址 1996 年发掘简报》，《考古》1998 年 9 期第 43～49 页。

② 韩建业：《先商文化探源》，《中原文物》1998 年 2 期第 48～54 页。

③ 邹衡：《关于夏商时期北方地区诸邻境文化的初步探讨》，《夏商周考古学论文集》第 253～293 页，文物出版社，1980 年。

④ 张忠培等：《夏家店下层文化研究》，《考古学文化论集》（一）第 58～78 页，文物出版社，1987 年。

化为北迁的共工氏文化的推测①。实际上无论有易氏和商人发生冲突，还是舜流共工于幽陵，其年代均在夏禹以前，当对应龙山时代文化，与夏家店下层文化都还有一定的时间距离。

从河北蔚县三关、前堡夏家店下层文化人骨来看，与现代东亚蒙古人种基本一致②。

2. 围坊三期文化

即总第九期遗存，绝对年代约在公元前 1300～前 1050 年，相当于殷墟文化阶段，对应晚商时期。以塔照第二期遗存为代表，包括镇江营商周第二期、平谷龙坡早期、雪山第四期、刘家河铜器墓等遗存，见于房山皇后台等遗址。

陶生活用具仍以夹砂陶占绝大多数，泥质陶较少。色泽暗淡但较前纯正，仍以红褐陶稍多，灰陶明显增加，还有较多灰皮或灰黑皮褐胎器物。器表以交错绳纹最为常见，多粗而僵直，尤其连器底也多印有绳纹，其次为旋纹、附加堆纹、划纹等，素面者很少。流行三袋足和平底器，也有圈足器，带耳器少。器类有花边高领鬲、袋足鬲、柱足鬲、侈口甗、小口瓮、大口折肩罐、豆、甑、盆、钵等。最有特色者为口沿外箍一周附加堆纹的高领花边鬲。一般遗址所见还有石斧、单孔或双孔石钺、石镰、石杵、筒状或蘑菇状陶垫、陶纺轮、角镞、铜刀、铜镞等生产工具或武器，其中双孔石钺有特色。

刘家河墓葬随葬一批重要青铜器，容器有小方鼎、旋纹鼎、饕餮纹鼎、鬲、甗、爵、卣、斝、盉、三羊罍、饕餮纹瓿、盘等，还有铁刃铜钺、铜人面形饰、铜泡、铜当卢、喇叭口金耳环、金臂钏、金笄等武器、装饰品或马具（图五七）。另外，在北京还征集到兽首剑、兽首刀、銎柄双兽三孔钺、有銎长体乳丁纹刀等青铜器③，有出土于北京北部山区的可能性。

该类遗存还可分一、二两段，从围坊三期文化本身的角度来说，也可

---

① 夏保国：《"流共工于幽州"的考古学释读———以夏家店下层文化源自后岗二期文化为证》，《北方文物》2008 年 3 期第 3～9 页。

② 张家口考古队：《蔚县夏家店下层文化颅骨的人种学研究》，《北方文物》1987 年 1期第 2～11 页。

③ 北京市文物管理处：《北京市新征集的商周青铜器》，《文物资料丛刊》(2) 第 14～21 页，文物出版社，1978 年。

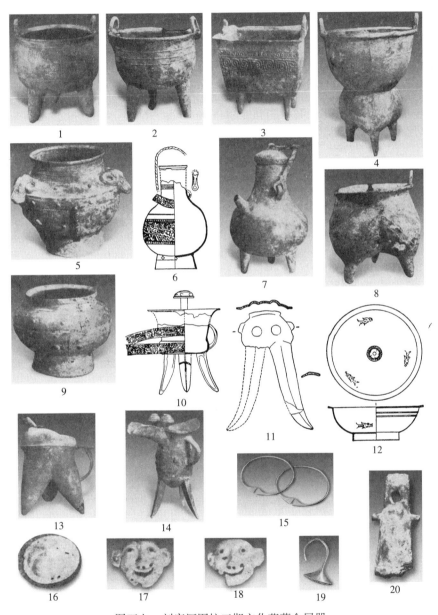

图五七 刘家河围坊三期文化墓葬金属器

1. 饕餮纹铜鼎 2. 旋纹铜鼎 3. 铜小方鼎 4. 旋纹铜甗 5. 三羊铜罍 6. 铜卣
7、13. 铜盉 8. 铜斝 9. 饕餮纹铜瓿 10. 铜爵 11. 铜当卢 12. 铜盘 14. 铜爵
15. 金臂钏 16. 铜泡 17、18. 铜人面饰 19. 喇叭口金耳环 20. 铁刃铜钺

以称其为早、晚两期,最显著的变化是花边高领鬲的领部由矮变高。大约早期相当于殷墟一、二期,晚期相当于殷墟三、四期。这当中刘家河墓葬的年代曾多有争论。发掘者认为其为二里岗上层时期,下限不晚于殷墟一期①;邹衡认为其时代下限在殷墟二期(武丁时期)②;李伯谦、朱凤瀚等认为其时代在殷墟一期③。从小方鼎、旋纹圆鼎、鬲、罍、盉、瓿、爵等器物与中原铜器的对比来看,当在殷墟一、二期。

对这类遗存的文化性质,一开始认为属于商文化④或夏家店下层文化⑤,后来一般将其划归张家园上层文化或围坊三期文化,只是具体认识仍至少有三种不同意见:第一种意见认为其与西周以后以张家园上层为代表的遗存属于同一文化,可称围坊三期文化⑥、张家园上层类型⑦或张家园文化⑧;第二种意见认为其与西周以后以张家园上层为代表的遗存分属两个文化,可分别称为围坊三期文化和张家园上层文化⑨;第三种意见认为其属围坊三期文化,西周以后以张家园上层为代表的遗存已经是燕文化,不存在所谓张家园上层文化⑩。实

---

① 北京市文物管理处:《北京平谷县发现商代墓葬》,《文物》1977 年 11 期第 1～7 页。
② 邹衡:《关于夏商时期北方地区诸邻境文化的初步探讨》,《夏商周考古学论文集》第 264 页,文物出版社,1980 年。
③ 李伯谦:《张家园上层类型若干问题研究》,《考古学研究》(二)第 131～143 页,北京大学出版社,1995 年;朱凤瀚:《古代中国青铜器》第 655 页,南开大学出版社,1995 年;李海荣:《京、津、冀出土商代青铜器的分期及文化因素分析》,《华夏考古》1996 年 1 期第 42～54 页。
④ 北京市文物管理处:《北京平谷县发现商代墓葬》,《文物》1977 年 11 期第 1～7 页。
⑤ 邹衡:《关于夏商时期北方地区诸邻境文化的初步探讨》,《夏商周考古学论文集》第 264 页,文物出版社,1980 年。
⑥ 沈勇:《围坊三期文化初论》,《北方文物》1993 年 3 期第 19～24 页。
⑦ 李伯谦:《张家园上层类型若干问题研究》,《考古学研究》(二)第 131～143 页,北京大学出版社,1995 年。
⑧ 张立东:《试论张家园文化》,《北京建城 3040 年暨燕文明国际学术研讨会会议专辑》第 226～233 页,北京燕山出版社,1997 年。
⑨ 韩嘉谷:《京津地区商周时期古文化发展的一点线索》,《中国考古学会第三次年会论文集》第 220～229 页,文物出版社,1981 年;纪烈敏:《燕山南麓青铜文化的类型谱系及其演变》,《边疆考古研究》第 1 辑第 103～122 页,科学出版社,2002 年。
⑩ 刘绪、赵福生:《围坊三期文化的年代与刘家河 M1 的属性》,《苏秉琦与当代中国考古学》第 146～152 页,科学出版社,2001 年。

际上这类遗存和西周以后以张家园上层为代表的遗存有明显差异，而张家
园上层类遗存和以北京为中心的西周燕文化大同小异，第三种意见显然更
有道理。

　　围坊三期文化也还存在区域性差异，甚至北京地区本身都有所不同：
永定河以南的塔照二期类遗存，陶器均含滑石粉末，高领鬲直领甚高，还
有折沿袋足鬲；永定河以北的龙坡类遗存陶器只有少数含滑石粉末，高领
鬲直领略高，不见折沿袋足鬲。如果放大眼光，会发现前一类遗存向南分
布直达冀中易水、唐河流域，包括河北易县北福地 H25① 和七里庄第三期、
涞水渐村第三期②、唐县洪城 A 群遗存③等；后一类遗存向东和东北还延伸
到天津、唐山和滦河流域，以天津蓟县围坊三期为代表④，也见于河北玉田
东蒙各庄和五里桥⑤、遵化西三里村⑥、滦县后迁义⑦、卢龙双望和东闷各
庄⑧等遗址。前一类遗存曾有过"塔照二期文化"的称谓⑨，因此可以称其
为塔照类型；后一类遗存可称为围坊类型⑩。即使同为围坊类型，蓟县一带

①　拒马河考古队：《河北易县涞水古遗址试掘报告》，《考古学报》1988 年 4 期第
　　421～454 页；河北省文物研究所：《北福地——易水流域史前遗址》，文物出版社，
　　2007 年。
②　河北省文物研究所：《河北涞水渐村遗址发掘报告》，《文物春秋》1992 年增刊第
　　220～229 页。
③　保定地区文管所：《河北唐县洪城遗址的调查》，《考古》1996 年 5 期第 32～34 页。
④　天津市文物管理处考古队：《天津蓟县围坊遗址发掘报告》，《考古》1983 年 10 期第
　　877～893 页。
⑤　马洪路：《河北玉田县发现新石器和青铜时代遗址》，《考古》1983 年 5 期第 478～
　　479 页。
⑥　刘震：《河北遵化县发现一座商代墓葬》，《考古》1995 年 5 期第 470 页。
⑦　张文瑞：《冀东地区龙山及青铜时代考古学文化研究》，吉林大学硕士学位论文，
　　2003 年。
⑧　李捷民、孟昭林：《河北卢龙县双望乡发现细石器与陶器》，《考古通讯》1958 年 6
　　期第 45～46 页；唐云明：《河北境内几处商代文化遗存记略》，《考古学集刊》第 2
　　集第 44～46 页，中国社会科学出版社，1982 年。
⑨　北京市文物研究所：《镇江营与塔照——拒马河流域先秦考古文化的类型与谱系》
　　第 194 页，中国大百科全书出版社，1999 年。
⑩　蒋刚：《商末周初：围坊三期文化与张家园上层文化》，《公元前 2 千纪的晋陕高原
　　与燕山南北》第 173～197 页，科学出版社，2008 年。

陶鬲领部内弧的特征也具有更细微的地方特色。

　　北京及其附近地区的围坊三期文化是在当地夏家店下层文化大坨头类型的基础上发展而来，前者早期的主要陶器，都可以在后者中找到原型。甚至永定河以南的塔照类型和以北的围坊类型，都各自与当地早先遗存有更多联系。具体来说，塔照二期一段的长实足跟花边高领鬲、侈口甗、大口折肩罐、小口折肩罐、粗柄豆、簋、钵等，都与塔照一期晚段同类器有直接联系（图五八）。围坊三期早段的领略内弧的高领鬲、花边高领鬲、腰箍附加堆纹的甗、大口瓮、大口折肩罐、小口折肩罐、敛口或侈口钵等，与张营第2、3段器物更加近似（图五九）。但围坊三期文化和夏家店下层文化大坨头类型也存在明显差别，突出表现在前者鬲类口沿明显变高出领，花边鬲盛行，而后者鬲类只是折沿或翻缘，没有明显的领部，鬲口沿饰花边的现象也还很少见。此外，前者中已经不见后者曾经流行的筒腹鬲、折肩鬲、折腹尊以及彩绘陶等。

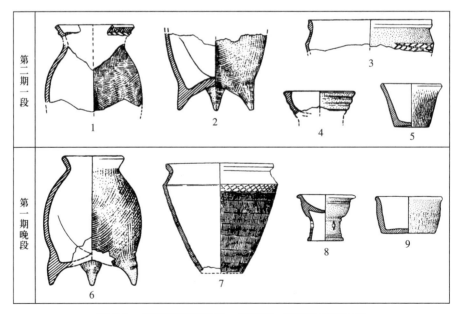

图五八　塔照遗址第二期一段和第一期晚段陶器比较

1、2、6. 鬲（FTH106：6、FTH76：16、FTH113：1）　3、7. 大口折肩罐（FTH78：4、FTH105：2）　4、8. 粗柄豆（FTH84：4、FTM6：2）　5、9. 钵（FTH76：52、FTM15：3）

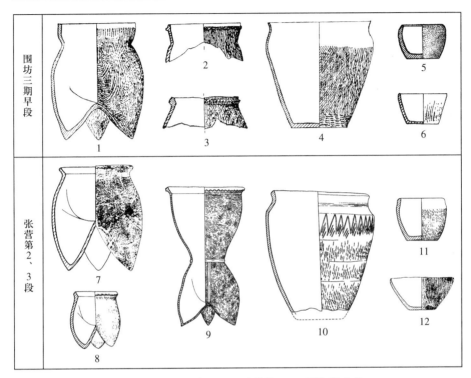

图五九　围坊三期早段和张营第 2、3 段陶器比较

1、2、7、8. 鬲（围坊 T8②：5、T8②：6、张营 H58：8、H100：2）　3、9. 甗（围坊 T4②：21、张营 H105：2）　4、10. 大口瓮（围坊 T9②：3、张营 T8④：12）　5、6、11、12. 钵（围坊 T4②：1、T3②：2、张营 T11⑤：9、T10⑤：9）

从北京地区对外文化关系和文化局势来看，从晚商开始发生了重大变化。最显著者，是原先同样分布夏家店下层文化遗存的冀西北地区，已经很少见到晚商时期的聚落遗址，只在宣化小白阳遗址发现灰坑遗迹，出土贴边或口沿外箍附加堆纹的高领鬲（花边鬲）、腰箍附加堆纹的甗等陶器，以及新月形双孔石刀等（图六〇，10、11）①。另在张家口②、张北③、怀

①　张家口市文物事业管理所、宣化县文化馆：《河北宣化县小白阳墓地发掘报告》，《文物》1987 年 5 期第 41 ~ 51 页。

②　河北省博物馆、文物管理处：《河北省出土文物选集》图版 87，文物出版社，1980 年。

③　郑绍宗：《中国北方青铜短剑的分期及形制研究》，《文物》1984 年 2 期第 37 ~ 49 页。

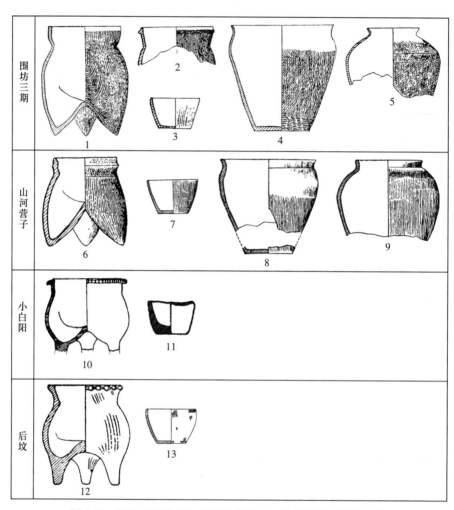

图六〇　围坊三期文化与抄道沟类遗存、魏营子类型陶器比较

1、2、6、10、12. 鬲（围坊 T8②：5、T8②：6、山河营子 3A：3、小白阳 H3：15、后坟）
3、7、11、13. 斜腹钵（围坊 T3②：2、山河营子 5B：2、小白阳 H8：2、后坟）　4、8. 大口
瓮（围坊 T9②：3、山河营子 3D：3）　5、9. 小口瓮（围坊 T8②：14、山河营子 2A：3）（1～9
围坊三期文化，10、11 抄道沟类遗存，12、13 魏营子类型）

安①等地采集到铜鹿首青铜短剑等零星的北方系青铜器。与其同类的羊首短剑、环首刀、铃首刀、鹿首刀、管銎斧等北方系青铜器，还发现于河北青龙抄道沟（图六一）②。这些北方系青铜器和花边鬲等陶器可能有共存关系。我们可以暂称燕山地区这类以北方系青铜器为代表的畜牧色彩浓厚的遗存为抄道沟类遗存。类似北方系青铜器还见于老哈河流域及其以北地区。

扩大视野，会发现晚商文化的全面南缩和北方畜牧文化的大幅南进几乎发生在整个北方长城沿线。这一带普遍由原先广泛使用陶、石器骤然转变为流行短剑、刀、泡等北方系青铜器③。这类青铜器的早期形态虽已见于

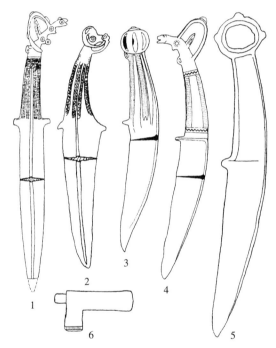

图六一 抄道沟类遗存青铜武器和工具

1. 鹿首剑 2. 羊首剑 3. 铃首刀 4. 鹿首刀 5. 三凸纽环首刀 6. 管銎斧

（除 1 出土于张家口外，其余均出土于抄道沟）

---

① 刘建忠：《河北怀安狮子口发现商代鹿首刀》，《考古》1988 年 10 期第 941 页。

② 河北省文化局文物工作队：《河北青龙县抄道沟发现一批青铜器》，《考古》1962 年 12 期第 644～645 页。

③ 林沄：《商文化青铜器与北方地区青铜器关系之再研究》，《考古学文化论集》第 1 集第 129～155 页，文物出版社，1987 年。

西北地区的齐家文化、四坝文化和哈密天山北路文化，但较为成熟的形态
却以朱开沟文化晚期者最早①。具有铃首、兽首等特征的刀、剑，伴随着陶
花边鬲，则流行于内蒙古中南部和陕北的西岔文化和李家崖文化等，这些
都是晚商以后程度不同地继承朱开沟文化而发展起来的半农半牧文化或畜
牧文化②。这样看来，抄道沟类遗存在北京北部燕山地区的出现，自然是朱
开沟文化的后继者人群向东拓展的结果。抄道沟类遗存中已发现花边鬲，
北京附近围坊三期文化和西辽河流域魏营子类型中花边鬲的突然增多，就
应当是通过张家口等通道传播而来③。正是从这个意义上，韩嘉谷将北方系
青铜器和花边鬲视为联系中国北方长城文化带的标志④。同样原因传播而来
的还当有刘家河所见铜泡饰。另外，刘家河所见喇叭口金耳环、两端压扁
的金臂钏等，仍应是先前来自西方草原文化因素的延续（图六二）。

　　可能由于抄道沟类遗存的存在，燕山以南地区与西辽河流域的联系已
大不如前，先前夏家店下层文化地跨燕山南北和西辽河流域的那种盛况已
不复存在。西辽河流域新形成的魏营子类型⑤，其主体来源是高台山文化，
和围坊三期文化差别较大，不能再归属一个文化系统⑥。但京津唐地区和西

---

① 田广金、郭素新：《鄂尔多斯式青铜器的渊源》，《考古学报》1988 年第 3 期第
　　257～276 页。
② 韩建业：《中国西北地区先秦时期的自然环境与文化发展》，文物出版社，2008 年。
③ 李伯谦：《张家园上层类型若干问题研究》，《考古学研究》（二）第 131～143 页，
　　北京大学出版社，1995 年。
④ 韩嘉谷：《花边鬲寻踪——谈我国北方长城文化带的形成》，《内蒙古东部区考古学
　　文化研究文集》第 41～52 页，海洋出版社，1991 年。
⑤ 辽宁省博物馆文物工作队：《辽宁朝阳县魏营子西周墓和古遗址》，《考古》1977 年
　　5 期第 306～310 页；喀左县文化馆：《记辽宁喀左县后坟村发现的一组陶器》，《考
　　古》1982 年 1 期第 108～109 页。
⑥ 魏营子类型是晚商时期分布在西辽河流域的考古学文化，当为在西进的高台山文化
　　基础上结合围坊三期文化和夏家店下层文化因素而形成。见郭大顺：《试论魏营子
　　类型》，《考古学文化论集》第 1 集第 79～98 页，文物出版社，1987 年；朱永刚：
　　《论高台山文化及其与辽西青铜文化的关系》，《中国考古学会第八次年会论文集》
　　（1991）第 139～156 页，文物出版社，1996 年；赵宾福：《辽西山地夏至战国时期
　　考古学文化时空框架研究的再检讨》，《边疆考古研究》第 5 辑第 32～69 页，科学
　　出版社，2006 年。也有人称其为魏营子文化，见董新林：《魏营子文化初步研究》，
　　《考古学报》2000 年 1 期第 1～30 页。

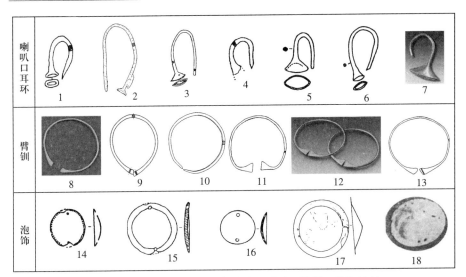

图六二　长城沿线西周以前喇叭口耳环、臂钏、泡饰比较

1、8、9、15. 四坝文化（9 为民乐东灰山 M21：1[1]，其余出自玉门火烧沟[2]）　　2、10、17. 朱开沟文化（伊金霍洛旗朱开沟 C：189、M3028：1、M1040：4）　　3～6、11. 夏家店下层文化（蓟县围坊 T1[3]：7、房山琉璃河刘李店 M2：1、唐山小官庄 M 丁：1、阜新平顶山 G104④：2[3]、香河庆功台 M1：19）　　7、12、18. 围坊三期文化（昌平刘家河）　　16. 齐家文化（积石山新庄坪④）　　13. 魏营子类型（喀左和尚沟 M1）　　14. 哈密天山北路文化（哈密天山北路）（7、8、12、13 为金质，其余均为铜质）

辽河流域的联系并未中断。围坊三期文化向西辽河流域的渗透，是西辽河流域魏营子类型流行花边鬲、斜腹钵的主要原因之一。而二者主要的联系通道或许是辽西走廊。辽宁锦州山河营子遗存流行绳纹，常见鬲、甗、大口瓮、小口瓮等陶器[5]，面貌与围坊三期遗存很是近似，当为围坊三期文化

① 甘肃省文物考古研究所、吉林大学北方考古研究室：《民乐东灰山考古——四坝文化墓地的揭示与研究》第 93 页，科学出版社，1998 年。

② 甘肃省博物馆：《甘肃省文物考古工作三十年》，《文物考古工作三十年（1949～1979）》第 139～153 页，文物出版社，1979 年；甘肃省文物局：《甘肃文物菁华》第 149 页，文物出版社，2006 年。

③ 辽宁省文物考古研究所、吉林大学考古学系：《辽宁阜新平顶山石城址发掘报告》，《考古》1992 年 5 期第 399～417 页。

④ 甘肃省博物馆：《甘肃积石山县新庄坪齐家文化遗址调查》，《考古》1996 年 11 期第 46～52 页。

⑤ 刘谦：《锦州山河营子遗址发掘报告》，《考古》1986 年 10 期第 873～881 页。

挺进辽西的明证（见图六〇）。反过来，还基本看不出魏营子类型对围坊三期文化的影响。

同样由于抄道沟类遗存人群的南向压迫，围坊三期文化也只好以北京为基地向南拓展，不但占据了原属商文化北界的易水流域，甚至还将其范围扩大至与商王朝核心区很接近的冀中唐河流域。典型的商文化被压缩至定州以南①。与此同时在殷墟发现的管銎斧、管銎戈、兽首刀、铃首刀等北方系青铜器②，或许就是商人与北方民族战争的战利品。

但这并不能妨碍商文化因素向燕山南北的扩散。约当殷墟一期的平谷刘家河墓地不但见有大量商文化传统的青铜礼器，而且铜人面形饰与安阳西北岗出土者相似，铁刃铜钺也在河北藁城台西商文化墓葬中见有同类器③。殷墟二期以后，商文化青铜礼器也还出现在滦河流域的后迁义、东闸各庄等遗址，甚至还较多见于西辽河流域④。但晚商文化因素的北向扩散却主要限于青铜器等珍贵礼器，陶折沿袋足鬲、粗柄豆等或许与晚商有关的个别陶器仅限于永定河以南，这与早商文化风格陶器的大量北向渗透形成鲜明对照。这些铜器有的或许为和平交流，但主要可能为劫掠而去。由此可见在北方人群南下的强劲势头下，晚商王朝日渐窘迫的境况。

既然夏家店下层文化大坨头类型与燕亳有关，而围坊三期文化又主要是在大坨头类型基础上发展而来，那么北京附近的围坊三期文化也当与燕

---

① 河北省文物研究所、保定地区文物管理所：《定州北庄子商墓发掘简报》，《文物春秋》1992年增刊第230~240页。

② 乌恩：《殷至周初的北方青铜器》，《考古学报》1985年2期第135~156页；林沄：《商文化青铜器与北方地区青铜器关系之再研究》，《考古学文化论集》第1集第129~155页，文物出版社，1987年。

③ 河北省博物馆、文物管理处：《河北藁城台西村的商代遗址》，《考古》1973年5期第266页。

④ 郭大顺：《试论魏营子类型》，《考古学文化论集》第1集第79~98页，文物出版社，1987年；辽宁省文物考古研究所等：《喀左和尚沟墓地》，《辽海文物学刊》1989年2期第18~24页；克什克腾旗文化馆：《辽宁克什克腾旗天宝同发现商代铜甗》，《考古》1977年5期354页；辽宁省文物考古研究所：《辽宁喀左县高家洞商周墓》，《考古》1998年4期第39~41页。

亳和古燕国有关①。当然可能正如李伯谦所说，围坊三期文化（李文称张家园上层类型）"是一个庞大的包括了许多具有亲缘关系、文化习俗相近的方国、部落在内的族系集团的考古学文化集合体"②。北京等地出土的商周青铜器上的"𢀛"铭族徽，常与叀、共、鱼、守、辛等复合出现，𢀛即燕，葛英会解释这些复合族徽正是古燕国部族具有许多分支的表现③。李、葛二说互相吻合。具体到北京地区，大概与古燕部族联合体中的主体叀国对应，叀应即蓟或郪。或者说该叀就是商末箕子的封地④。如前文所述，追本溯源，古燕国可能与商契乃至于黄帝有关。有人甚至据刘家河商墓出土的鼋铭鼎和鼋鱼纹盘，考证鼋即鼋、轩辕，认为该墓与黄帝后裔有关⑤。

也有人据甲骨文中的"𡈼"字上土下其，推测"𡈼"即"叀"为土方的一支，提出围坊三期文化属于土方集团中的叀国⑥。或许土方和古燕国有着密切关系，但和土方有直接对应关系的可能首推畜牧色彩浓厚的抄道沟类遗存。

七　青铜时代后期

即第七阶段第十、十一期，绝对年代约在公元前 1050～前 650 年，对

---

① 沈勇：《围坊三期文化初论》，《北方文物》1993 年 3 期第 19～24 页；张立东：《试论张家园文化》，《北京建城 3040 年暨燕文明国际学术研讨会会议专辑》第 226～233 页，北京燕山出版社，1997 年；杜金鹏：《北京平谷刘家河商代墓葬与商代燕国》，《北京建城 3040 年暨燕文明国际学术研讨会会议专辑》第 211～217 页，北京燕山出版社，1997 年。

② 李伯谦：《张家园上层类型若干问题研究》，《中国青铜文化结构体系研究》第 155 页，科学出版社，1998 年。

③ 葛英会：《燕国的部族及部族联合》，《北京文物与考古》第一辑第 1～18 页，北京燕山出版社，1983 年。

④ 唐兰：《西周青铜器铭文分代史征》第 108 页，中华书局，1986 年；朱彦民：《金甲文中的"基"、"叀"与箕子封燕考》，《北京建城 3040 年暨燕文明国际学术研讨会会议专辑》第 218～225 页，北京燕山出版社，1997 年。

⑤ 李先登：《北京平谷刘家河商墓发现的重要意义》，《考古学研究》（六）第 162～172 页，科学出版社，2006 年。

⑥ 韩嘉谷：《燕国境内诸考古学文化的族属探索》，《北京建城 3040 年暨燕文明国际学术研讨会会议专辑》第 234～251 页，北京燕山出版社，1997 年。

应西周至春秋早期。燕文化和畜牧文化南北对峙，燕文化中绳纹筒腹鬲、联裆鬲和袋足鬲并存，青铜器较为发达。

1. 西周早中期的燕文化

即总第十期遗存，绝对年代约在公元前 1050～前 850 年。

西周早中期燕文化以琉璃河第二期早、中段和镇江营商周第三期遗存为代表，包括龙坡晚期、刘家河 T3④组遗存，还见于昌平白浮、顺义牛栏山、平谷韩庄、昌平小北邵等遗址。

陶器绝大多数为夹细砂陶和泥质陶（永定河以南均含滑石粉末），陶色以褐或灰为主，也有黑皮陶，灰陶比例进一步增多。盛行交错绳纹，也有附加堆纹、旋纹、划纹、戳刺纹、压印纹等。实用大型筒腹鬲、甗、甑的口沿外和甗的腰部，均箍一周压有绳纹的附加堆纹。常见陶器有鬲、折沿甗、深腹盆、浅腹盆、小口瓮、罍、小口罐、甑、鼎、簋、钵等。其中鬲又分筒腹鬲、联裆鬲、袋足鬲，簋分粗矮圈足簋和细高圈足簋，琉璃河还见个别装饰兽面纹、蝉纹的仿铜簋。镇江营发现的席纹印模具有特色，有的上面还有人面图形。又可分为早、晚两段。早段花边筒腹鬲翻缘束颈，联裆鬲和袋足鬲裆部稍高，仅见矮圈足簋；晚段筒腹鬲折沿直腹，联裆鬲和袋足鬲裆部略低，出现折腹高圈足簋，圈足还略显粗矮。需要指出的是，墓葬和居址陶器存在差别。随葬陶器多为中小型灰陶器物，主要有联裆鬲、袋足鬲、小口罐、簋、豆等，双耳壶、三足瓮和带扉棱的仿铜鼎、鬲不见于居址，不少为明器；居址陶器多为高大厚重的褐陶器，器类繁多，筒腹鬲、折沿甗、深腹盆、浅腹盆、小口瓮、甑、钵等不见于墓葬，均为实用器。此外，早段个别墓葬还见四系尊、豆等原始瓷器，灰白色胎，青绿或灰黄釉（图六三）。

青铜器主要出土于琉璃河、牛栏山等西周早期墓葬。纹饰有主次、阴阳的不同，搭配形成繁复的"复层花纹"，多以兽面纹为主体纹样。礼器以鼎、簋为核心，其次为甗、鬲、爵、盉、觚、觯、尊、罍、卣、壶、盘、匕等。鼎的体形有大（通高 50 厘米以上）、中（通高 20～50 厘米）、小（通高 20 厘米以下）之分，腹部有圜底、平底、鬲形分裆底之别，足有兽蹄足、柱足、异形扁足的不同。簋则有圈足、兽足、带方座的区分（图六四、六五）。许多器物的腹内壁时见铭文。武器有戈、戟、剑、矛、镞、胄

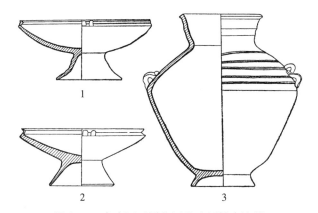

图六三　琉璃河西周燕国墓地原始青瓷器

1、2. 豆（ⅠM52：44、ⅠM52：5）　3. 尊（ⅠM52：1）

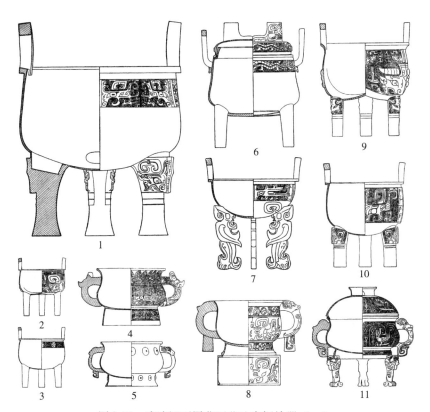

图六四　琉璃河西周燕国墓地青铜礼器（一）

1~3、6、7、9、10. 鼎（ⅡM253：12、ⅠM50：1、ⅡM251：22、ⅡM253：11、ⅡM209：29、ⅡM253：21、ⅡM253：23）　4、5、8、11. 簋（ⅡM253：13、ⅡM251：13、ⅡM251：10、ⅠM53：8）

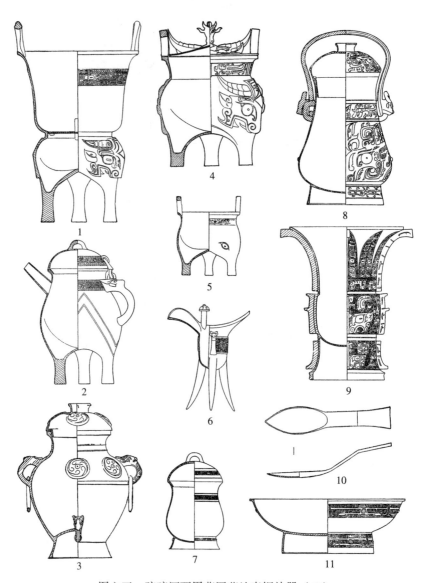

图六五　琉璃河西周燕国墓地青铜礼器（二）

1. 甗（ⅡM253：15）　2. 盉（ⅡM253：10）　3. 罍（M1193：168）　4、5. 鬲（ⅡM251：23、ⅡM253：17）　6. 爵（ⅡM251：4）　7. 觯（ⅡM251：8）　8. 卣（ⅡM253：5）　9. 尊（ⅡM251：7）　10. 匕（ⅠM53：7）　11. 盘（ⅠM54：28）

等，戈偏晚胡、阑部加长，胡部出现穿孔。工具为斧、锛、刀、凿、锥等（图六六）。还有轭、軎辖、衡饰、踵、銮、軏、軓、轴饰、当卢、衔、镳、节约、泡、扣、弓形器等车马器（图六七、六八），有铜铃和人面形、兽面形、鱼形等装饰品（图六九）。此外，还随葬觯、戈等少量铅明器。

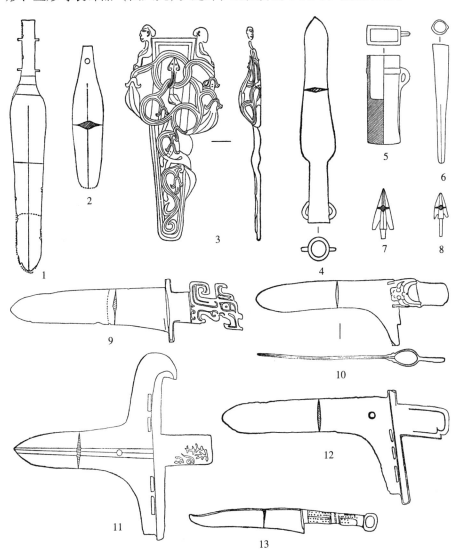

图六六　琉璃河西周燕国墓地青铜武器和工具

1、2. 剑（Ⅰ M53：34、Ⅱ M253：47）　3. 剑鞘（Ⅱ M253：47）　4. 矛（Ⅰ M53：35）
5. 锛（Ⅰ M52：35）　6. 凿（Ⅰ M52：30）　7、8. 镞（Ⅰ M1：5、Ⅰ M52：36）　9、10、
12. 戈（Ⅱ M205：6、Ⅰ M1：1、Ⅰ M52：21）　11. 戟（Ⅰ M52：22）　13. 刀（Ⅰ M53：37）

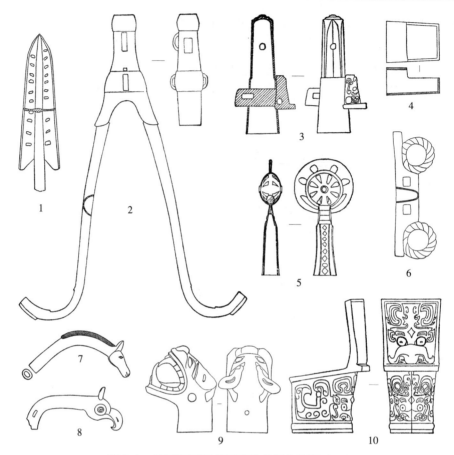

图六七　琉璃河西周燕国墓地青铜车马器（一）

1、7、8. 衡饰（ⅡM202CH：17、10、13）　2. 轭（ⅡM202CH：32）　3. 軎辖（ⅠM52CH1：1、2）　4. 踵（ⅡM202CH：30）　5. 銮（ⅡM253：33）　6. 軏（ⅡM202CH：5）　9. 軜（ⅡM202CH：31）　10. 轴饰（ⅠM52CH1：3）

　　漆器均为木胎，现已朽坏，器表多漆绘红地褐彩，或镶嵌蚌片、蚌泡、绿松石等，与彩绘共同组成复杂的兽面纹等类似青铜器纹饰的图案，种类主要是豆、瓠、罍、壶、簋、杯、盘、俎等容器，还有盾，盾上嵌有人面形、菱形、圆形青铜饰。

　　玉器发达，种类繁多，大量为串饰、佩饰、环、玦、笄、柄形饰及各种动物形装饰品（图七〇），也有璧、琮、圭、柄形器、条形器等礼玉，玉戈也应具礼器性质（图七一）。还有骨角器、象牙器、蚌器、玛瑙器、水晶器等，其中饰有兽面纹的象牙梳颇为精美（图七二）。有钻、凿、灼的龟甲

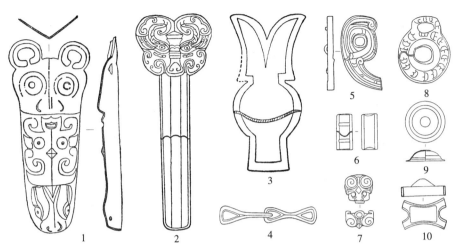

图六八 琉璃河西周燕国墓地青铜车马器（二）

1～3. 当卢（M1193：97、ⅠM105：14、ⅠM52CH1：12） 4. 衔（ⅠM22：14） 5、8. 镳
（ⅡM205：33、ⅠM105：35） 6、9. 泡（ⅡM253：41、ⅡM251：38） 7、10. 节约（Ⅰ
M22：15、ⅠM52CH1：15）

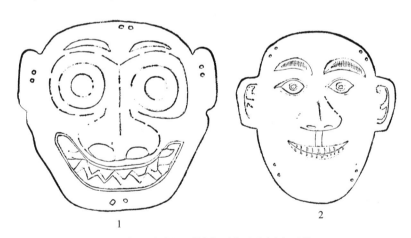

图六九 琉璃河西周燕国墓地青铜人面饰
1. M1193：42 2. M1193：175

及甲骨文。镇江营遗址还见有喇叭口青铜耳环、石贝、饰圆圈纹的骨板等。

镇江营等遗址所出生产工具仍以斧、锛、凿、镰、刀等石器为主体，
也有纺轮、陶垫、模具、印模等陶器和锥、镢、镞等骨角器，青铜器很少
被用做工具。

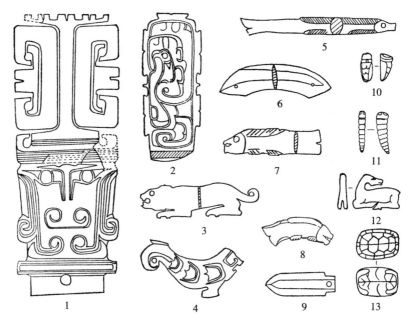

图七〇　琉璃河西周燕国墓地玉装饰品

1. 人面纹饰（ⅡM253：43）　2. 凤纹饰（ⅡM205：96）　3. 虎形饰（ⅡM205：63）
4. 凤形饰（ⅠM60：12）　5、7、8. 鱼形饰（ⅠM54：42、ⅠM54：44、ⅡM202：6）
6. 璜（ⅡM205：65）　9. 戈形饰（ⅠM60：13）　10. 蝉形饰（ⅡM202：22）　11. 蚕形饰（ⅠM54：47）　12. 马形饰（ⅡM205：62）　13. 龟形饰（ⅡM202：4）

　　这当中的琉璃河等墓葬随葬品与陕西长安张家坡等关中西周文化遗存很是近似[1]，不少青铜器上有"匽侯"铭文，故普遍被认为属于燕文化。由于琉璃河甲骨文上和 M1193 大墓铜戈上有"成周"二字，因此西周燕文化形成的上限应不早于成王时期。从对 M1193 克罍和克盉等青铜重器的铭文分析，不少人提出周初分封到琉璃河一带的第一代燕侯即 M1193 的墓主人应为召公奭之子"克"[2]，有人则推断其为召公奭本人[3]，有人甚至推测当初召公曾来过燕都[4]。顺义牛栏山青铜器墓葬的发现，说明燕人周初已控制

①　中国社会科学院考古研究所：《张家坡西周墓地》，中国大百科全书出版社，1999 年。
②　《北京琉璃河出土西周有铭铜器座谈纪要》，《考古》1989 年 10 期第 953～960 页。
③　殷玮璋：《新出土的太保铜器及其相关问题》，《考古》1990 年 1 期第 66～77 页。
④　曹定云：《北京琉璃河出土的西周卜甲与召公卜"成周"——召公曾来燕都考》，《考古》2008 年 6 期第 80～84 页。

北京东北部平原地区；而其中多见"亚䒑"铭文，或许与箕子所代表的周化了的商遗民有关①。镇江营居址遗存则有不同认识：或认为其所流行的褐陶大体筒腹鬲、甗、甑等器物富于地方特色，属于张家园上层文化；或认为这类陶器正是燕文化的组成部分。从琉璃河居址区的发现来看，和镇江营一样流行褐陶的大体筒腹鬲、甗、甑等器物，可见第二种认识更符合实际。

　　发掘者曾将琉璃河西周早期燕文化的陶器分为狭义周文化、商文化、土著文化和混合文化四组因素，并认为以前两组因素占据主体②。将这个文化因素结构的分析方案扩大到包括镇江营遗存在内的整个北京地区的西周早期燕文化，也还大致不差，但也有调整的必要：其一，构成普通日常生活用品主体的筒腹鬲、侈

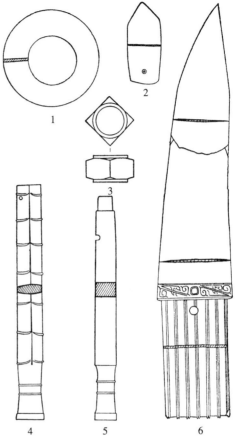

图七一　琉璃河西周燕国墓地玉礼器

1. 璧（ⅡM209：27）　　2. 圭（ⅡM203：4）
3. 琮（ⅡM205：64）　　4、5. 柄形器（ⅠM53：22、ⅠM51：15）　　6. 戈（ⅡM205：61）

口甗、小口瓮、小口罐、单箅孔甑、斜腹盆、鸟首形耳罍等，都可在当地早先的围坊三期文化中找到源头，口沿外饰附加堆纹花边的风格也彼此相若（图七三），这表明西周早期燕文化是在围坊三期文化的基础上发展而来。其二，西周早期燕文化中虽出现较多类似于关中周文化的因素，如联裆

①　陈平：《北方幽燕文化研究》第 66~77 页，群言出版社，2006 年。
②　刘绪、赵福生：《琉璃河遗址西周燕文化的新认识》，《文物》1997 年 4 期第 34~41 页；雷兴山：《试论西周燕文化中的商遗民文化因素》，《北京文博》1997 年 4 期第 18~24 页。

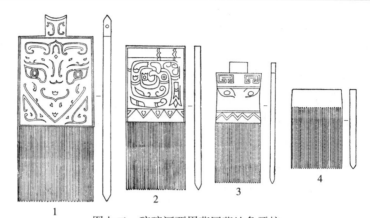

图七二　琉璃河西周燕国墓地象牙梳

1. Ⅱ M202：1　2. Ⅱ M201：1　3. Ⅱ M251：35　4. Ⅱ M251：36

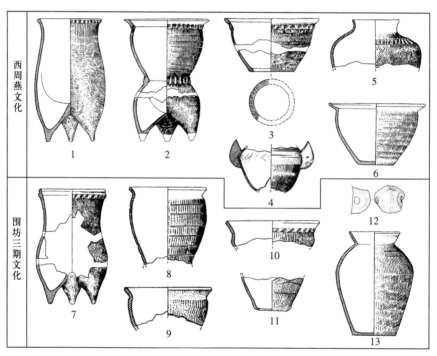

图七三　西周燕文化和围坊三期文化陶器比较

1、7. 筒腹鬲（镇江营 FZH1278：1、塔照 FTT3011④：1）　2、8. 甗（镇江营 FZH1113：20、塔照 FTT3008④：28）　3、10、11. 单算孔甑（镇江营 FZH906：3、塔照 FTT2810④：8、塔照 FTH86：1）　4. 鸟首形耳罍（镇江营 FZH711：5）　5、13. 小口瓮（镇江营 FZH1030：6、塔照 FTT3005④：1）　6、9. 斜腹盆（镇江营 FZH957：2、塔照 FTT2907④：3）　12. 鸟首形器耳（塔照 FTT3011④：7）

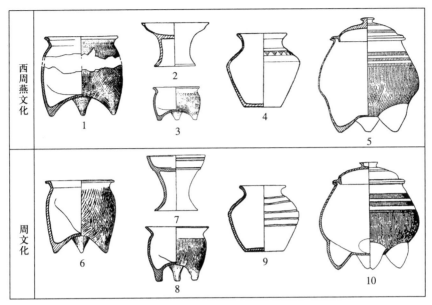

图七四 西周燕文化和周文化陶器比较

1、3、6、8. 联裆鬲（镇江营 FZH946：3、FZH946：22、张家坡 M382：1、M79：02）

2、7. 豆（琉璃河Ⅱ M251：33、张家坡 M74：1） 4、9. 折肩罐（琉璃河Ⅰ M53：20、

张家坡 M77：1） 5、10. 三足瓮（琉璃河Ⅰ M54：30、张家坡 M56：2）

鬲、浅腹豆、折肩罐、三足瓮和带扉棱的仿铜鼎、仿铜鬲、周式卜甲等
（图七四），明确反映出周武王封召公奭于燕这一史实①；但这些陶器主要以
随葬品的形式出现，在居址中则仅流行联裆鬲，且其比例最多与筒腹鬲相
当。其三，西周早期燕文化中出现较多类似于殷墟四期晚段的商文化因
素②，如袋足鬲、肩部箍附加堆纹的小口瓮、折线纹罍、弧腹盆、双耳或四
系壶、大箅孔甗、矮圈足簋等（图七五），普遍见于居址，其中袋足鬲和矮
圈足簋还见于墓葬，但在日常生活中的地位仍稍次于土著因素。其四，土
著文化、周文化和商文化因素的分法也都是大体而言，其实很多器物都互
有影响、有机联系，如有的筒腹鬲为联裆，有的联裆鬲沿下箍附加堆纹，

① 《史记·燕世家》："周武王之灭纣，封召公于北燕"；《史记·周本纪》："封召公奭
于燕"。

② 以后冈圆祭坑 H10、苗圃Ⅲ期遗存为代表，见中国社会科学院考古研究所：《殷墟发
掘报告 1958～1961》，文物出版社，1987 年。

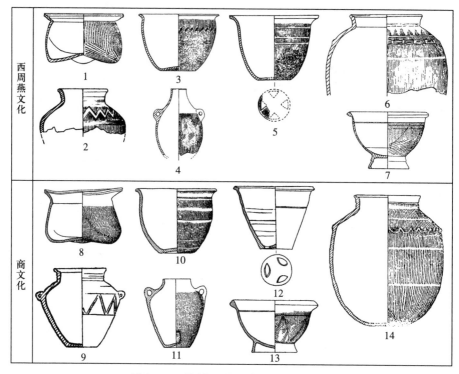

图七五　西周燕文化和商文化陶器比较

1、8. 袋足鬲（琉璃河ⅠM3：1、后冈 HGH10：28）　　2、9. 罍（镇江营 FZH535：16、苗圃 ST106③：181）　　3、10. 弧腹盆（琉璃河 G11T2603⑧A：10、后冈 HGH10：25）　　4、11. 双耳壶（琉璃河 G11T2505④：8、后冈 HGH10：20）　　5、12. 大算孔甑（琉璃河 G11H27：7、后冈 HGH10：31）　　6、14. 小口瓮（琉璃河 G11H36：4、后冈 HGH10：21）　　7、13. 簋（琉璃河 ⅠM52：6、后冈 HGH10：26）

以及陶器的夹砂褐色风格等，总体表现出明显的地方性特点；燕文化显然绝非以上三类因素的简单相加。此外，关中常见的回纹、雷纹、"S"纹等印纹很少见于燕文化；西周中期燕文化陶簋由矮圈足商式簋向高圈足周式簋的转变，虽是周文化因素继续深入影响的结果，但却比关中地区典型的周式簋圈足略低，有的还腹饰绳纹，又像是在商式簋基础上发展演变的结果。此外，至少有 30 多件有铭西周燕国青铜器被认为与商遗民有关①。总之，以北京为中心的西周早期燕文化，是在当地土著文化的基础上，融合大

---

① 张亚初：《燕国青铜器铭文研究》，《中国考古学论丛》第 323～330 页，科学出版社，1995 年。

量周文化和商文化因素而形成。但也有人认为所谓"西周燕文化"仅指周文化和商文化的融合体而不包括土著文化在内①，还有"周人的燕国文化"②、"西周燕国文化"③等提法。还应当特别注意的是，所谓狭义周文化本身也由不同文化因素构成，比如罗森提到项链中玛瑙珠与西方存在联系的可能性④。

　　比较特殊的是昌平白浮村墓葬。从南北向的长方形竖穴土坑，木椁形态，椁室和墓坑间填以白膏泥现象⑤，墓底腰坑及殉狗习俗，到随葬的陶联裆鬲、玉器、有字甲骨，鼎、簋、壶、戈、戟、镞、凿等青铜礼器、兵器和工具，都与琉璃河Ⅰ区大墓面貌类似。从铜戈上的"π"形铭文，以及甲骨文上的"其示"、"其上下韦驭"来看，或许与古燕部族联合体中的古其（箕）国有些关系⑥，但主体为商遗民性质墓葬，属燕文化范畴。李维明则认为其更可能属于姬周族⑦。不过蘑菇首剑、鹰首剑、马首剑、铃首削刀、鹰首削刀、三銴条形刀、管銎戈、管銎斧、盔等北方系的青铜武器和工具，却基本不见于琉璃河（图七六）。这大概是由于其临近北京山区，易与北方民族发生碰撞，有较多北方文化因素进入的缘故。这类北方系青铜器应与先前的抄道沟类遗存有承继关系。其中管銎戈、管銎钺等是中原式戈、钺和北方因素的融合体⑧。蘑菇形首剑虽在以米努辛斯克盆地为中心的卡拉苏

① 拒马河考古队：《河北易县涞水古遗址试掘报告》，《考古学报》1988 年 4 期第421 ~ 454页。

② 韩嘉谷：《京津地区商周时期古文化发展的一点线索》，《中国考古学会第三次年会论文集》第 220 ~ 229 页，文物出版社，1981 年。

③ 陈光：《西周燕国文化初论》，《中国考古学的跨世纪反思》，商务印书馆（香港）有限公司，1999 年。

④ Jessica Rawson：Carnelian beads，animal figures and exotic vessels：traces of contact between the Chiniese States and Inner Asia，ca. 1000 – 650 BC，In：*Bridging Eurasia，Archäologie in China* 1. 2010,1 – 42.

⑤ 琉璃河 1995 年发掘的 10 座墓葬均位于Ⅰ区，发表的 M2、M3、M8 均壁抹青膏泥或壁椁间垫青膏泥。见北京市文物研究所、北京大学考古学系：《1995 年琉璃河遗址墓葬区Ⅰ发掘简报》，《文物》1996 年 6 期第 16 ~ 22 页。

⑥ 韩嘉谷：《燕国境内诸考古学文化的族属探索》，《北京建城 3040 年暨燕文明国际学术研讨会会议专辑》第 234 ~ 251 页，北京燕山出版社，1997 年。

⑦ 李维明：《北京昌平白浮墓地分析》，《北京文博》2000 年 3 期第 52 ~ 55 页。

⑧ 杨建华：《夏家店上层文化在中国北方青铜器发展中的传承作用》，《边疆考古研究》第 7 辑第 136 ~ 150 页，科学出版社，2008 年。

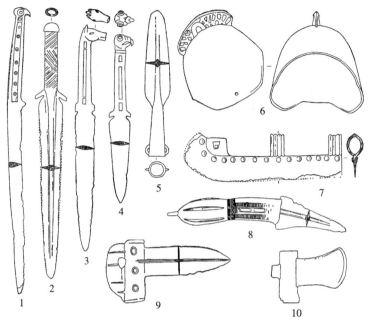

图七六　白浮墓地北方系青铜武器和工具

1. 鹰首刀（M2：40）　2. 蘑菇首剑（M3：22）　3. 马首剑（M3：22）
4. 鹰首剑（M3：22）　5. 矛（M3：6）　6. 盔（M2：10）　7. 三銮条形刀（M2：24）
8. 铃首刀（M3：16）　9. 管銮戈（M2：20）　10. 管銮斧（M3：17）

克文化有较多发现，但其发源地当在中国长城地带①。三銮条形刀的最早源头或在西亚地区，但至晚商时期已经流行于卡约文化、李家崖文化等当中②。青铜矛虽早见于西西伯利亚的塞玛—图尔宾诺文化，但在青铜时代前期已经出现在齐家文化，后传播至长城沿线和中原地区③。铜盔尖顶者虽以

①　乌恩岳斯图：《北方草原考古学文化比较研究——青铜时代至早期匈奴时期》第58~62页，科学出版社，2008年。殷墟虽出土有早至商代晚期的蘑菇形首曲柄短剑（刘忠伏、孔德铭：《安阳殷墟殷代大墓及车马坑》，《2005中国重要考古发现》第59~62页，文物出版社，2006年），但很可能是从长城地带传播而来。

②　张文立、林沄：《黑豆嘴类型青铜器中的西来因素》，《考古》2004年第5期第65~73页。

③　李水城：《西北与中原早期冶铜业的区域特征及交互作用》，《考古学报》2005年第3期第239~278页。青海西宁沈那遗址出土一件长达61厘米的带倒刺的青铜矛，可能属于齐家文化，与西西伯利亚Rostovka所谓塞玛—图尔宾诺文化的同类器几乎相同，见E. N. Chernykh, Ancient metallurgy in the USSR：The Early Metal Age, translated by Sarah Wright, Cambridge University Press, 1992, PP. 221.

北高加索地区所见最早，但白浮这种圆顶盔却最早见于李家崖文化的柳林高红遗址，显然也是晚商时期就在长城地带使用的器物①。

西周早中期北京一带的文化格局又发生很大变化，这主要缘于周文化的强力北向推进。由于商王朝的灭亡和西周王朝的建立，以及西周封建制度和迁商遗民政策的推行，北京中南部及其以南以东的平原地区都基本被纳入广义的周文化范畴，标志着西周燕文化形成。西周燕文化以北京南部琉璃河遗址为核心，还包括附近的镇江营等北京地区遗存，以及北京以南易水流域的河北涞水炭山第二期②、北封第三期③和易县七里庄第四期、燕下都东沈村6号居址同时期遗存等④，北京以东的天津蓟县张家园上层、邦均⑤和青池⑥，河北大厂大坨头"西周文化"灰坑、迁安小山东庄⑦和马哨村⑧、滦县陈山头⑨、唐山古冶晚期遗存等⑩。北京以外这些燕文化遗存的构成因素均与琉璃河和镇江营遗存基本相同，张家园、小山东庄等墓葬出土两端压扁的金耳环、金臂钏，与先前围坊三期文化流行的喇叭口耳环和臂钏类似，还有个别有銎戈、管銎斧等，表明墓主人可能为土著身份，但已经接

---

① 乌恩岳斯图：《北方草原考古学文化比较研究——青铜时代至早期匈奴时期》第68~72页，科学出版社，2008年。琉璃河燕国墓地西周早期墓葬也出土类似青铜盔。
② 拒马河考古队：《河北易县涞水古遗址试掘报告》，《考古学报》1988年4期第421~454页。
③ 河北省文物研究所、保定地区文管所、涞水县文保所：《河北涞水北封村遗址试掘简报》，《考古》1992年10期第894~899页。
④ 河北省文物研究所：《燕下都》，文物出版社，1996年。
⑤ 韩嘉谷等：《蓟县邦均西周时期遗址和墓葬》，《中国考古学年鉴》（1987）第98~99页，文物出版社，1988年；赵文刚等：《蓟县邦均周代遗址》，《中国考古学年鉴》（1988）第113~114页，文物出版社，1989年。
⑥ 纪烈敏：《燕山南麓青铜文化的类型谱系及其演变》，《边疆考古研究》第1辑第103~122页，科学出版社，2002年。
⑦ 唐山市文物管理处、迁安县文物管理所：《河北迁安县小山东庄西周时期墓葬》，《考古》1997年4期第58~62页。
⑧ 李宗山、尹晓燕：《河北省迁安县出土两件商代铜器》，《文物》1995年6期第88页。
⑨ 孟昭永、赵立国：《河北滦县出土晚商青铜器》，《考古》1994年4期第376页。
⑩ 河北省文物研究所：《唐山市古冶商代遗址》，《考古》1984年9期第769~778页。

受包括青铜礼器、陶器在内的燕文化主体，不能因此单划出一个张家园上层文化①。

再向外围的西辽河流域，是由魏营子类型发展而来的夏家店上层文化。在相当于西周早中期的辽宁喀左北洞沟②和山湾子③、凌源马厂沟④、义县花尔楼⑤等窖穴遗存中，发现不少燕文化系统的鼎、簋、甗、鬲、尊、罍、盂、盉、瓿、卣、盘、壶、戈等青铜器，其上的"匽侯"、"䑂侯亚"、"伯矩"、"圉"等铭文也见于琉璃河铜器之上，应当就是流播出去的燕国铜器；"父丁暑竹亚"罍铭文中的暑竹应即文献记载中的"孤竹"⑥，铸造地点或许也在燕国都城范围。当然也还有少量当地仿制的铜器。这或许反映燕国对大凌河流域一定程度的控制⑦。与《左传·昭公九年》"及武王克商……肃慎、燕亳，吾北土也"的记载吻合。当然，除青铜礼器外，基本不见陶器等其他方面互相交流的迹象，可见这种控制主要通过社会上层之间进行，并未普遍渗透到民间社会。

但燕山一带的畜牧文化继续存在。包含蘑菇形首剑、铃首刀、牛首刀、管銎戈、管銎斧、矛等北方系青铜器的墓葬，不但见于燕山腹地的河北兴隆小河南等处⑧，还一直向南渗透到燕山脚下的昌平。仅从昌平一带此前为

① 刘绪、赵福生：《围坊三期文化的年代与刘家河 M1 的属性》，《苏秉琦与当代中国考古学》第 146 ~ 152 页，科学出版社，2001 年。

② 喀左县文化馆、朝阳地区博物馆、辽宁省博物馆北洞文物发掘小组：《辽宁喀左县北洞村出土的殷周青铜器》，《考古》1974 年 6 期第 364 ~ 372 页。

③ 喀左县文化馆、朝阳地区博物馆、辽宁省博物馆：《辽宁省喀左县山湾子出土殷周青铜器》，《文物》1977 年 12 期第 23 ~ 33 页。

④ 热河省博物馆筹备组：《热河凌源县海岛营子村发现的古代青铜器》，《文物参考资料》1955 年 8 期第 16 ~ 27 页。

⑤ 辽宁义县文物保管所：《辽宁义县发现商周铜器窖藏》，《文物》1982 年 2 期第 87 ~ 88 页。

⑥ 《国语·齐语》：齐桓公"遂北伐山戎，刜令支、斩孤竹而南归"，孤竹在春秋中期仍为北方强大方国。

⑦ 张亚初：《燕国青铜器铭文研究》，《中国考古学论丛》第 323 ~ 330 页，科学出版社，1995 年。

⑧ 兴隆县文物管理所：《河北兴隆县发现商周青铜器窖藏》，《文物》1990 年 11 期第 57 ~ 58 页。

围坊三期文化区域，而此时为燕文化和北方畜牧文化交界区的变化来看，北方畜牧文化实际上还向南略有推进。总之，昌平山前地带正是这两大文化碰撞的前沿阵地，而草创期的燕国实力还有限。正如李维明所说，昌平境内白浮、小北邵、雪山遗址和顺义境内的牛栏山墓葬联成一线，"表明周燕文化势力范围至迟在西周中期已经向北发展并深入到永定河北岸与燕山之间，构成护卫燕都的北部屏障以抵御戎狄南侵"①。

2. 西周晚期至春秋早期的燕文化和西拨子类遗存

即总第十一期遗存，绝对年代约在公元前850~前650年。

西周晚期至春秋早期燕文化以琉璃河第二期晚段和镇江营商周第四期遗存为代表，包括雪山第四期遗存。

陶器灰陶比例猛增，绝大多数为夹细砂灰陶，其次为泥质灰陶和夹细砂褐陶，均含滑石粉末。夹砂陶仍盛行竖绳纹，也有旋纹、附加堆纹等，常见旋断绳纹。泥质陶则多素面压光或饰旋纹，有的器表仍留有模糊的绳纹痕迹。少见器耳，有的鬲腹有扉棱。常见器类有袋足鬲、联裆带足跟鬲、高圈足簋、小口罐、小口瓮、深腹盆、浅腹盆、甗、钵、豆等，还有饰云雷纹的仿铜鼎，其中袋足鬲竟能占到陶器总数的一半以上。又可分为早、晚两段。袋足鬲、鼓腹带足跟鬲裆部继续降低，至裆和袋足接近消失；小口罐、小口瓮、浅腹盆、深腹盆的下腹均由略弧变为斜直，底变大；折腹高圈足簋圈足细长且只见于早段，而直领带足跟鬲为晚段新出。这时随葬陶器仅有中小型的联裆鬲、小口罐、簋、豆等，基本属于明器；而居址陶器大小不一、器类繁多，均为实用器，尤其袋足鬲、小口瓮、深腹盆、浅腹盆、甗、钵等多数器类并不见于墓葬。

还有陶垫、纺轮、印模等陶质工具，其中陶垫捉手有环形和柱状之别，后者类似先前的蘑菇形捉手（图七七）；纺轮捏塑或以陶片打制，有厚体珠状和薄体饼状等不同形态，有的表面戳划圆圈纹、篦点纹等（图七八）；印模捉手有环形、饼状的分别，印面有长方形和圆形的不同，长方形者以戳印点纹组成成排成行的"人"字纹图案，圆形者戳印成圈点纹（图七九）。

---

① 李维明：《北京昌平白浮墓地分析》，《北京文博》2000年3期第52~55页。

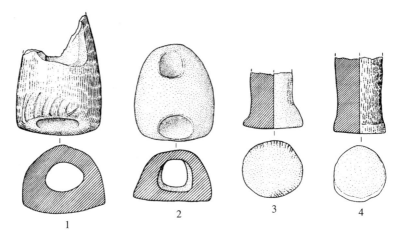

图七七　镇江营商周第四期陶垫

1、2. 环形捉手陶垫（FZT1713②：7、FZH145：10）　3、4. 柱状捉手陶垫
（FZH1295：10、11）

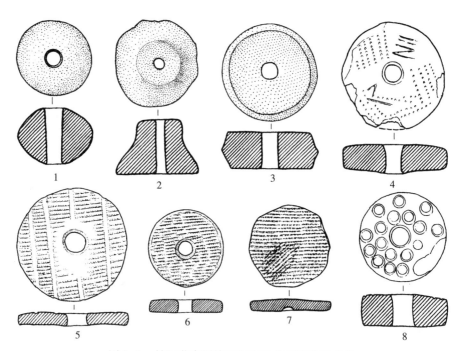

图七八　镇江营商周第四期陶纺轮和纺轮半成品

1~4、8. 捏塑纺轮（FZH827：5、FZH950：35、FZH675：4、FZH598：8、FZZ12：1）

5、6. 陶片纺轮（FZH410：1、FZT1713③：43）　7. 陶片纺轮半成品（FZH138：1）

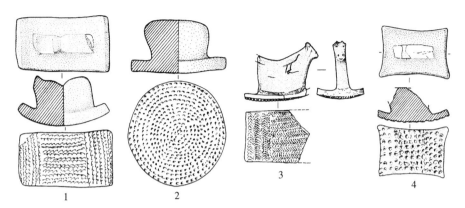

图七九　镇江营商周第四期陶印模

1、3、4. 方形印面（FZT1713④：4、FZH737：11、FZH137：24）　　2. 圆形印面（FZH1146：11）

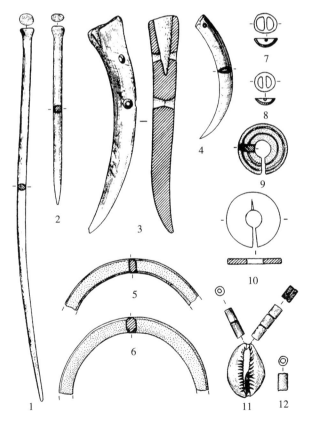

图八○　镇江营商周第四期
装饰品

1、2. 角笄（FZT1713④：1、
FZT1713③：1）　3. 穿孔鹿角
（FZH891：14）　4. 穿孔牙器
（FZH145：100）　5、6. 陶环
（FZT1206④：31、30）

7、8. 铜扣（FZT1909③：2、3）

9、10. 玉玦（FZH1193：15、FZH
1182：19）　11. 项饰（FZH142：1）

12. 石珠（FZH163：3）

　　铜器有戈、双翼镞、刀、锥、刻刀、扣等铜器。由于尚未发现此时的燕国都城和大型墓葬，因此缺乏青铜礼器。石器以传统的斧、锛、凿、镰、刀等工具为主，值得注意的是砺石多半都带穿孔。骨角器仍以传统的锥、针、笄等为主，尤其有的笄长近40厘米，显得颇为特殊；鹿角镢继续流行，还见骨角镞、骨梭、骨角锥、骨针、角锤等。有穿孔鹿角、穿孔牙器、陶环（镯）、玉玦、石珠、海贝等装饰品，有的以海贝和石管珠组成项饰（图八〇）。此外还有牛肩胛骨制作的卜骨，整体打磨，近骨臼处有圆形钻窝和凿痕，正面契刻两列数字卦：右为"六六六六七七"，左为"七六八六五八"，分别对应临卦和蒙卦（图八一）。

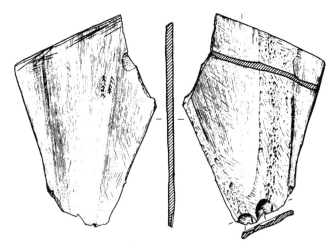

图八一　镇江营商周第四期卜骨（FZT0226⑥：1）

　　西周晚期至春秋早期燕文化显然是在西周早中期燕文化的基础上发展而来，绝大部分陶器都有前后承继关系，但先前流行的重要生活用具花边筒腹鬲和瓿消失，表现为土著文化因素的大量丧失。陶器向灰陶方向的明显转变也是土著特征极度削弱的表现。

　　西拨子类遗存以延庆西拨子铜器窖藏为代表，包括一双耳深腹铜镈及其内盛放的53件铜器，有大小递减的11件三足釜（鼎）、7件环首刀、7件有銎斧，以及有銎戈、锛、凿、锯齿柄匙、钩、锥、耳环、泡、重环纹鼎片等（图八二）。这当中典型燕文化因素仅有重环纹鼎片，深腹镈、三足釜、环首刀、有銎戈、齿柄匙、泡、耳环等大部分器物都

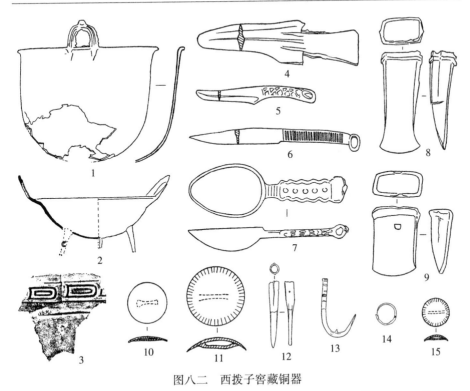

图八二 西拨子窖藏铜器

1. 镂 2. 三足釜 3. 鼎 4. 有銎戈 5、6. 环首刀 7. 齿柄匙 8. 斧 9. 锛 10、11、15. 泡
12. 凿 13. 钩 14. 耳环

属于北方系青铜器，有夏家店上层文化①、山戎文化②和张家园上层文化③
等不同归属方案。实际上此时不存在所谓张家园上层文化，山戎文化又
难以确证。至于其环首刀、齿柄匙等铜器，虽与内蒙古宁城南山根④、天巨

---

① 北京市文物管理处：《北京市延庆县西拨子村窖藏铜器》，《考古》1979 年 3 期第
227 ~ 230 页。

② 靳枫毅、王继红：《山戎文化所含燕与中原文化因素之分析》，《考古学报》2001 年
1 期第 43 ~ 72 页。

③ 韩嘉谷：《京津地区商周时期古文化发展的一点线索》，《中国考古学会第三次年会
论文集》第 220 ~ 229 页，文物出版社，1981 年；乌恩岳斯图：《北方草原考古学文
化研究——青铜时代至早期铁器时代》第 252 ~ 275 页，科学出版社，2007 年。

④ 辽宁省昭乌达盟文物工作站、中国科学院考古研究所东北工作队：《宁城县南山根
的石椁墓》，《考古学报》1973 年 2 期第 27 ~ 39 页；中国科学院考古研究所内蒙古
工作队：《宁城南山根遗址发掘报告》，《考古学报》1975 年 1 期第 117 ~ 140 页。

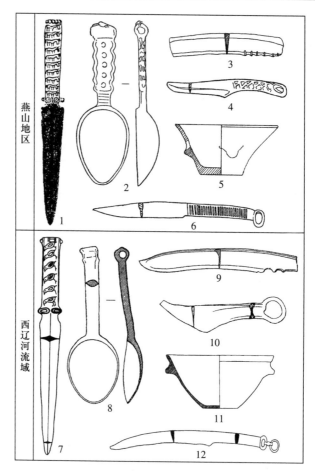

图八三　西周晚期—春秋早期燕山山区和西辽河流域文化遗存比较

1、7. 铜平首柄短剑（东南沟 M6：5、天巨泉 M7301）　2、8. 铜匙（西拨子、
南山根 M4：17）　3、9. 铜齿柄刀（东沟道下、南山根 M3：7）　4、6、10、
12. 铜环首刀（西拨子、西拨子、千斤营子、天巨泉 M7301）　5、11. 陶双鋬
平底钵（东沟道下、南山根 H14：11）

泉①和敖汉千斤营子②夏家店上层文化墓葬同类器相似，但年代却更早（图

---

①　宁城县文化馆、中国社会科学院研究生院考古系东北考古专业：《宁城县新发现的
夏家店上层文化墓葬及其相关遗物的研究》，《文物资料丛刊》（9）第 23～58 页，
文物出版社，1985 年。

②　邵国田：《内蒙古敖汉旗发现的青铜器及有关遗物》，《北方文物》1993 年 1 期第
18～25 页。

八三）；其镂和三足釜则不见于夏家店上层文化。因此其文化性质暂时存疑。这类遗存虽与早先的小河南类遗存都属北方畜牧文化范畴，但之间的继承关系同样难以确定。值得注意的是，西拨子所见深直腹铜镂与新疆巴里坤兰州湾子①、陕西岐山王家村铜镂②类似，而年代更晚，源头当在西北地区（图八四）。

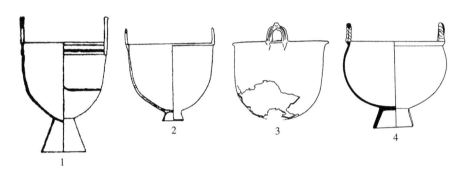

图八四 西拨子等地铜镂比较
1. 兰州湾子 2. 王家村 3. 西拨子 4. 玉皇庙（YYM18：1）

从文化局势来看，西周晚期至春秋早期燕文化稳定发展，不但作为核心地带的北京南部的土著文化因素基本消失，周文化和商文化等因素融合更加紧密，而且周边河北易水流域和天津、唐山平原地区燕文化的土著色彩也基本消失。比如易县燕下都东沈村6号居址F13遗存等，就表现出与琉璃河、镇江营遗存高度的一致性。河北唐县南伏城青铜器窖藏出土的双耳壶、扉棱鬲、簋、匜、盘等，则属于燕国青铜器范畴③。

但燕文化的范围仍没有明显扩大，和北部燕山山区畜牧民族的关系仍大体如前。北京北部燕山山区在西周晚期被西拨子类遗存占据，春秋早期

① 王炳华等：《巴里坤县兰州湾子三千年前石构建筑遗址》，《中国考古学年鉴》（1985）第255~256页，文物出版社，1985年。兰州湾子铜镂属于哈密天山北路文化范畴，下限当不晚于公元前1300年，见韩建业：《新疆的青铜时代和早期铁器时代文化》，文物出版社，2007年。
② 庞文龙、崔枚英：《岐山王家村出土青铜器》，《文博》1989年1期第91~92页。
③ 郑绍宗：《唐县南伏城及北城子出土周代青铜器》，《文物春秋》1991年1期第14~19页。

则为夏家店上层文化分布区：平泉东南沟和柳树沟①、丰宁牛圈子梁和东沟道下等墓葬②，出土夏家店上层文化典型的多马纹平首柄短剑、四圆穿柄刀、齿柄刀、圆牌饰等铜器，以及夹砂褐陶双鋬平底钵（见图八三）。从东沟道下发现的铸造齿柄刀、斧等滑石范来看，这些器物应当是当地铸造。在丰宁城根营和胡岔沟、滦平营房等遗址还采集到类似夏家店下层文化晚期的夹砂褐陶的双鋬筒腹鬲、花边鬲、罐、豆以及双孔石刀等③。可见春秋早期夏家店上层文化已明确从西辽河流域拓展至北京北部，和燕文化形成南北对峙的局面。

　　据文献记载，春秋早期山戎越燕而伐齐④，春秋早中期之交山戎侵燕而齐桓公救燕⑤。这里的山戎或即强盛一时的夏家店上层文化所代表的人群⑥。再向外观察，周燕文化风格的青铜礼器方鼎、方座簋、三足簋、圈足簋、瓿、簠、罍、盨、盉、尊、壶、匜等，出现在西辽河流域内蒙古宁城南山

① 河北省博物馆、文物管理处：《河北平泉东南沟夏家店上层文化墓葬》，《考古》1977 年 1 期第 51～55 页。

② 河北省文物研究所：《河北丰宁土城镇石棺墓调查》，《河北省考古文集》第 127～132 页，东方出版社，1998 年；丰宁满族自治县文物管理所：《丰宁土城东沟道下山戎墓》，《文物》1999 年 11 期第 23～27 页。

③ 郑绍宗：《有关河北长城区域原始文化类型的讨论》，《考古》1962 年 12 期第 658～671 页。

④ 《史记·匈奴列传》："是后六十有五年，而山戎越燕而伐齐，齐厘公与战于齐郊"。当时为齐厘公二十五年（公元前 706 年）。见司马迁：《史记·匈奴列传》第 2881 页，中华书局，1959 年。

⑤ 《管子·小匡》："（齐桓公）北伐山戎，制（刜）泠（令）支，斩孤竹"。《韩非子·说林上》："管仲隰朋从桓公伐孤竹，春往冬返"。至《史记》则更记这一事件的具体年代。《史记·燕召公世家》："（燕庄公）二十七年，山戎来侵我，齐桓公救燕，遂北伐山戎而还"。《史记·齐太公世家》："二十三年，山戎伐燕，燕告急于齐。齐桓公救燕，遂伐山戎，至于孤竹而还"。《史记·匈奴列传》："其后四十四年，而山戎伐燕。燕告急于齐，齐桓公北伐山戎，山戎走"。燕庄公二十七年、齐桓公二十三年分别为公元前 664 和公元前 663 年，而齐厘公二十五年（公元前 706 年）之后四十四年则为公元前 662 年。

⑥ 林沄：《东胡与山戎的考古探索》，《环渤海考古国际学术讨论会论文集》（石家庄·1992）第 174～181 页，知识出版社，1996 年；郑绍宗：《山戎民族及其文化考——关于夏家店上层文化社会性质的研究》，《环渤海考古国际学术讨论会论文集》（石家庄·1992）第 187～193 页，知识出版社，1996 年。

根、小黑石沟①等窖藏当中，尤以"许季姜簋"最具代表性，而普通生活用具仍缺乏共性，表明二者上层社会间继续维持着特殊的亲密关系。

八　早期铁器时代前期

即第八阶段第十二、十三期，绝对年代约在公元前650～前475年，对应春秋中晚期。农业经济的燕文化和游牧经济的玉皇庙文化南北并存，在后者中开始出现块炼铁器。

1. 春秋中晚期的燕文化

明确者仅有相当于春秋中晚期的房山丁家洼居址遗存，以及春秋晚期的顺义龙湾屯墓葬②，见于海淀东北旺③、密云燕落寨④、门头沟卧龙岗等地。拣选的一件铜铆也可能出土于北京⑤。

丁家洼陶器以夹砂（含滑石末）褐陶为主，泥质灰陶其次，也有少量泥质红褐陶，褐陶明显增加。流行粗细绳纹，素面其次，也有少量附加堆纹和旋纹，主要器类为鬲、盆、豆、罐、尊以及甑、瓮等。其中鬲分袋足鬲和柱足的燕式鬲两类。又可分为2期，第一期鬲口部内敛严重，足内部下凹，豆腹略深，尊斜直领；第二期鬲口部略内敛，足内部微下凹或近平，豆腹斜弧，尊直领，新见侈口素面罐、甑等。陶器以外，还发现个别青铜饰件、玉管、石斧等，尤其一件兽面形青铜饰件纹饰精美。龙湾屯铜器种类有礼器蹄足鼎、高圈足双耳豆、圈足簋，武器短茎剑、长胡戈、三棱有銎镞，以及车軎、盖弓帽等。鼎盖方环形纽周围有三鹿，盖和中腹部各饰一周夔纹，耳上端和足根饰兽面纹；豆盖带圈足状捉手，用红铜错出精美

① 赤峰市博物馆　项春松等：《宁城小黑石沟石椁墓调查清理报告》，《文物》1995年5期第4～22页。
② 程长新：《北京市顺义县龙湾屯出土一组战国青铜器》，《考古》1985年8期第701～704页。
③ 北京市文物组：《海淀区发现春秋时期铜器》，《文物参考资料》1958年5期第72页。
④ 密云博物馆展出燕落寨遗址泥质灰陶高直领折肩尊1件。
⑤ 报告者称之为"舟"，见程长新：《北京市拣选的春秋战国青铜器》，《文物》1987年11期第93～95页。

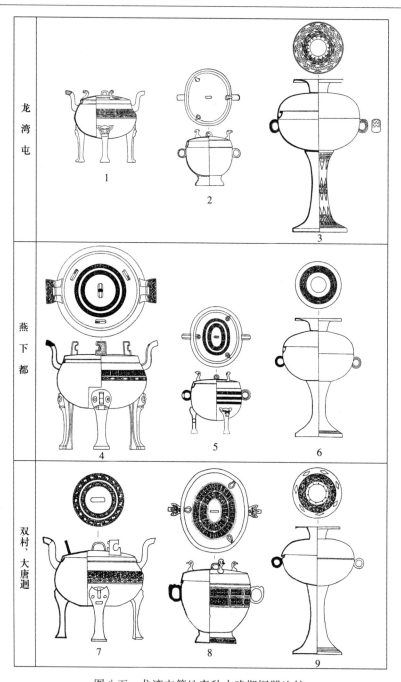

图八五　龙湾屯等地春秋中晚期铜器比较

1、4、5、7. 鼎（龙湾屯，燕下都 M31：1、M31：2，双村 M1）　2、8. 簋（龙湾屯、大唐迴 M1）　3、6、9. 豆（龙湾屯、燕下都 M31：3、双村 M1）

纹饰，盖上为菱形纹、蟠虺纹、锯齿纹，柄上为云纹、三角纹等；簠盖环形纽周围有三鸟首；车軎饰蟠螭纹（图八五）。海淀东北旺发现铜簠1件，饰夔纹和垂麟纹，器底有11字铭文："吴王造士尹氏叔孙作旅簠"。总体来看，无论是丁家洼居址，还是龙湾屯墓葬，都还远不能涵盖春秋中晚期燕文化的全貌。

春秋中晚期燕文化基本是春秋早期的延续，生活实用器袋足鬲、小口罐、小口瓮、深腹盆、浅腹盆、甗等陶器都存在清楚的承继关系，春秋中晚期的燕式鬲也是由春秋早期的实足跟鬲发展而来①。但也存在差别，如前者中高圈足簋消失，新出轮制的细柄豆、折肩尊、折肩罐等泥质素面陶器等。尤其高圈足的周式簋这种姬周最具代表性陶器的消失②，可看做周王室衰微的标志之一。

春秋中晚期燕文化除占据北京平原外，还东至唐山，南达保定，基本仍以燕山以南至唐河流域为其分布范围。这时原先的地方性特点几乎不见，燕文化的统一性进一步增强。具体来说，河北徐水大马各庄墓葬③、易县燕下都郎井村第13号遗址F1、东沈村6号居址D6T22④④等遗存的面貌和丁家洼遗存大同小异，如都以袋足鬲、燕式鬲为主体，共存折肩尊、折肩罐等，郎井村第13号遗址F1已经出现由鬲演变成的侈口釜（图八六）。同时期的河北易县燕下都M31⑤、涞水永乐村⑥、三河双村M1和大唐迥M1⑦、

① 柴晓明：《华北西周陶器初论》，《青果集——吉林大学考古专业成立二十周年考古论文集》第202~213页，知识出版社，1993年。
② 这种高圈足簋最早出现于龙山后期的陶寺晚期类型，成熟于西周文化，共延续了大约1700年（公元前2200~前500年）。见韩建业：《先周文化的起源与发展阶段》，《考古与文物》2002年增刊（先秦考古）第212~218页。
③ 河北省文物研究所、保定地区文物管理所、徐水县文物管理所：《河北徐水大马各庄春秋墓》，《文物》1990年3期第32~41页。
④ 河北省文物研究所：《燕下都》，文物出版社，1996年。
⑤ 河北省文化局文物工作队：《1964~1965年燕下都墓葬发掘报告》，《考古》1965年11期第548~561页。
⑥ 《河北省涞水县永乐村发现一批战国铜、陶器》，《文物参考资料》1955年12期第151~152页。
⑦ 廊坊地区文物管理所、三河县文化馆：《河北三河大唐迥、双村战国墓》，《考古》1987年4期第318~322页。

唐山贾各庄 M28 和 M18[①] 等墓葬，随葬蹄足蟠螭纹鼎、高圈足双耳豆、矮圈足双耳壶、圈足簋、蹄足匜、圈足盘等铜礼器或仿铜陶礼器，组合和形态与龙湾屯接近（图八五）。

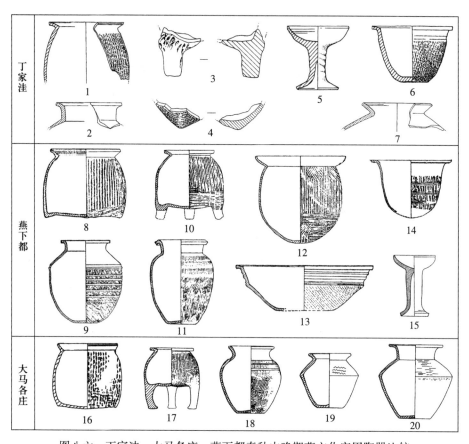

图八六　丁家洼、大马各庄、燕下都春秋中晚期燕文化实用陶器比较

1、4、8、16. 袋足鬲（丁家洼 H122：1、H122：2，东沈村 6 号居址 T22④：25，大马各庄 M27：1）
2、20. 折肩尊（丁家洼 H74：1、大马各庄 M36：3）　3、10、17. 燕式鬲（丁家洼 H9：1、郎井村13 号作坊 T5⑥F1：1、大马各庄 M13：1）　5、15. 豆（丁家洼 H68：2、东沈村 6 号居址 T27④：5）
6、13、14. 盆（丁家洼 H122：3、东沈村 6 号居址 T21④：2、郎井村 13 号作坊 T5⑥F1：4）
7、9、11、18、19. 罐（丁家洼 H122：5，郎井村 13 号作坊 T5⑥F1：7，东沈村 6 号居址 T21④：3，大马各庄 M22：3、M13：2）　12. 釜（郎井村 13 号作坊 T5⑥F1：3）

①　安志敏：《河北省唐山市贾各庄发掘报告》，《考古学报》第六册第 57～116 页，1953 年。

如下文所述，北京地区春秋中期燕文化对玉皇庙文化有着看得见的影响，春秋晚期影响更大。不仅如此，春秋晚期燕文化还东北向渗透到凌河流域，其双耳簋、车軎、三穿戈等青铜器出现于喀左南洞沟墓葬当中①；西南向影响到冀西北蔚县、晋东北浑源一带的代文化，使得浑源李峪墓葬出土双环耳的鼎、簋、豆和狩猎纹壶等类似燕器的青铜器②。

2. 玉皇庙文化③

主要分布在北部山区，以延庆玉皇庙墓地遗存为代表，还包括延庆葫芦沟和西梁垙（包括龙庆峡别墅区）墓地④，见于米家堡、小西坡、常里营、新华营、东灰岭、马蹄湾、大营、东河滩等处⑤。

陶器较少，粗陋的夹砂红褐陶占到总数的2/3以上，泥质灰陶其次，泥质黑陶很少。主要为平底器，也有圈足器和三足器，少数器物带双耳或小鋬。绝大多数素面，个别带绳纹、旋纹、指甲纹、楔形纹、绹纹、联珠纹、"十"字形纹以及戳刺篦点三角纹、回纹等。主要器类为扁腹罐和圆腹罐，其次为折肩罐、折肩尊、细柄豆、盆、三足或平底双耳罐，还有少量高领壶、单耳罐、单耳敞口杯、盂等。多为实用器物，罐类器底有明显的磨蚀和烟炱痕迹，可能主要用作炊器。根据陶器可分为3期，第一期基本都为夹砂红褐陶，绝大多数为扁腹罐和圆腹罐，还有个别绳纹折肩罐、高领壶、单耳罐等。扁腹罐中腹转折圆缓，圆腹罐最宽处在中腹，折肩罐肩部转折舒缓，下腹斜弧。第二期已出现少量泥质灰陶、灰褐陶和黑皮陶，初见旋纹。虽以扁腹罐和圆腹罐为主，但折肩罐增多，出现折肩尊、细柄豆、盆；

---

① 辽宁省博物馆、朝阳地区博物馆：《辽宁喀左南洞沟石椁墓》，《考古》1977年6期第373～375页。
② 山西省考古研究所：《山西浑源县李峪村东周墓》，《考古》1983年8期第695～700页；李夏廷：《浑源彝器研究》，《文物》1992年10期第61～75页。
③ 靳枫毅：《军都山玉皇庙墓地的特征及其族属问题》，《苏秉琦与当代中国考古学》第194～214页，科学出版社，2001年。
④ 北京市文物研究所：《龙庆峡别墅工程中发现的春秋时期墓葬》，《北京文物与考古》第四辑第32～45页，1994年。
⑤ 北京市文物研究所山戎文化考古队：《北京延庆军都山东周山戎部落墓地发掘纪略》，《文物》1989年8期第17～35页。

扁腹罐稍高，中腹转折稍趋明显，圆腹罐最宽处上移，折肩罐肩部转折明显，下腹斜弧。第三期泥质灰陶大增至和夹砂红褐陶相当，出现联珠纹。主要器类是圆腹罐和折肩罐，其次为扁腹罐、折肩尊、细柄豆、高领壶、盆，新出三足或平底饰指甲纹的双耳罐；扁腹罐中腹转折明显，圆腹罐最宽处上移至肩，折肩罐下腹斜直，豆腹变浅。

　　流行青铜器，包括容器、武器、工具、马具、装饰品等，多见使用磨蚀痕迹，当基本都属于实用器。容器包括鼎、罍、盘、匜、杯、敦、钵、镂、铏、斗、匕等，器壁较薄，装饰蟠螭纹、鳞纹、三角勾云纹、勾云纹、弦纹、重环纹、绹索纹等（图八四，4；图八七）。以高近 40 厘米的带回首卷尾螭龙

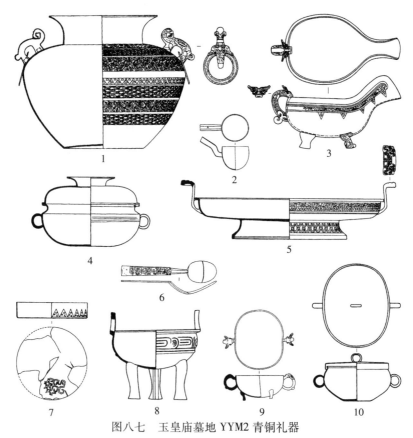

图八七　玉皇庙墓地 YYM2 青铜礼器

1. 罍（YYM2：5）　2. 斗（YYM2：6）　3. 匜（YYM2：8）　4. 敦（YYM2：2）
5. 盘（YYM2：7）　6. 匕（YYM2：4）　7. 钵（YYM2：3）　8. 鼎（YYM2：1）
9. 杯（YYM2：10）　　10. 铏（YYM2：9）

衔环双环耳的罍体量最大，两件罍中还残留较多炭化酒糟沉积物，当为实用的储酒器或酿酒器。有的镂外附厚层烟炱，当为实用炊器。有的钏表面鎏金。

武器主要是戈、直刃短剑和镞。戈数量很少，均为援较短的三穿戈（图八八，1~3）。直刃短剑数量多，仅玉皇庙墓地就出土 86 件。一般在26~28厘米之间，很少有超过 30 厘米者。有的剑身表面残留木质或皮质剑鞘痕迹。剑首有双环、单环、双环蛇形、双眼圈形、双兽、平首（带凹窝）、镂空扁球、椭圆形、羊首形、梯形、云形等不同形态，剑格平直、两端下垂或上翘。一般剑柄与剑首和剑格有明显分界，也有的剑柄与剑首连为一体，或剑首和剑格形状上下对称，或无剑格，或柄带单穿鼻。剑首、柄和格上常见各种动物纹、兽面纹、绚纹、波折纹、乳丁纹、菱形纹、网格纹等装饰，动物种类包括羊、马、狗、鹿、熊、鸟、蛇等。个别还在首柄部位镶嵌绿松石（图八九）。镞数量最多，玉皇庙墓地出土 305 枚。形制多样，有三翼、双翼、三棱或四棱，有銎或有铤，平口銎或管銎、有倒刺或无倒刺等多种变化（图九〇）。

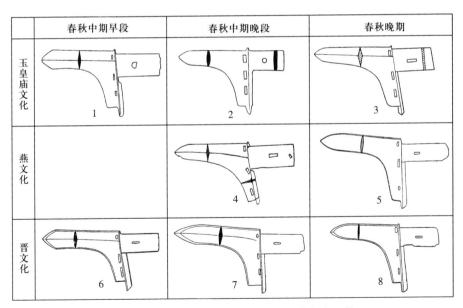

	春秋中期早段	春秋中期晚段	春秋晚期
玉皇庙文化	1	2	3
燕文化		4	5
晋文化	6	7	8

图八八　玉皇庙文化与燕文化、晋文化铜戈比较

1. 玉皇庙（YYM34：4）　2. 甘子堡（M3：4）　3. 梨树沟门（L：1716）　4. 双村（M1）
5. 龙湾屯　6~8. 上马（M1287：17、M1010：4、M15：39）

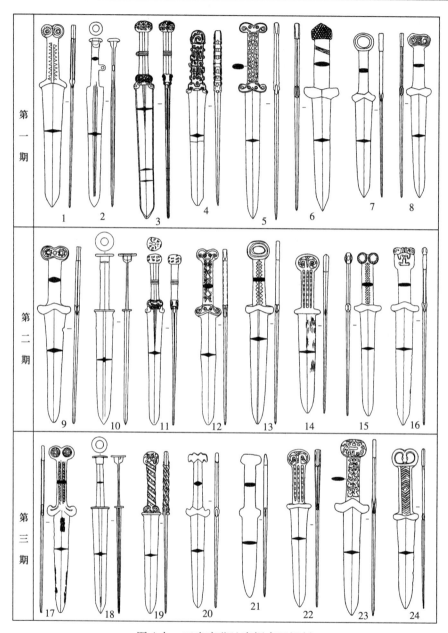

图八九　玉皇庙墓地青铜直刃短剑

1. YYM22：2　2. YYM281：2　3. YYM17：2　4. YYM18：8　5. YYM250：7　6. YYM264：2
7. YYM226：2　8. YYM275：2　9. YYM51：2　10. YYM148：2　11. YYM52：2　12. YYM54：2
13. YYM186：2　14. YYM236：2　15. YYM261：2　16. YYM95：2　17. YYM143：2
18. YYM314：1　19. YYM224：2　20. YYM230：2　21. YYM373：2　22. YYM182：2
23. YYM145：2　24. YYM370：2

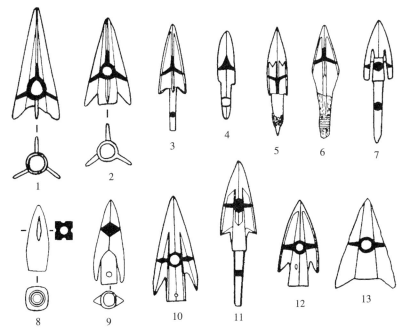

图九〇　玉皇庙墓地青铜镞

1. YYM5：14　2. YYM18：30－5　3. YYM17：14－1　4. YYM51：6－3　5. YYM18：
30－45　6. YYM18：30－52　7. YYM52：10－3　8. YYM250：12－16　9. YYM34：14－4
10. YYM188：15　11. YYM209：12－6　12. YYM122：14－2　13. YYM233：12－2

　　工具有削刀、斧、锛、凿、锥、针、盒形器等。削刀占据工具数量的
首位，均为凸背凹刃，绝大多数单环首，柄首一体或环首相扣，环有圆形、
椭圆形、三角形等不同形状，柄装饰波折纹、圆点、绚纹、三角纹、回纹、
凸棱等纹饰；也有个别为齿柄刀、双环首刀和实心椭圆形蜷兽首刀（图九
一）。特别值得注意的是，第一期已经出现铜柄铁刀（YYM2：18），铁质刀
身部分大部已经锈蚀。锛、凿、斧有方銎圆銎、有箍无箍等差别，并常在
近銎处有正反面相对的穿孔，有的还在銎内遗留木楔等痕迹（图九二）。锥
多为方体，有的还保存有柱状、蘑菇首状骨或木柄，也有的锥体本身带有
钉帽首、花瓣首或镂雕动物形锥首。还有盛放锥、针的管具（内外还裹以
皮囊），绝大多数为长方体，表面铸有四虎纹、四犬纹以及连续"F"形纹、
回纹、"人"字形纹、"山"字形纹、波折纹、圆圈纹、三角纹、菱形纹、
"SO"形纹等；也有的为圆筒状，饰绚纹、竹节纹或素面。另有少量长方体

带单鼻耳的盒形器，有的带盖，表面也装饰回纹、波折纹、"人"字形纹等纹饰（图九三）。

马具有衔、镳、节约、泡、环、串饰等。衔两端有单环"口"字形、"凸"字形和双环"吕"字形的差别，镳两端或一端呈马头、豹头或虎头形。节约有三通、四通的区别，圆泡带 1～3 个穿鼻，环有单环、三环的区

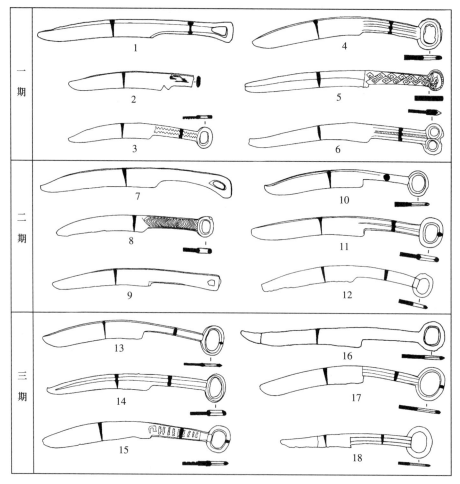

图九一　玉皇庙墓地青铜削刀

1. YYM300：3　2. YYM386：3　3. YYM281：3　4. YYM384：3　5. YYM18：9　6. YYM19：3
7. YYM48：3　8. YYM46：3　9. YYM192：3　10. YYM23：3　11. YYM271：3　12. YYM54：3
13. YYM314：2　14. YYM217：3　15. YYM214：3　16. YYM373：3　17. YYM174：3
18. YYM108：3

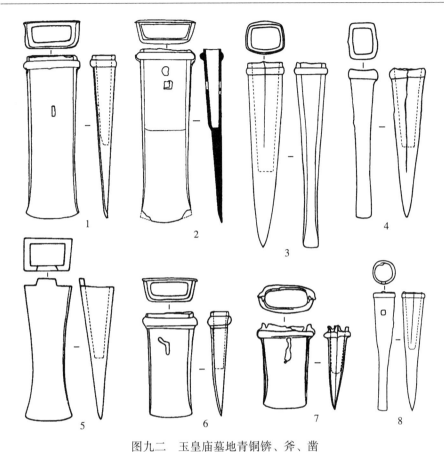

图九二　玉皇庙墓地青铜锛、斧、凿

1、2、5、6. 锛（YYM19：16、M230：27、M156：20、M22：13）　　3、4、8. 凿
（YYM264：4、M143：10、M151：12）　　7. 斧（YYM13：5）

别（图九四）。

装饰品占青铜器总数的 90％ 以上，包括耳环、牌饰、坠饰、珠、箍、带钩、带扣、带卡、带饰、环饰、泡、扣等。圆形弹簧式耳环均为用数圈铜丝缠绕而成，大小不一，大者直径近 10 厘米，小者仅 1 厘米多（图九五）。牌饰和带饰基本都浮雕虎、马、犬、鹿、野猪等动物形，以虎、马最多，有卧、立、行、奔等不同姿态：牌饰稍大，正面足、尾、臀等部位有嵌窝或穿孔，有的其中还嵌有绿松石，背面有横向穿鼻；带饰较小中空，有的两边筒状（图九六）。坠饰形态多样，有匕形、联珠棍形、"人"字形、野猪形、锥形、凿形、铃形、钥匙形、鸟形、人形等不同形状，尤其匕形

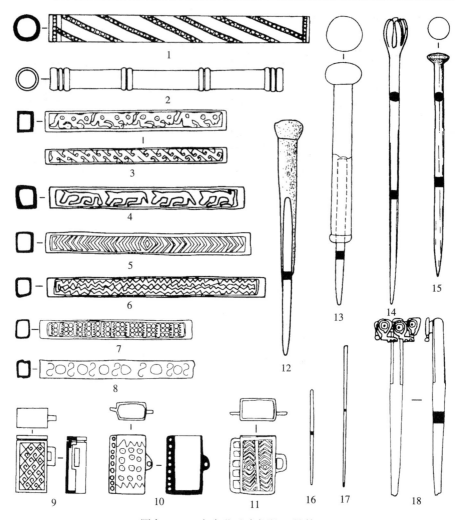

图九三　玉皇庙墓地青铜锥、针等

1～8. 锥（针）筒（YYM156：9、M174：10、M233：5、M151：9、M168：10、M202：8、M213：5、M111：8）　9～11. 盒形器（YYM18：37、M51：16、M167：9）　12～15、18. 锥（YYM7：5、M233：4、M95：5、M156：12、M174：16）　16、17. 针（YYM81：3、M9：6）

坠饰柄部还铸马形和双虎形纹（图九七）。带钩造型多为羊、马、鸟、龙等动物形，也有椭圆形、梯形等几何形体者，上饰乳丁纹、嵌窝纹、网格纹等，带扣有的呈团兽状（图九八）。带卡中空，有奔犬形、鹿形、长方形、"S"形、卷云形等不同形状，上饰"S"纹、卷云纹、回纹、镂孔等纹饰（图九九）。泡饰（扣饰）大小不一，背有一至三个鼻穿，主要分为两种：一

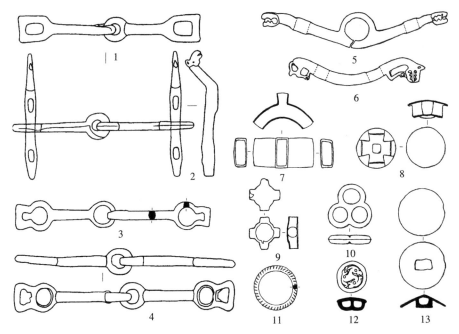

图九四　玉皇庙墓地青铜马具

1、3、4. 衔（YYM22：22－1、M156：14－1、M174：11－1）　2、5、6. 镳（YYM2：23－1、
M2：23－6、M2：23－6）　7～9. 节约（YYM2：21－1、M156：16－1、M276：9－1）　10、
11. 环（YYM18：32－1、M18：31－1）　12、13. 泡（M156：17－5、M151：16－1）

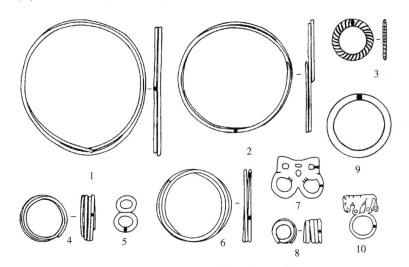

图九五　玉皇庙墓地青铜耳环和环饰

1、2、4、6、8. 耳环（YYM211：2－5、M211：2－4、M363：1－1、M301：11、M67：2－1）
3、5、7、9、10. 环饰（YYM122：15－1、M149：15、M174：19－1、M134：9－1、M312：4）

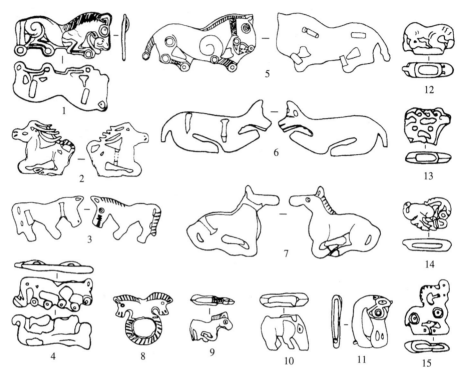

图九六　玉皇庙墓地青铜动物形牌饰和带饰

1～7. 牌饰（YYM92：2、M175：7－1、M234：7、M34：6、M226：6、M349：7、M65：1）
8～15. 带饰（YYM158：14－29、M145：14－21、M18：17－1、M32：18－1、M7：15－1、
M54：12－1、M227：11－1、M13：17－1）

种为圆形，正面素面，或在边缘饰放射短线纹，或饰粟粒纹、"人"字形
纹、圆圈纹、螺旋纹、同心圆纹、涡纹、"S"形纹、三角形纹等；另一种
为团兽形，正面边缘饰嵌窝纹、卷云纹等；还有的为羊首形（图一○○）。

　　玉皇庙文化个别尖首刀币和削刀可能有密切联系，上有"王"、"卯"、
"八"、"己"、"ㄱ"形单字符号（图一○一）。值得注意的是，在延庆辛庄
堡村出土1350枚窖藏尖首刀，很有可能主要属于玉皇庙文化。这批刀币多
素面，也有的正、背面或两面有钱文，总计116种，内容多为纪数和纪干
支，主要是单字符号[①]。

① 高桂云、张先得：《北京市出土战国燕币简述》，《中国钱币论文集》第139～151
　　页，中国金融出版社，1985年。

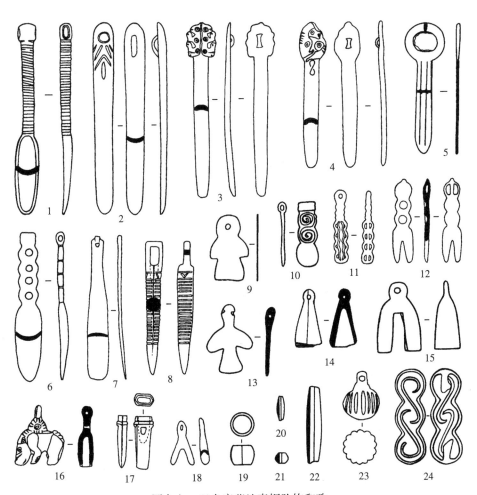

图九七　玉皇庙墓地青铜坠饰和珠

1～18、23、24. 坠饰（YYM10：8、M220：7、M49：6、M285：5、M358：5、M125：7、M128：4、
M324：2－1小、M204：4、M15：8、M258：9－1、M382：4、M240：7－1、M22：10、M240：8、
M18：18－1、M305：4－1、M125：11－1、M215：7－1、M134：8）　19～22. 珠（YYM48：13－
1、M137：5－1、M267：5－1、M95：12－4）

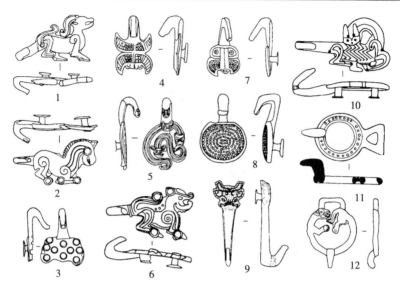

图九八　玉皇庙墓地青铜带钩和带扣

1～10. 带钩（YYM18：10、M275：10、M303：6、M282：8、M158：5、M102：8、M72：3、M250：13、M325：8、M209：9）　11、12. 带扣（YYM13：4、M261：10）

图九九　玉皇庙墓地青铜带卡

1. YYM34：9－1　2. YYM300：17－1　3. YYM151：18－1　4. YYM131：12－1
5. YYM11：12－1　6. YYM275：19－11　7. YYM344：15－1　8. YYM122：10－1
9. YYM117：14－1　10. YYM95：14－1　11. YYM264：23－1　12. YYM57：9－1

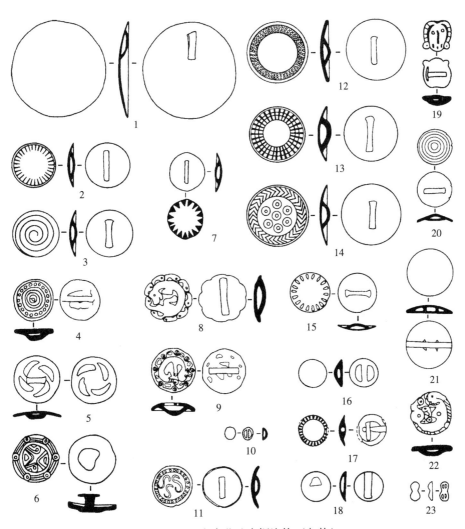

图一〇〇　玉皇庙墓地青铜泡饰（扣饰）

1. YYM305：3－2　2. YYM171：11－1　3. YYM302：4　4. YYM34：13　5. YYM124：11－1
6. YYM227：10　7. YYM257：9－1　8. YYM386：10－1　9. YYM32：10－1　10. YYM22：6－1
11. YYM158：12　12. YYM118：6　13. YYM186：9－1　14. YYM154：4－1　15. YYM236：14
16. YYM230：19－1　17. YYM129：14－2　18. YYM247：10－2　19. YYM300：13
20. YYM209：15－1　21. YYM261：19－4　22. YYM383：7－2　23. YYM323：2－1

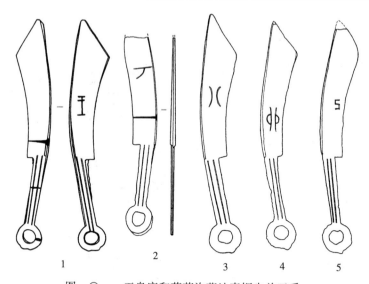

图一〇一　玉皇庙和葫芦沟墓地青铜尖首刀币

1. YYM164：3　2. YYM172：3　3. YHM44：5　4. YHM87：4　5. YHM114：4

（1、2. 玉皇庙　3～5. 葫芦沟）

青铜器尤其是短剑和削刀也有阶段性变化。根据发掘者靳枫毅的研究，短剑剑体逐渐由长变短，剑身缩短而剑柄增长，剑格由垂肩式向平肩和翘肩式发展，剑柄剖面逐渐统一到扁长方形，剑首由双环式向双环蛇形演变。削刀刀首由多种形制逐渐统一为环首，环首逐渐变大而刀身缩短，且由柄首一体的凸环首向扣环首转变，刀柄与刀身的夹角由钝角向直角甚至锐角演变。此外，锛和凿偏早阶段銎下多有箍，偏晚銎下多无箍；犬形和鹿形牌饰只在晚期出现[①]。

还有少量金器，制作精美，有虎形和马形牌饰、月牙形项饰、螺旋形耳环、喇叭口耳环、螺旋形串饰、珠饰等种类。包金铜贝也大致属于此类（图一〇二）。此外还有穿孔砺石、石刮削器、石杯、骨弓弭、骨鸣镝、骨镞、骨马镳、骨环（马具）、骨针、骨锥、骨管具等工具（武器）和马具（图一〇三），骨梳、开口骨器、蚌（骨、玛瑙）环、石（绿松石）管、石（绿松石、玛瑙、骨、蚌）珠、贝饰、骨贝饰等装饰品（图一〇四），以及竹板和竹片制品、竹篾簧片、竹签、皮带等（图一〇五）。

与玉皇庙墓地面貌近同的春秋时期玉皇庙文化遗存，还有河北西北部

① 北京市文物研究所：《军都山墓地——玉皇庙》第 1433～1441 页，文物出版社，2007 年。

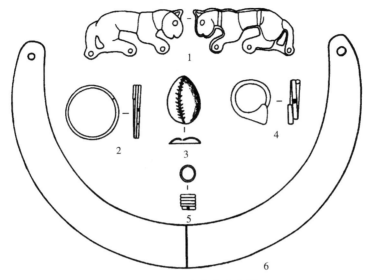

图一〇二　玉皇庙墓地金器

1. 虎形牌饰（YYM18∶5）　　2. 螺旋形耳环（YYM250∶4–1）　　3. 包金铜贝（YYM2∶15–1）

4. 喇叭口耳环（YYM156∶5–1）　　5. 螺旋形串饰（YYM2∶14–214）　　6. 月牙形项饰（YYM151∶7）

的张家口白庙第三类遗存墓葬①、宣化小白阳②和泥河子墓葬③、怀来甘子堡墓葬④、涿鹿倒拉嘴墓葬⑤，河北东北部的隆化三道营子骆驼梁、下甸子，滦平苘子沟、窑上⑥和梨树沟门⑦，丰宁五道沟门、火焰驹梁⑧同期墓葬等。

① 张家口市文物事业管理所：《张家口市白庙遗址清理简报》，《文物》1985 年 10 期第 23～30 页。

② 张家口市文物事业管理所、宣化县文化馆：《河北宣化县小白阳墓地发掘报告》，《文物》1987 年 5 期第 41～51 页。

③ 张学武、陶宗冶：《河北张家口市泥河子村出土一批青铜器》，《文物》1983 年 7 期第 94～95 页。

④ 贺勇、刘建中：《河北怀来甘子堡发现的春秋墓群》，《文物春秋》1993 年 2 期第 23～40 页。

⑤ 陈信：《河北涿鹿县发现春秋晚期墓葬》，《文物春秋》1999 年 6 期第 31～32 页。

⑥ 郑绍宗：《中国北方青铜短剑的分期及形制研究》，《文物》1984 年 2 期第 37～49 页。

⑦ 承德地区文物保护管理所、滦平县文物保护管理所：《河北省滦平县梨树沟门墓群清理发掘简报》，《文物春秋》1994 年 2 期第 15～30 页；滦平县博物馆：《河北省滦平县梨树沟门山戎墓地清理简报》，《考古与文物》1995 年 5 期第 8～15 页。

⑧ 张汉英：《丰宁五道沟门山戎文化墓葬》，《文物春秋》1999 年增刊第 83～88 页；白光：《河北丰宁早期墓葬综述》，《文物春秋》2008 年 1 期第 23～30 页。

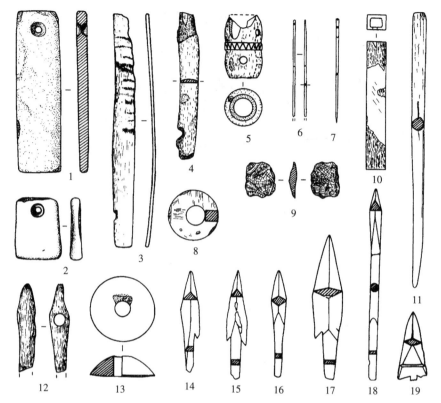

图一〇三　玉皇庙墓地石、骨质工具（武器）和马具

1、2. 穿孔砺石（YYM190：10、M82：8）　3、4. 骨弓弭（YYM54：15－1、M74：7－1）
5. 骨鸣镝（YYM192：6）　6、7. 骨针（YYM22：18、M250：33）　8、13. 骨环（马
具）（YYM18：35－5、M18：35－2）　9. 石刮削器（YYM247：14）　10. 骨管具
（YYM303：8）　11. 骨锥（YYM273：4）　12. 骨马镳（YYM250：34）　14～19. 骨镞
（YYM226：10、M333：3－1、M58：10－3、M275：17－1、M252：10－3、M5：15－1）

这表明差不多整个燕山山地都是玉皇庙文化的势力范围。

　　实际上，北方长城沿线和玉皇庙文化第一期接近的遗存，还有东部西
辽河流域的夏家店上层文化晚期遗存，和西部鄂尔多斯高原的桃红巴拉文
化西园类型①。玉皇庙文化第一期时代当为春秋中期，而夏家店上层文化晚

①　内蒙古文物考古研究所等：《包头西园春秋墓地》，《内蒙古文物考古》1991 年 1 期
　　第 13～24 页；伊克昭盟文物工作站：《内蒙古准格尔旗宝亥社发现青铜器》，《文
　　物》1987 年 12 期第 81～83 页；伊克昭盟文物工作站等：《内蒙古伊金霍洛旗匈奴
　　墓》，《文物》1992 年 5 期第 79～81 页。

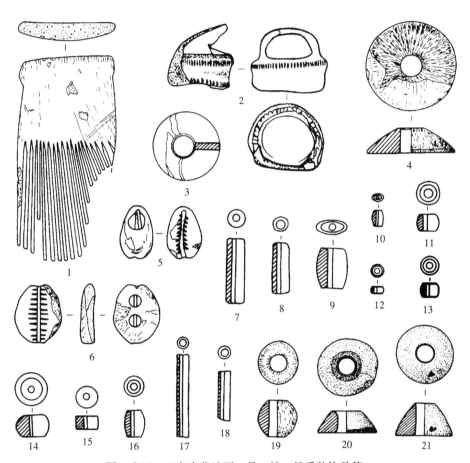

图一〇四　玉皇庙墓地石、骨、蚌、贝质装饰品等

1. 骨梳（YYM269：1）　2. 开口骨器（YYM78：5）　3. 蚌环（YYM156：13－1）　4. 骨环
（YYM205：5）　5. 贝饰（YYM120：5）　6. 骨贝饰（YYM184：4－34）　7、8. 绿松石管
（YYM20：7－27、M29：5－16）　9、10. 绿松石珠（YYM2：13－1、M3：5－1）　11. 蚌珠
（YYM153：10－102）　12、13. 石珠（YYM13：12－2、M29：6－254）　14～16. 玛瑙珠
（YYM302：6－2、M274：3－1、M374：6－3）　17、18. 石管（YYM256：13－1、M261：12－
1）　19. 骨珠（YYM168：12）　20、21. 石珠（YYM16：2、M385：9）

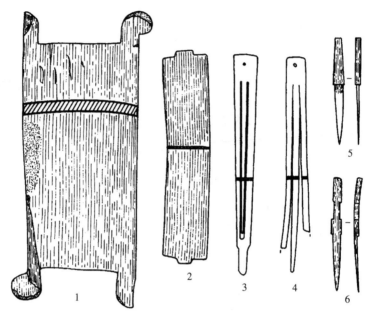

图一〇五　玉皇庙墓地竹制品

1. 竹板制品（YYM2：29－1）　　2. 竹片制品（YYM2：29－2）　　3、4. 竹篾
簧片（YYM102：9、M156：8）　　5、6. 竹签（YYM2：30－1、M2：30－2）

期大约在春秋早中期。玉皇庙文化第一期中和内蒙古宁城小黑石沟、南山
根等夏家店上层文化晚期遗存类同者，有立兽首短剑、曲刃剑、齿柄刀、
螺旋形耳环、团兽形扣、锛、凿、斧、铃首和立兽首锥、虎形牌饰、泡饰
等铜或金器。前者剑首和剑格对称的短剑、圆形带凹窝平首短剑，也分别
与后者的鸟首纹首短剑和扁平带凹窝平首短剑近似（图一〇六）。此外，前
者的陶高领壶和双耳三足罐，分别源自后者的陶高领壶和双耳三足鬲（图
一〇七）。可见夏家店上层文化对玉皇庙文化的形成有一定贡献①。尤其河
北东北部有更多齿柄刀、立兽首短剑和曲刃剑等，反映和夏家店上层文化
更加密切的联系。

　　玉皇庙文化第一期和西园类型都大约相当于春秋中期，二者共有的器
物有镂、单环首刀、锛、凿、三翼有銎镞、两端双环马衔、月牙形项饰、
螺旋形耳环、带钩、带扣、卷云纹带卡、放射纹泡饰、环以及野猪形、铃形、

―――――――――

① 　杨建华：《春秋战国时期中国北方文化带的形成》，文物出版社，2004 年。

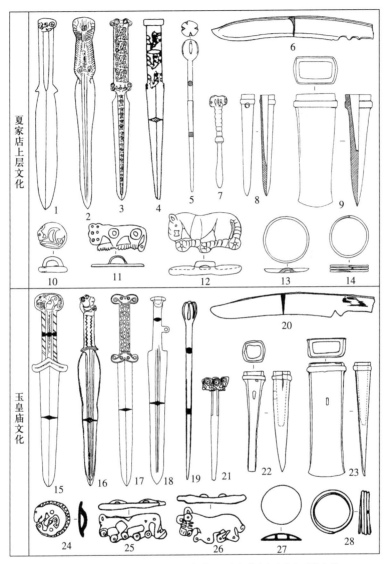

图一〇六 玉皇庙文化与夏家店上层文化铜（金）器比较

1~4、15~18. 短剑（南山根石椁墓、南山根 M101：36、小黑石沟、小黑石沟 M8501、玉皇庙
YYM209：2、下甸子、玉皇庙 YYM250：7、玉皇庙 M281：2） 5、7、19、21. 锥（小黑石沟
M8501、M8501，玉皇庙 YYM95：5、M174：16） 6、20. 齿柄刀（南山根 M3：7、玉皇
庙 YYM386：3） 8、22. 凿（小黑石沟 M8501、玉皇庙 YYM250：18） 9、23. 锛（小黑石沟
M8501、玉皇庙 YYM19：16） 10、24. 团兽形扣（小黑石沟 M8501、玉皇庙 YYM300：15−1）
11、12、25、26. 虎形牌饰（小黑石沟 M8501、M8501，玉皇庙 YYM34：6、M383：1） 13、27.
泡饰（小黑石沟 M8501、玉皇庙 YYM230：18−2） 14、28. 螺旋形耳环（小黑石沟 M8501、玉
皇庙 YYM96：2−1）（除14为金器外，其余均为铜器）

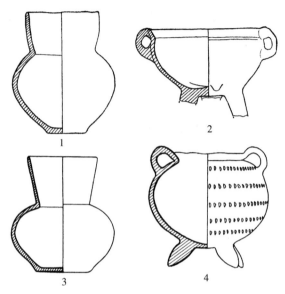

图一〇七　玉皇庙文化与夏家店上层文化陶器比较

1、3. 高领壶（周家地 M1：4、玉皇庙 YYM232：1）

2. 双耳鬲（周家地 M45：01）　　4. 双耳三足罐（葫芦沟
YHM36：3）（1、2 夏家店上层文化，3、4 玉皇庙文化）

匕形坠饰等铜器或金器（图一〇八）。如此多而具体的共性，不是他们具有
共同文化基础，或者存在一般的文化交流可以解释。由于西园类型不见于
玉皇庙文化的器物仅有鹤嘴斧、联珠泡饰、鼓体圆管等铜器和陶双耳罐，
而玉皇庙文化不见西园类型的器物却数量众多，有铜（金）质的各类短剑、
齿柄刀、虎形牌饰、饰四虎纹等的长方体管具，动物首匕形、联珠棍形、
锥形、凿形、鸟形、人形、双尾形坠饰，以及陶无耳圆腹罐等。因此我们
推测，西园类型的东进很可能对玉皇庙文化的形成产生了重要影响。

　　此外，玉皇庙文化首、柄、格铸有复杂兽面纹、回纹等的"花格剑"，
被认为与春秋时期秦文化的短剑有关[1]，但更早的形态见于甘肃宁县宇村西
周晚期墓葬[2]，其最早的源头或许还要更靠西（图一〇九，1、2）。月牙形

----

① 杨建华：《春秋战国时期中国北方文化带的形成》，文物出版社，2004 年。

② 许俊臣、刘得桢：《甘肃宁县宇村出土西周青铜器》，《考古》1985 年 4 期第 349 ~
352 页。

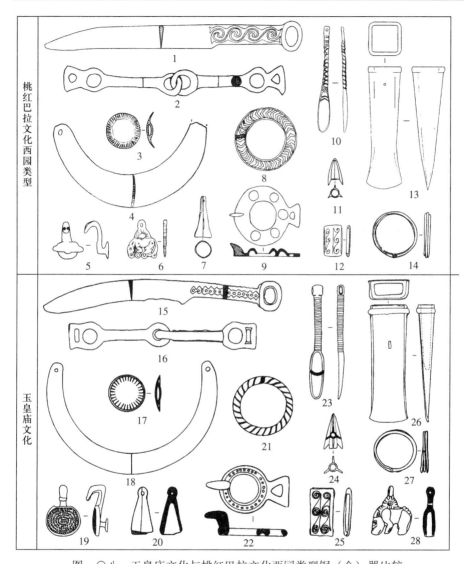

图一〇八　玉皇庙文化与桃红巴拉文化西园类型铜（金）器比较

1、15. 单环首刀（宝亥社、玉皇庙 YYM233：3）　2、16. 马衔（明安木独、玉皇庙 YYM230：9 -
1）　3、17. 泡饰（西园 M3：3、玉皇庙 YYM171：11 - 1）　4、18. 月牙形项饰（西园 M5：3、
玉皇庙 YYM151：7）　5、19. 带钩（西园 M5：13、玉皇庙 YYM250：13）　6、28. 野猪形坠饰
（西园 M3：6、玉皇庙 YYM18：18 - 1）　7、20. 铃形坠饰（西园 M6：6、玉皇庙 YYM22：10）
8、21. 环（明安木独、玉皇庙 YYM344：9 - 1）　9、22. 带扣（明安木独、玉皇庙 YYM13：4）
10、23. 匕形坠饰（西园 M6：2、玉皇庙 YYM10：8）　11、24. 镞（西园 M5：18、玉皇庙
YYM18：30 - 5）　12、25. 带卡（西园 M5：14、玉皇庙 YYM11：12 - 1）　13、26. 锛（宝亥
社、玉皇庙 YYM19：16）　14、27. 耳环（西园 M3：4、玉皇庙 YYM31：2 - 2）（除 18 为金器
外，其余均为铜器）

项饰的最早形态可以在公元前2千纪中期的晚期齐家文化中找到①。单环首蝶翅形剑格短剑，还见于同时或更早的宁夏中宁倪丁村杨郎文化墓葬②（图一〇九，3、4）；双环首蝶翅形剑格短剑，则与杨郎文化等流行的双鸟回首剑有相似的一面。

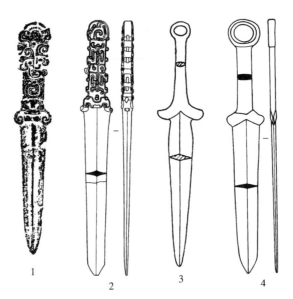

图一〇九　玉皇庙文化、杨郎文化和西周文化铜短剑比较

1、2. 花格剑（宇村 M1：8、玉皇庙 YYM18：8）　　3、4. 单环首蝶翅形剑格剑（倪丁村 M2：11、玉皇庙 YYM226：2）

　　但玉皇庙文化绝非夏家店上层文化、桃红巴拉文化西园类型等的机械相加。玉皇庙文化中占据主体的双环首蝶翅形剑格短剑、四虎纹长方体管具，以及联珠棍形、锥形、凿形、鸟形、人形坠饰等，并不见于夏家店上层文化和西园类型；其陶素面圆腹罐和扁腹罐等也独具特色。因此，玉皇庙文化很可能主要就是在当地畜牧文化的基础上发展而来。只是由于燕山

①　毛瑞林、谢焱：《甘肃临潭磨沟墓地发现大量齐家文化墓葬》，《中国文物报》2008年12月24日第2版；甘肃省文物考古研究所、西北大学文化遗产与考古学研究中心：《甘肃临潭磨沟齐家文化墓地发掘简报》，《文物》2009年10期第4~24页。

②　宁夏回族自治区博物馆考古队：《宁夏中宁县青铜短剑墓清理简报》，《考古》1987年9期第773~777页。

山区西周晚期和春秋早期的西拨子类遗存总体面貌不清，所以很大程度上限制了对玉皇庙文化本地来源问题的探讨。仅就现有资料看，玉皇庙文化第一期的镞、单环首刀、銎外带箍的斧和锛、素面或带放射纹的泡饰、螺旋状耳环等铜器，都与西拨子类遗存形态接近，只是二者间还存在明显缺环。另外，块炼铁器的出现，与早先围坊三期文化制造铁刃铜钺所采用的锻制陨铁的技术无关，当为接受西北地区文化影响的结果，新疆进入早期铁器时代在公元前 1 千纪以前①，当然其最终源头仍应在西亚地区。

　　关于玉皇庙文化的族属，发掘者靳枫毅认为属于山戎②，林沄认为属于狄人所建的代③，韩嘉谷认为属于白狄④，陈平认为是北狄之无终戎⑤。齐桓公伐山戎事件发生在春秋早中期之交，表明山戎在春秋早期已经非常强大，直接威胁到燕的安全，而玉皇庙文化则从春秋中期才开始兴起，因此不大可能是山戎遗存。实际上玉皇庙文化至战国初期以后才趋于灭亡，正好与赵襄子元年（公元前 475 年）灭代的记载吻合⑥，而且作为玉皇庙文化大本营的延庆妫水地区早就有"代谷"的称谓⑦，故我们更倾向于玉皇庙文化属于狄人之代文化的说法。从对玉皇庙、葫芦沟和西梁垙人骨鉴定结果看，体质特征与东亚蒙古人种的华北类型最为接近，较为扁平的面部反映可能含有某些北亚蒙古人种的因素⑧。另从白庙墓地

---

① 韩建业：《中国西北地区先秦时期的自然环境与文化发展》，文物出版社，2008 年。

② 北京市文物研究所山戎文化考古队：《北京延庆军都山东周山戎部落墓地发掘纪略》，《文物》1989 年 8 期第 17 ~ 35 页。

③ 林沄：《关于中国的对匈奴族源的考古学研究》，《内蒙古文物考古》1993 年 1、2 期合刊第 127 ~ 141 页。

④ 韩嘉谷：《从军都山东周墓谈山戎、胡、东胡的考古学文化归属》，《内蒙古文物考古文集》第 336 ~ 347 页，中国大百科全书出版社，1994 年。

⑤ 陈平：《略论"山戎文化"的族属及相关问题》，《华夏考古》1995 年 3 期第 63 ~ 76 页。

⑥ "赵襄子元年……遂兴兵平代地"（司马迁：《史记·赵世家》第 1793 页，中华书局，1959 年）；"赵襄子逾句注而破并代以临胡貉"（司马迁：《史记·匈奴列传》第 2885 页，中华书局，1959 年）。

⑦ "匈奴常败走，汉乘胜追北，闻冒顿居代谷"。司马贞正义指出代谷即妫州。见司马迁：《史记·韩信卢绾列传》第 2633 ~ 2634 页，中华书局，1959 年。

⑧ 潘其风：《北京延庆军都山东周墓地出土人骨的观察与研究》，《军都山墓地——葫芦沟与西梁垙》附录一〇第 675 ~ 760 页，文物出版社，2009 年。

的人骨鉴定结果看，其Ⅰ组体质特征属较典型的东亚蒙古人种，但含有北亚蒙古人种因素；Ⅱ组则更接近北亚蒙古人种，也具有东亚蒙古人种的某些特征①。

　　春秋中晚期长城沿线畜牧文化势力强劲，和西周时期相比明显有外扩南移趋势，玉皇庙文化也不例外。其向西南方向的扩张，已将冀西北蔚县、晋东北浑源一带纳入代文化范围，浑源李峪出土的双耳三足罐、两端"吕"字形马衔和两端虎首（或马首）的马镳等铜器，正与玉皇庙文化的陶双耳三足罐和衔镳接近，显然为受后者强烈影响所致②。再向南，河北平山三汲③、唐县钓鱼台、满城采石场等遗址出土的虎形牌饰、花格剑等，也应当都属于玉皇庙文化因素。平山一带春秋战国时期属于中山国范围，而中山国又被称为"白狄别种"（《左传·昭公十二年》），当和玉皇庙文化所代表的代文化有特殊关系④。向西，内蒙古凉城毛庆沟墓葬⑤流行的虎形铜牌饰的源头也应当在玉皇庙文化，并通过毛庆沟类型而发扬光大，而毛庆沟桃红巴拉文化则被推测为白狄之楼烦遗存⑥（图一一〇）。

　　在玉皇庙文化南扩的态势下，理应对燕文化产生较大的压力和影响。镇江营聚落的废弃可能与玉皇庙文化所代表的游牧人群的内侵有关。丁家洼聚落虽也位于房山区，但已经比镇江营向东退缩了50多公里。只是由于北京地区春秋中晚期燕文化的情况总体不甚明了，因此暂时还很难看清这种影响的深刻程度。另外，燕文化尖首刀币的出现，极可能与玉皇庙文化

---

① 潘其风：《从颅骨材料看匈奴族的人种》，《中国考古学研究——夏鼐先生考古五十年纪念论文集》（二）第8～17页，科学出版社，1986年；易振华：《河北宣化白庙墓地青铜时代居民的人种学研究》，《北方文物》1998年4期第8～17页。

② 李夏廷：《浑源彝器研究》，《文物》1992年10期第61～75页。

③ 河北省文物研究所：《河北平山三汲古城调查与墓葬发掘》，《考古学集刊》第5集第157～193页，中国社会科学出版社，1987年。

④ 杨建华：《中国北方东周时期两种文化遗存辨析》，《考古学报》2009年2期第155～184页。

⑤ 内蒙古文物工作队：《毛庆沟墓地》，《鄂尔多斯式青铜器》第227～315页，文物出版社，1986年。

⑥ 田广金：《中国北方系青铜器文化和类型的初步研究》，《考古学文化研究》第4集第266～307页，文物出版社，1997年。

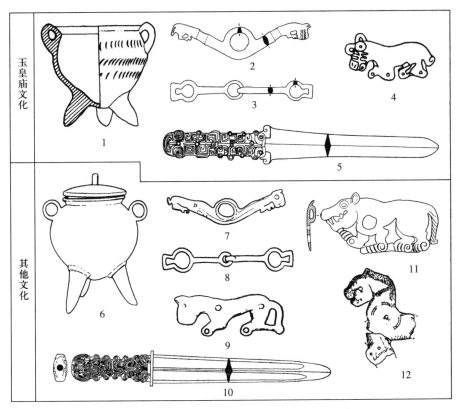

图一一〇　玉皇庙文化与周围其他文化遗物比较

1、6. 双耳三足罐（葫芦沟 YHM52∶1、李峪）　　2、7. 马镳（玉皇庙 YYM156∶15－1、李峪）
3、8. 马衔（玉皇庙 YYM156∶14－1、李峪）　　4、9、11、12. 虎形牌饰（玉皇庙 YYM383∶
1、钓鱼台、毛庆沟 M55∶4、三汲 M8102∶15）　　5、10. 花格剑（玉皇庙 YYM13∶2、三汲
M8101∶12）（1 为陶器，其余为青铜器）

的环首削刀的长期流行有关①。反之，燕文化因素也不断进入玉皇庙文化。
玉皇庙文化第一期就已经包括较多燕文化等中原因素，如鼎、甗、盘、匜、
杯、敦、铏、斗、匕等青铜礼器，戈、扁茎剑、軎、辖等青铜武器车器，
玉皇庙 M2 中出土的红、黑色蟠螭纹漆器，玉皇庙 M18 的丝织物，以及各类
器物上的兽面纹、双龙纹、夔龙纹、螭龙纹、重环纹等。第二期出现灰陶
折肩罐、尊、豆等器物，说明燕文化的影响已经渗透到社会生活方面。第

---

① 靳枫毅：《军都山玉皇庙墓地的特征及其族属问题》，《苏秉琦与当代中国考古学》
第 194～214 页，科学出版社，2001 年。

三期这些灰陶器物已经占有相当比例，尤其葫芦沟墓地素面或绳纹折肩罐、尊、豆、盆等一应俱全，甚至还出现鼎（YHM119：2）；有的墓葬随葬燕式陶器多达 4 件。反映燕文化的影响更加深入①。其中武器戈在各时段的发展变化，如戈首由见棱角的圭形首向尖弧首发展、内由平直向略上翘演变等，正与北京龙湾屯、河北三河双村等燕文化，以及山西侯马上马墓地②晋文化铜戈的变化亦步亦趋（见图八八）。

3. 小结

春秋时期，主要分布在北京平原的燕文化和北部山区的狄人文化南北对峙。北京外城西南有可能为燕国的政治中心，规格较高的玉皇庙墓葬则可能是狄人首领的墓葬。这样的对峙局面，使北京地区的战略地位显得异常重要。当然，此时燕文化毕竟已占据北京大部，土著文化因素日趋衰亡，周文化因素逐渐占据主体地位，各聚落间文化上的差异基本消失，燕文化进入较为成熟的阶段。就连玉皇庙文化乃至于西辽河流域的青铜文化当中，也逐渐开始使用燕文化礼器，燕文化显然已成为华北、东北南部地区的优势文化。以北京地区为核心，通过文化渗透的方式，燕国逐渐同化、消融北方非农业民族，为下一步的北向发展奠定了基础。

九　早期铁器时代后期

即第九阶段第十四~十六期，绝对年代约在公元前 475~前 221 年，对应战国时期。在燕文化强势扩张的压力下，玉皇庙文化基本退出北京地区，燕文化中则开始出现铸铁。

战国时期燕文化以怀柔城北墓葬③和房山镇江营商周第五期遗存为代表，包括琉璃河第三期遗存、松园战国墓葬和半截塔东周墓、岩上"战国

① 靳枫毅、王继红：《山戎文化所含燕与中原文化因素之分析》，《考古学报》2001 年 1 期第 43~72 页。
② 山西省考古研究所：《上马墓地》，文物出版社，1994 年。
③ 除陶器墓外，怀柔城北还有随葬铜礼器的墓葬，见北京市文物管理处、中国历史博物馆主办：《北京市出土文物展览简介》第 16 页，1977 年。

时期墓葬"、南正战国遗存、八里庄瓮棺葬、亦庄 M6，以及原通县中赵甫（现属河北三河市）①、丰台贾家花园②等随葬青铜礼器的墓葬，见于房山窦店、蔡庄古城和黑古台、辛庄、片上、张坊、史各庄、北尚乐、石窝、下营、纸房、独树、后石门等遗址③，宣武区广安门外遗址，西城区白云观遗址等，还发现几十处墓葬和遗物出土地点④。此外，征集拣选的燕国铜器中有的也当为北京出土⑤。

陶器有日常生活用器和仿铜礼器的区别。日常生活用器以夹砂灰陶和褐陶为主，有少量泥质灰陶，其中北京南部的陶胎中普遍包含滑石碎屑。纹饰以绳纹为大宗，也有附加堆纹、旋纹、弦纹、饕餮纹、圆圈纹等；绳纹印痕较为浅细，沿下绳纹多抹光。器类包括鼎形燕式鬲、釜、尊、绳纹罐、小口折肩瓮、盆、盆形甑、豆、钵、单耳杯等容器，以及建筑构件筒瓦、板瓦、半瓦当、绳纹方砖、圆形井圈等（图一一一）。其中陶釜数量最多，占陶容器的将近一半。釜、鼎底部常见熏烤痕迹。半瓦当多饰饕餮纹或兽面纹，有的为山形纹。有的罐颈部和井圈上有戳印文字或符号。

仿铜礼器在春秋晚期虽已零星出现，但至战国时期才蔚为大观。基本为泥质灰陶，器表多有黑褐色或银灰色陶衣，后者含大量滑石粉末。常见旋纹、螺旋纹、云纹、"S"形纹、"S"形勾连纹、菱格纹、三角形纹、波纹、兽面纹、动物纹等多种纹饰，尤以波形、螺形、锯齿形的暗纹富有特色，还有满饰华丽的红色云纹彩绘。器类包括鼎、豆、壶、盘、匜、簋

---

① 程长新：《北京市通县中赵甫出土一组战国青铜器》，《考古》1985 年 8 期第 694～701 页。

② 北京市文物管理处：《北京丰台区出土战国铜器》，《文物》1978 年 3 期第 88～90 页。

③ 房山诸遗址的确定主要根据 1986 年的调查材料，见北京市文物研究所：《北京市拒马河流域考古调查》，《考古》1989 年 3 期第 205～218 页。

④ 除以上所列，《北京考古四十年》还列出 13 处墓葬点、7 处瓮棺葬点、24 处文物零星采集点、40 多处钱币出土或收集点。见北京市文物研究所：《北京考古四十年》第 57～63 页，北京燕山出版社，1990 年。

⑤ 北京市文物管理处：《北京市新征集的商周青铜器》，《文物资料丛刊》（2）第 14～21 页，文物出版社，1978 年；程长新：《北京市拣选的燕国铜器》，《文物》1982 年 9 期第 89～90 页；程长新：《北京市拣选的春秋战国青铜器》，《文物》1987 年 11 期第 93～95 页。

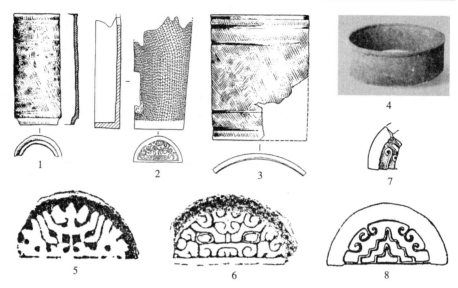

图一一一　战国时期燕文化陶建筑构件

1. 筒瓦（镇江营 FZH1133∶4）　　2、5～8. 半瓦当（南正 H8∶8、黑古台、黑古台、镇江营 FZH742③∶34、辛庄）　3. 板瓦（镇江营 FZH1130∶1）　4. 井圈（白云观）

（方座簋）、盨等。其中鼎、豆、壶均带覆钵形盖，彼此以子母口吻合。鼎盖带三环纽或兽纽，其上多见成组装饰；鼎足根部圆大（有的为兽面形），下端呈兽蹄状。豆有大口和小口之别，盖带圈足形纽或三足形纽，有的腹部带双环耳，豆身及柄部常见多周旋纹。壶有圆腹圆矮颈和扁腹方高颈之别，前者如怀柔城北墓葬所见，盖带三竖直纽或鸟形纽，颈和上腹部常见数周纹饰带，满填龙、虎、豹、凤鸟、鱼等动物纹和"S"形勾连纹、"S"形纹、菱格纹、三角形纹、波纹等，有的上有持弓猎人，当为狩猎图；后者如昌平松园墓葬所见，周身遍饰云纹、变形蟠螭纹朱绘，有虎形器耳和铺首衔环各一对。

　　根据陶器又可以分为 3 段，分别对应战国早、中、晚期。生活用器燕式鬲足内部已完全变平，底部由弧腹圜底到圜底略平再到直腹平底；新出的釜由直腹、斜折沿，到直腹略斜、折沿外部明显上竖，再到斜直腹，折沿外上竖部分超过平折部分；尊由宽肩微折到斜弧领、窄肩微折或圆肩，再到斜弧领微折肩（见图三二）。仿铜礼器鼎盖上由三环形圆纽发展为三兽纽；细柄豆逐渐增高；壶盖上由三个较短的竖直纽变为较长鸟形纽，圈足由矮变高等。

　　青铜容器均属礼器性质，器类包括鼎、豆、钫、敦、匜、匕、勺等，和上述仿铜陶器类似。鼎、豆、钫（方壶）、敦也均有盖，子母口相扣。鼎、钫、敦盖上有环纽、鸟首形纽、卧兽纽等，豆盖上有三长足形纽，器身有环耳或铺首衔环。多以蟠螭纹为主纹，还有大三角纹、斜角云纹、变形夔纹、垂叶纹、蝉纹、涡纹、绹纹、贝纹等。也有包含人物、弓箭、树、鸟兽等的线刻狩猎图案。个别钫底刻有文字。此外还有嵌有铜扣的带盖漆盒，铜扣上饰错金银卷云纹、草叶纹、菱形纹等（图一一二）。青铜容器也存在和仿铜礼器相似的变化过程①。

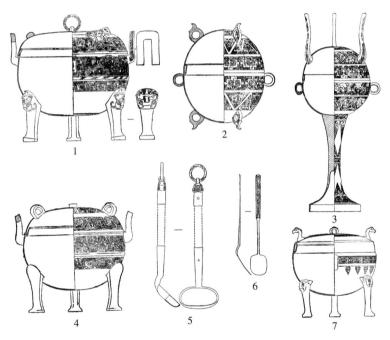

图一一二　战国时期燕文化青铜礼器

1、4、7. 鼎　2. 敦　3. 豆　5. 勺　6. 匕（均出自中赵甫墓葬）

---

①　赵化成：《东周燕代青铜容器的初步分析》，《考古与文物》1993 年 2 期第 60～68 页；陈光：《东周燕文化分期论》（续），《北京文博》1998 年 1 期第 18～31 页；胡传耸：《东周燕文化初步研究》，北京大学考古文博学院硕士研究生毕业论文，2006 年。

　　另有长胡三穿戈、细茎剑、矛、镞等武器（图一一三），两端单环马衔、车軎辖等车马器，铁斧、铁镢、铁镰、铜刻刀、铜削刀、铁凿、铜锛、石锛、石镰、陶纺轮等生产工具（图一一四），璧、璜、圭等石质礼器，铜带钩、铜柄形饰、铜环、玛瑙环、骨板、铜印章等装饰品或杂器（图一一五）。值得注意的是战国末年的"郾王喜铜剑"、"郾王喜铜矛"，还不用"燕"字而作"郾"。铜带钩形态富于变化，钩座呈椭圆形或琵琶形，有的上饰错金印勾连云纹、兽面纹等。有的墓中还发现绢、绸、罗丝织品残迹。

　　此外还在北京各区县发现40多批钱币，绝大多数为窖藏，有的成捆绑

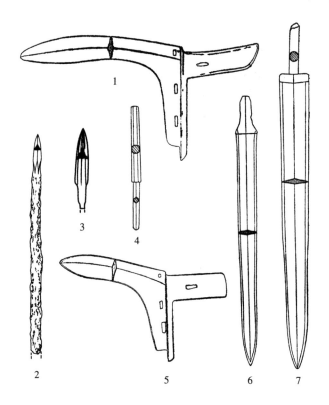

图一一三　战国时期燕文化武器

1、5. 戈（中赵甫）　2～4. 镞（南正Ⅲ T0802③：1、Ⅲ T0404③：1，中赵甫）　6、7. 剑（中赵甫）（除1为铁杆石镞头外，余均为铜器）

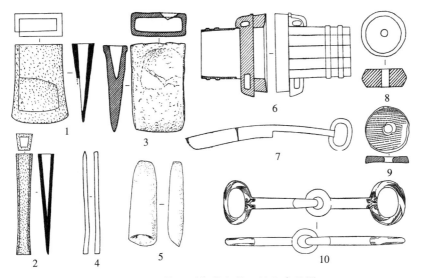

图一一四　战国时期燕文化工具和车马器

1. 铁斧（南正 G5②：9）　2. 铁凿（南正Ⅲ T0701③：1）　3. 铁镢（镇江营 FZH437：6）
4. 铜刻刀（中赵甫）　5. 石锛（琉璃河 D13F1：1）　6. 铜车𫐓辖（中赵甫）　7. 铜削刀
（中赵甫）　8、9. 陶纺轮（琉璃河 D15H2：2、南正 G5②：10）　10. 铜马衔（中赵甫）

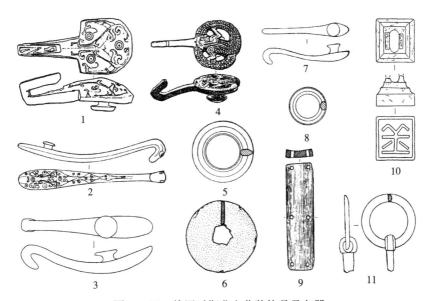

图一一五　战国时期燕文化装饰品及杂器

1～4、7. 铜带钩（怀柔城北 M12、中赵甫、岩上 M19：1、怀柔城北 M25、中赵甫）
5、8. 玛瑙环（中赵甫）　6. 石璧（镇江营 FZH742③：53）　9. 穿孔骨饰（镇江营
FZT0809②：9）　10. 铜印章（岩上 M14：1）　11. 铜环（中赵甫）

扎在一起，属于燕国或三晋①。其中绝大多数为典型燕国钱币当中的"匽刀"或"明刀"②，面文 ⟨⟩，背文"左"、"右"等，有弧背和折背（磬背）之分（图一一六）。

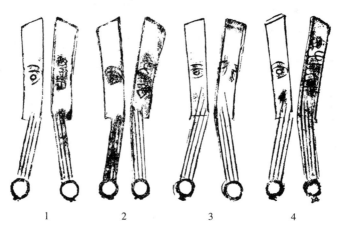

图一一六　房山西营匽刀钱币
1、2. 弧背　3、4. 折背

战国时期燕文化显然是春秋燕文化的延续，生活实用器鼎形燕式鬲、釜、尊、绳纹罐、盆形甗、小口折肩瓮、豆等陶器都一脉相承，只是形态上略有变化，如燕式鬲内底部的足窝消失、底由圜而平，釜口变敞、壁变斜等。青铜礼器和仿铜礼器鼎、豆、壶、盘、匜等也都继承了春秋时期的基本组合，纹饰彼此有演变关系，只是战国中晚期以后才新出方座簋、敦、钫、长颈扁腹壶等。

---

① 高桂云、张先得：《北京市出土战国燕币简述》，《中国钱币论文集》第 139～151 页，中国金融出版社，1985 年。重要者如朝阳门外和房山区的发现，见北京市文物工作队：《北京朝阳门外出土的战国货币》，《考古》1962 年 5 期第 254～255 页；柴晓明、龚国强：《北京房山区出土燕国刀币》，《考古》1991 年 11 期第 1046～1047 页。

② 释 ⟨⟩ 为"匽"者，如陈梦家：《西周铜器断代（二）》，《考古学报》1955 年 10 期第 139～141 页；朱活：《匽币管窥——略谈匽国货币的几个有关问题》，《古钱新探》第 214～241 页，齐鲁书社，1984 年。释 ⟨⟩ 为"明"者最早为清初初尚龄《吉金所见录》，支持者如唐石父、高桂云：《燕国明刀面文释"明"之新证》，《首都博物馆文集》第七辑第 127～131 页，北京燕山出版社，1992 年。

战国时期燕文化的主体区除了北京平原，还包括河北中部拒马河、易水至唐河以北，以至于天津在内的广大地区。代表性遗存有作为燕下都主体的宫殿和其他战国时期遗存[1]、九女台16号墓及其车马坑[2]、辛庄头30号墓[3]、东斗城村 M29[4]，容城南阳遗址铜礼器遗存[5]、天津宝坻秦城城址和瓮棺葬[6]、牛道口战国墓葬和瓮棺葬[7]、天津南郊巨葛庄[8]和北郊北仓战国遗存[9]、东郊张贵庄战国墓[10]，河北三河大唐迥北淀 M3[11] 等，抚宁邴各庄[12]、迁西大黑汀[13]、唐山贾各庄 M24[14]等。棺椁、中原式铜陶礼器（鼎、豆、壶、

[1] 河北省文物研究所：《燕下都》，文物出版社，1996 年；河北省文化局文物工作队：《燕下都第 22 号遗址发掘报告》，《考古》1965 年 11 期第 562～570 页。

[2] 河北省文化局文物工作队：《河北易县燕下都第十六号墓发掘》，《考古学报》1965 年 2 期第 79～102 页；河北省文物研究所：《燕下都》第 646～660 页，文物出版社，1996 年。

[3] 河北省文物研究所：《燕下都》第 684～731 页，文物出版社，1996 年。

[4] 河北省文化局文物工作队：《1964～1965 年燕下都墓葬发掘报告》，《考古》1965 年 11 期第 548～561 页。

[5] 孙继安：《河北容城县南阳遗址调查》，《考古》1993 年 3 期第 233～238 页。

[6] 天津市历史博物馆、宝坻县文化馆：《宝坻秦城遗址试掘报告》，《考古学报》2001 年 1 期第 111～142 页。

[7] 天津市历史博物馆考古队、宝坻县文化馆：《天津宝坻县牛道口遗址调查发掘简报》，《考古》1991 年 7 期第 577～586 页。

[8] 天津市文化局考古发掘队：《天津南郊巨葛庄战国遗址和墓葬》，《考古》1965 年 1 期第 13～16 页。

[9] 天津市文物管理处：《天津北仓战国遗址清理简报》，《考古》1982 年 2 期第 213～215 页。

[10] 云希正、韩嘉谷：《天津东郊张贵庄战国墓第二次发掘》，《考古》1965 年 2 期第 96～98 页。

[11] 廊坊地区文物管理所、三河县文化馆：《河北三河大唐迥、双村战国墓》，《考古》1987 年 4 期第 318～322 页。

[12] 邸和顺、吴环露：《河北省抚宁县邴各庄出土战国遗物》，《考古》1995 年 8 期第 756～757 页。

[13] 唐山市文物管理所：《河北迁西县大黑汀战国墓出土铜器》，《文物》1992 年 5 期第 76～78 页；顾铁山、郭景斌：《河北迁西县大黑汀战国墓》，《文物》1996 年 3 期第 4～17 页。

[14] 安志敏：《河北省唐山市贾各庄发掘报告》，《考古学报》第六册第 57～116 页，1953 年。

盘、匜、盨）、中原式车马器、细茎剑、戈等彼此面貌一致（图一一七），
呈现前所未有的兴盛局面，与燕国作为战国七雄的历史地位吻合。不过在
廊坊、唐山、天津等地也有少量三足罐（鬲）等土著特色器物，其中贾各
庄的双耳三足罐明显与玉皇庙文化同类器有联系，暗示其墓主人原来或许
也与狄人有关（图一一八）。

　　比较来看，生活用陶器燕式鬲、釜和饕餮纹瓦当、匽刀等为燕文化独
有，青铜兵器多见铸铭而非刻铭，内容多为燕王（侯）监制而非"物勒工
名"，显示在日常生活和社会经济方面有一定的独立性。燕国流行的以鼎、
豆、壶、盘、匜为组合的随葬品组合，战国晚期在中原地区已很少见；所
见兽面纹、蹲兽、鹿纹、鸟纹、鱼纹、绚纹、锯齿纹等纹饰丰富多彩，壶
上多见狩猎纹而罕见水陆攻战纹，都具有一定的地方特色①。

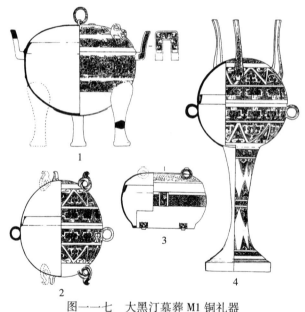

图一一七　大黑汀墓葬 M1 铜礼器
1. 鼎（M1：1）　2. 敦（M1：4）　3. 盨（M1：3）　4. 豆（M1：2）

①　贺勇：《论燕国墓葬陶器分期》，《考古》1989 年 7 期第 642～648 页；李先登：《燕
　　国青铜器的初步研究》，《北京建城 3040 年暨燕文明国际学术研讨会会议专辑》第
　　305～311 页，北京燕山出版社，1997 年；裴明相：《从燕下都的陶器谈起——论燕
　　文化的渊源》，《北京建城 3040 年暨燕文明国际学术研讨会会议专辑》第 286～291
　　页，北京燕山出版社，1997 年。

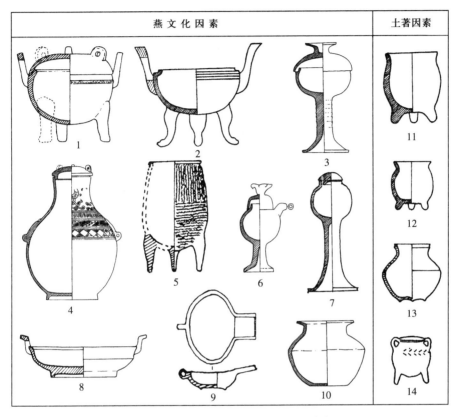

图一一八　战国早中期冀东北平原墓葬陶器

1、2. 鼎（大黑汀 M6：4、邴各庄）　　3、6、7. 豆（大黑汀 M4：13、M4：9，邴各庄）　　4. 壶
（大黑汀 M2：2）　　5. 燕式鬲（双村 M02：1）　　8. 盘（大黑汀 M4：8）　　9. 匜（北淀 M3：2）
10. 尊（大黑汀 M4：15）　　11~14. 三足罐（邴各庄、邴各庄、北淀 M3：9、贾各庄 M24：1）

　　战国时期燕文化和北方游牧文化的关系发生了戏剧性变化。战国早中
期，以北京平原燕文化和蓟城燕上都为根基，燕文化已经北向扩展到北京
全境。镇江营遗址在荒芜两三百年后，又被农业人群占据。玉皇庙文化已
经从作为其中心区的延庆山区基本退出，而怀柔城北燕人墓葬就被安置在
军都山脚下。强势的燕文化继续向北强力扩张渗透，实际上已将燕山地区
基本纳入其势力范围，凌河和下辽河流域则深受其影响。只是这时的拓展
还比较平和舒缓，许多土著仍留居当地，其文化也部分融入燕文化当中[1]。

_____

[1]　郑君雷：《战国燕墓的非燕文化因素及其历史背景》，《文物》2005 年 3 期第 69~75 页。

我们可以分3个地区加以分析。

　　第一个地区为冀西北，燕文化遗存包括河北怀来东八里城址①、洪沟梁战国墓葬②、北辛堡墓葬③，张家口白庙第四类遗存墓葬和第五类遗存瓮棺葬④、下花园战国墓⑤等。这当中以北辛堡墓葬的土著因素最为浓烈，如东端宽大的东西向墓葬、殉牲、弹簧式耳环、双环首剑、豆形镦、骨镳、野猪形带饰等，墓主或为狄人，以至于学者多将其仍划归玉皇庙文化。不过棺椁、漆箱、中原式青铜礼器（鼎、壶、缶、鉴）、中原式车马器、戈等燕文化因素毕竟占据主体。其中戈首尖弧、援部束腰、内部上翘，与三河中赵甫墓葬铜戈如出一辙（图一一九）。白庙墓葬棺椁、陶礼器等主体因素属燕文化，但墓葬东西向，还有在棺外堆砌卵石，以及随葬羊、狗等家畜头骨的习俗。尽管家畜头骨与陶器放在一起表示食物，已失去原来畜群的象征意义，但仍不失为玉皇庙文化的遗风。下花园、洪沟梁墓葬也以燕文化特色的陶礼器（鼎、豆、壶、匜、盘、杯）和陶生活用器（燕式鬲、釜、瓮、罐）为主，但还有继承玉皇庙文化而来的陶双耳或无耳的三足罐、双耳罐等（图一二〇）。

　　第二个地区为冀东北地区，以滦平虎什哈炮台山⑥、承德三家村和旗杆沟村⑦、丰宁火焰驹梁⑧战国墓葬为代表。虎什哈炮台山墓葬以木棺、中原

① 刘建华：《张家口地区战国时期古城址调查发现与研究》，《文物春秋》1993年4期第17~29页。
② 张家口考古队：《河北怀来官厅水库沿岸考古调查简报》，《考古》1988年8期第673~681页。
③ 河北省文化局文物工作队：《河北怀来北辛堡战国墓》，《考古》1966年5期第231~242页。
④ 张家口市文物事业管理所：《张家口市白庙遗址清理简报》，《文物》1985年10期第23~30页。
⑤ 张家口市文管所、下花园区文教局：《张家口市下花园区发现的战国墓》，《考古》1988年12期第1138~1140页。
⑥ 河北省文物研究所等：《滦平县虎什哈炮台山山戎墓地的发现》，《文物资料丛刊》(7)第67~74页，1983年。
⑦ 李林、刘朴：《承德县西三家村、旗杆沟村发现战国墓葬》，《文物春秋》1990年3期第84~87页。
⑧ 张汉英：《丰宁县凤山镇发现战国早期墓葬》，《文物资料丛刊》(7)第168~169页，1983年。

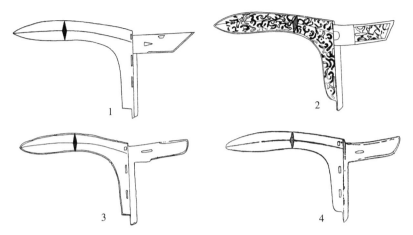

图一一九　战国早中期燕山辽西地区铜戈比较

1. 北辛堡（M1：56）　2. 五道河子（M1：43）　3. 大黑汀（M5：3）　4. 中赵甫

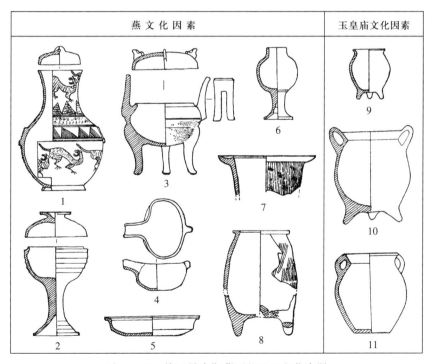

图一二〇　战国早中期冀西北地区文化陶器

1. 壶（下花园 M3：1）　2、6. 豆（下花园 M3：4、M2：8）　3. 鼎（下花园 M2：9）　4. 匜（下花园 M2：6）　5. 盘（下花园 M2：5）　7. 釜（洪沟梁 81HH 采：11）　8. 燕式鬲（洪沟梁 81HH 采：6）　9、10. 三足罐（下花园 M1：7、洪沟梁 81HH 采：1）　11. 双耳罐（洪沟梁 81HH 采：2）

式礼器（铜敦、铜甬钟、陶豆）、中原式车马器、细茎剑、麟趾金等燕文
化因素为主，但残留殉牲（狗、牛、马）、随葬方首柄削刀等少量土著因
素。火焰驹梁墓葬的盖豆、车軎、细茎剑等铜器为燕文化因素，但墓道和
墓室以石板铺砌，有殉马牙和随葬半月形项饰的习俗。三家村和旗杆沟村
墓葬更主要为燕文化因素，但有三足罐、扁腹罐等土著因素。以上三处
墓葬所残留土著因素都与玉皇庙文化有关，其墓主人当为狄人之属（图
一二一）。

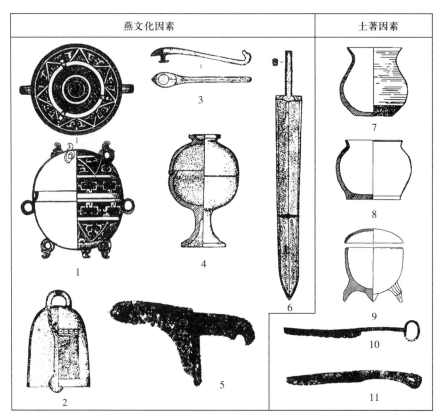

图一二一　战国早中期冀东北地区文化遗物

1. 铜敦（炮台山 M6）　2. 铜铃（炮台山）　3. 铜带钩（炮台山 M6）　4. 陶豆（炮台山
M6）　5. 铜戈（炮台山）　6. 铜剑（炮台山）　7、8. 陶扁腹罐（三家村）　9. 陶三足
罐（三家村）　10、11. 铜削刀（炮台山）

第三个地区为辽西地区，以辽宁喀左眉眼沟①和园林处战国墓②、建昌东大杖子战国墓③、沈阳陶礼器墓④、凌源三官甸⑤和五道河子墓葬⑥，内蒙古赤峰红山区⑦和敖汉旗乌兰宝拉格战国墓葬⑧为代表。处于努鲁尔虎山山区的凌源、建平、敖汉等地基本仍属土著文化范畴⑨，墓葬有石椁并殉牲，随葬"T"形柄青铜短剑、鳡鱼形牌饰、蛙形饰、双蛇衔蛙形饰等，并接受来自玉皇庙文化的影响，如动物形牌饰、月牙形项饰、野猪形带饰等⑩；已经渗入较多中原式铜礼器（鼎、钟）、中原式车器、戈、细茎剑等燕文化因

①　朝阳地区博物馆、喀左县文化馆：《辽宁喀左大城子眉眼沟战国墓》，《考古》1985年1期第7～13页。

②　傅宗德、陈莉：《辽宁喀左县出土战国器物》，《考古》1988年7期第663～664页。

③　《辽宁建昌东大杖子战国墓地的勘探与试掘》，《2000中国重要考古发现》第57～61页，文物出版社，2001年。

④　金殿士：《沈阳市南市区发现战国墓》，《文物》1959年4期第73～74页。

⑤　辽宁省博物馆：《辽宁凌源县三官甸青铜短剑墓》，《考古》1985年2期第125～130页。

⑥　辽宁省文物考古研究所：《辽宁凌源县五道河子战国墓发掘简报》，《文物》1989年2期第52～61页。

⑦　张松柏：《赤峰市红山区战国墓清理简报》，《内蒙古文物考古》1996年1、2期第60～63页。

⑧　邵国田：《敖汉旗乌兰宝拉格战国墓地调查》，《内蒙古文物考古》1996年1、2期第55～59页；郭治中：《水泉墓地及相关问题之探索》，《中国考古学跨世纪的回顾与前瞻》第297～309页，科学出版社，2000年。

⑨　对于夏家店上层文化之后辽西地区战国早中期的土著遗存，研究者使用了"水泉遗存"（"水泉类型"、"水泉文化"）、"井沟子遗存"、"铁匠沟遗存"、"五道河子遗存"、"凌河遗存"（"凌河类型"、"凌河文化"）、"十二台营子类型"（"十二台营子文化"）等很多不同名称，其实面貌彼此有较大的一致性。见郭大顺：《西辽河流域青铜文化研究的新进展》，《中国考古学会第四次年会论文集》第185～195页，文物出版社，1985年；靳枫毅：《夏家店上层文化及其族属问题》，《考古学报》1987年2期第177～208页；刘国祥：《夏家店上层文化青铜器研究》，《考古学报》2000年4期第451～500页；郭治中：《水泉墓地及相关问题之探索》，《中国考古学跨世纪的回顾与前瞻》第297～309页，科学出版社，2000年；赵宾福：《辽西山地夏至战国时期考古学文化时空框架研究的再检讨》，《边疆考古研究》第5辑第32～69页，科学出版社，2006年；乌恩岳斯图：《北方草原考古学文化研究——青铜时代至早期铁器时代》第224～251页，科学出版社，2007年。

⑩　正当此时燕山地区玉皇庙文化衰败之时，玉皇庙文化因素却较多涌入辽西山地，或许正是燕文化对其排挤压迫的结果。

素，其中戈与中赵甫出土者形态一致（见图一一九）。河谷低处的喀左、建昌、沈阳、赤峰等地墓葬，其棺椁、中原式铜陶礼器（鼎、豆、壶、敦、匜、盘、盉、尊）、中原式车马器、戈等同于燕文化核心区，但在头部陶器附近却有羊骨随葬，或在二层台上铺卵石并置成排牛齿，且随葬"T"形柄青铜短剑、陶三足罐（鬲）、双耳罐等，其墓主人仍当为土著，但文化上却仅表现为有土著遗俗（图一二二）。

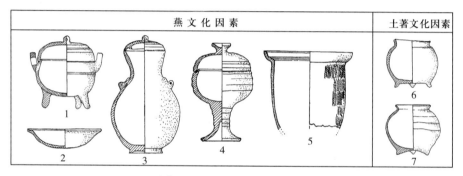

图一二二　眉眼沟墓葬陶器

1. 鼎（M1：3）　2. 盘（M1：8）　3. 壶（M1：7）　4. 豆（M1：5）　5. 釜（瓮M2：2）

6、7. 三足罐（鬲）（M1：2、M1：1）

战国晚期燕文化向北方和东北方大规模扩张更为剧烈，短时间内就将冀东北和包括内蒙古东南部、辽宁大部在内的东北南部地区都囊括其中，并在其北部边界修筑了燕北长城①。河北承德滦河镇战国墓②、辽宁凌源安杖子古城③、锦州大泥洼下文化层④、建平喀喇沁河东遗存⑤，内蒙古赤峰

① 项春松：《昭乌达盟燕秦长城遗址调查报告》，《中国长城遗迹调查报告集》第 6～20 页，文物出版社，1991 年；郑绍宗：《河北省战国、秦、汉时期古长城和城障遗址》，《中国长城遗迹调查报告集》第 34～39 页，文物出版社，1991 年；布尼阿林：《河北省围场县燕秦长城调查报告》，《中国长城遗迹调查报告集》第 40～44 页，文物出版社，1991 年。

② 承德离宫博物馆：《承德市滦河镇的一座战国墓》，《考古》1961 年 5 期第 244 页。

③ 辽宁省文物考古研究所：《辽宁凌源安杖子古城址发掘报告》，《考古学报》1996 年 2 期第 199～235 页。

④ 刘谦：《锦州市大泥洼遗址调查记》，《考古通讯》1955 年 4 期第 32～34 页。

⑤ 辽宁省博物馆文物工作队、朝阳地区博物馆文物组：《辽宁建平县喀喇沁河东遗址试掘简报》，《考古》1983 年 11 期第 973～981 页。

蜘蛛山第二层①、敖汉旗燕国"狗泽都"遗址②、宁城黑城村花城城址③等，都属于较为纯粹的燕文化遗存，地方特点很少，其居民大概主要是移民或军屯过去的燕人。甚至在辽东的铁岭、抚顺、本溪、旅顺等地都发现燕式罐、豆、匽刀、铁器等④。这应当是大规模军事政治行为的结果，与燕将秦开逐走东胡、拓地千里、筑长城并置上谷、渔阳、右北平、辽西、辽东五郡的记载吻合⑤，其时当在燕昭王后期⑥。

虽然战国晚期燕山南北已经都是燕文化一统天下的局面，但来自西北的畜牧—游牧文化因素仍不断渗入。如河北易县燕下都辛头庄 M30 中出土长方形、水滴形的金银牌饰，上饰双马纹、三驼纹以及怪兽格里芬形象，甚至还有格里芬首饰件⑦，与内蒙古杭锦旗阿鲁柴登窖藏⑧、准格尔西沟畔 M2⑨出土金银器题材相似，当为受其影响所致。文献记载中则有赵武灵王胡服骑射等事件发生。

① 中国社会科学院考古研究所内蒙古工作队：《赤峰蜘蛛山遗址的发掘》，《考古学报》1979 年 2 期第 215 ~ 243 页。

② 邵国田：《内蒙古敖汉旗四道湾子燕国"狗泽都"遗址调查》，《考古》1989 年 4 期第 377 ~ 378 页。

③ 冯永谦、姜念思：《宁城县黑城古城址调查》，《考古》1982 年 2 期第 155 ~ 162 页。

④ 赵宾福：《中国东北地区夏至战国时期的考古学文化研究》第 269 页，科学出版社，2009 年。

⑤ "燕有贤将秦开，为质于胡，胡甚信之。归而袭破走东胡，东胡却千余里。与荆轲刺秦王秦舞阳者，开之孙也。燕亦筑长城，自造阳至襄平。置上谷、渔阳、右北平、辽西、辽东郡以拒胡"，见《史记·匈奴列传》第 2885 ~ 2886 页，中华书局，1959 年。

⑥ 陈平：《燕史记事编年会按》第 212 页，北京大学出版社，1995 年。

⑦ 河北省文物研究所：《燕下都》第 715 ~ 724 页，文物出版社，1996 年。

⑧ 田广金、郭素新：《内蒙古阿鲁柴登发现的匈奴遗物》，《考古》1980 年 4 期第 333 ~ 338 页。

⑨ 伊克昭盟文物工作站、内蒙古文物工作队：《西沟畔匈奴墓》，《文物》1980 年 7 期第 1 ~ 10 页。

第四章　聚落形态

本章聚落形态研究，主要包括单个聚落（墓地）形态和内部结构的研究、聚落分布和聚落之间关系的研究和聚落形态历史演变的研究[①]。通过对这三个方面的研究，试图厘清北京地区先秦时期聚落形态的基本状况和演变过程，揭示北京地区先秦社会的演进和文明起源过程。

一　新石器时代早期

东胡林文化虽尚未发现房屋遗迹，但在东胡林遗址发现 10 余处火塘，平面多呈不规则圆形，直径 0.5 ~ 1、深 0.2 ~ 0.3 米。火塘内堆积石块、动物骨骼和灰烬，如 T6HD6（图一二三）。发掘者推测为季节性活动使用的火塘。由于东胡林文化有斧、锛等

图一二三　东胡林火塘 T6HD6

磨制石器，表明已经出现木工手工业，推测当以加工建筑木材为主，因此当时有可能已经出现以木柱撑顶的房屋建筑[②]。果真如此，其定居程度就应当明显高于旧石器时代晚期。少量简陋筒形罐或直腹盆类陶器，正可满足

---

① 严文明：《聚落考古与史前社会研究》，《文物》1997 年 6 期第 27 ~ 35 页。
② 在日本鹿儿岛县扫除山遗址就曾发现绳文草创期的立柱撑顶的半地穴式房屋，见堤隆：《日本列岛晚冰期人类对环境的适应和陶器起源》，《稻作　陶器和都市的起源》第 69 页，文物出版社，2000 年。

其炊煮谷物等的简
单需要。此外还存
在石器制作场。

图一二四　东胡林墓葬 2005 M2

东胡林遗址还
发现数例墓葬，均
为土坑竖穴墓，葬
式多仰身直肢，个
别为仰身屈肢，还
有二次葬。随葬有
螺壳组成的项饰和
牛肋骨串成的骨镯，可能都属于墓主人生前佩戴的饰物。其中 2005 年发掘
的 M2，墓主人仰身屈肢，胸、腹部散落多枚穿孔螺壳，可能原为项链饰物，
身侧随葬通体磨光的石凿形器（图一二四）。

有意埋葬死者的现象，在旧石器时代晚期的房山周口店山顶洞遗址就
已经出现。山顶洞下洞人骨附近的穿孔石珠、穿孔兽骨等，也应当是墓主
人佩戴的装饰品[1]，东胡林墓葬或许正是延续了这一丧葬传统。但由于保存
原因，我们并不清楚山顶洞人的葬式如何。远一些来说，在广西北部的柳
江、漓江流域发现有属于新石器时代早期的墓葬 20 余例，基本都是蹲踞式
屈肢葬[2]。旧大陆西部旧石器时代晚期已发现的较为明确的葬式也以屈肢为
主，见于法国、意大利、俄罗斯、肯尼亚等地[3]。可见旧石器时代晚期至新
石器时代早期有流行屈肢葬的传统[4]，东胡林发现屈肢葬不足为奇，反倒是
其仰身直肢葬显得更有特色。

① 贾兰坡：《山顶洞人》，龙门联合书局，1951 年。
② 阳吉昌：《桂林新石器时代遗址的调查与试掘》，《桂林文博》1994 年 2 期；柳州市
博物馆等：《柳州市大龙潭鲤鱼咀新石器时代贝丘遗址》，《考古》1983 年 9 期第
769～774 页；中国社会科学院考古研究所、广西壮族自治区文物工作队等：《桂林
甑皮岩》，文物出版社，2003 年。
③ 杨虎、刘国祥：《兴隆洼文化居室葬俗及相关问题探讨》，《考古》1997 年 1 期第 29
页。
④ 韩建业：《中国古代屈肢葬谱系梳理》，《文物》2006 年 1 期第 53～60 页。

二　新石器时代中期

　　北京地区至今还没有发现兴隆洼文化阶段的聚落遗迹。不过，在西辽河流域发现兴隆洼、白音长汗等属于兴隆洼文化的环壕聚落，其中包含成排分布的方形或长方形半地穴式房屋，在易水流域的易县北福地聚落也流行类似建筑。估计北京地区当时聚落情况与之大同小异。

　　属于赵宝沟文化上宅类型早期的聚落仅发现北埝头一处。该聚落位于燕山南麓错河（洵河支流）南岸的台地上，台地高出河床约 7 米。聚落大部已被破坏，残存房址区面积约 2000 余平方米，共发现房址 10 座。除 F8 和 F9 外，其余房屋似乎围成一个半圆形（图一二五）。房屋均破坏严重，为半地穴式建筑，平面多为不规则圆形，直径一般在 4 米以上，有的发现柱洞。每座房址中部都有一两个埋在地下的火种罐，其内有灰烬、炭屑等，推测其上原为火塘所在。以 F2 为例，平面为不规则圆形，东西径 5.6、南北径 4.6 米，门道朝东。居住面红烧土厚 5~6 厘米。西壁附近发现 4 个圆形柱洞，直径 22~24 厘米，其内残存 12~14 厘米直径的朽木灰痕，估计原先应当在屋壁有一周柱子。房内中北部埋设 2 个筒形罐作为火种罐（图一二六）。由于柱子较细，又缺乏中央主承重柱，因此可以复原为较低矮的圆

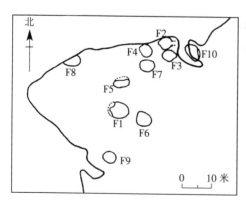

图一二五　北埝头聚落遗迹的分布

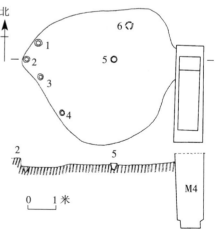

图一二六　北埝头 F2 平、剖面图

1~4. 柱洞　5、6. 陶筒形罐

锥形攒尖顶房屋。这样的房屋容易失火，地面红烧土有可能为失火所致。如此大小的房屋，扣除室内火塘区、储物区、工作区，一般可供 3～4 人睡卧，应当是一个核心家庭的规模，整个聚落至少是一个家族的规模。聚落内房屋大小没有明显差别，建造均不很精整，当时的社会应当为比较简单的平等社会。

比较来看，北埝头房屋呈不规则圆形，与西辽河流域赵宝沟、白音长汗三期甲组等赵宝沟文化的方形或长方形房屋区别较大，前者穴壁四周有细柱洞而后者在中央部位有较粗柱洞，显示房屋结构有所不同。与北埝头房屋最接近的，倒是属于磁山文化的北福地 F3，二者均为不规则圆形且近周壁见柱洞；但北福地一期绝大多数房屋主要为方形或长方形。看来，上宅类型在聚落形态方面也有地方性特点。

此外，上宅类型的筒形罐是一种可用于炊煮、盛储的多用途器具，支座为炊器配套工具，而钵类可用于饮食、盛储，这些陶器已经可以较好满足当时日常社会生活的需要。

三　新石器时代晚期

1. 仰韶文化下潘汪类型镇江营亚型

经发掘的镇江营亚型的聚落遗址，目前还只有镇江营一处，且以灰坑为主，房址和灰沟各仅发现 1 处。房址 FZF9 为半地穴式房屋，破坏严重，可能为圆角方形，东西宽 3 米多，发现 4 个柱洞。以红花土铺垫居住面，其上有一大一小两处红烧土面。该房屋面积虽然不大，但地面铺垫平整，且有红烧土面代表的用火痕迹，应当为普通居室。此外在该遗址还发现椭圆形锅底状灶坑。总体应当和同属下潘汪类型的南杨庄聚落半地穴式房屋的情况近同。

镇江营亚型的夹砂釜大小不一，主要功能应当是炊煮和盛储，作为炊器时与支座配套使用。钵中小型者可用于饮食，而大型者用做盛储。还有盆等盛储器，以及壶类水器或酒器。器类比赵宝沟文化上宅类型明显多样化，生活也更加丰富。

2. 赵宝沟文化上宅类型（晚期）

上宅类型晚期的遗迹资料目前尚未见发表。不过从上宅遗址该阶段丰富的陶生活用具的出土来看，仍然存在稳定的聚落当没有问题。值得注意的是，在上宅遗址该阶段文化层（第4、5层）中发现大量斧、锛、盘状器等石器，以及这类石器的半成品、残废品等，说明这里很可能原是一个石器制作场。同样集中出土于这两层的滑石类雕刻品，很可能也是这个石器制作场的另一类产品。

3. 仰韶文化后岗类型

北京地区属于仰韶文化后岗类型的遗迹，仅有镇江营、燕落寨等遗址发现的灰坑，其房屋或许和镇江营一期者类似。陶器反映的日常生活也与之类似。

4. 小结

北京地区新石器时代晚期的聚落形态资料十分缺乏，这为探讨当时的社会状况带来了很大困难。不过就一些零星的线索，也能看出当时存在稳定的聚落，聚落内以木柱撑顶的半地穴式房屋为主体，常发现储藏或取土等过程形成的灰坑。有的时期还存在较大规模的石器制作场。聚落内出土遗物绝大部分都是普通生活用具和生产工具，少量陶塑工艺水平一般，以质软的滑石雕刻物品也不需要花费很多时间，暗示聚落内尚未出现明显的社会分工和社会分化，大约还处于平等社会阶段。

四　铜石并用时代早期

北京地区雪山一期文化午方类型的遗迹，目前仅有雪山和镇江营遗址发现的灰坑而已，整体聚落的情况更无从谈起。这些灰坑多数近似圆形或椭圆形，竖壁平底筒状或锅底状，也有方形者，有的可能属于废弃的窖穴。第二次发掘的雪山H17为一椭圆形灰坑，直径1.8～2.3米，底面有一块红烧土面，周围还有烧过的石头和1件完整陶罐，或许曾在此进行炊煮活动，但并非普通居室。还有的灰坑中出土有带草棍痕迹的红烧土块，可能是房屋草拌泥墙面的残迹①。陶器更加多样化，尤其出现豆类饮食器，日常生活更加讲究。

北京之外，在小河沿发现雪山一期文化的圆形半地穴式房屋，没有明显的门道，或许可以复原成简陋的窝棚式房屋。在姜家梁和大南沟等地发现雪山一期文化的墓地，墓葬成排成行，还可分区或分群，排列明显存在一定秩序；多为较宽短的土坑竖穴墓，有少量偏洞室墓；墓主人均仰身屈肢，多属单人一次葬，有少数合葬；一般在墓主人足端置随葬品，臂戴石环。反映的社会组织状况也基本相同：虽然都以墓群强调各家族的独立性，但无论在墓葬大小，还是随葬品方面，并没有明显的贫富差别②。北京地区的情况或许与此类似。

五　铜石并用时代晚期

在雪山聚落遗址第二次发掘中，发现属于雪山二期文化的房址、灰沟、灰坑等遗迹。3 座房址均为椭圆形半地穴式，斜坡门道面向东南坡下。其中F3 的门道中部和穴壁两侧地面上有柱洞，室内中部地面的一块平石或许为柱础石，复原起来应当是圆锥顶形建筑。地面还有红烧土圈所代表的火塘，周围有木炭屑以及陶、石器等。灰坑为椭圆形锅底状。镇江营也发现圆形或椭圆形灰坑。

虽然后岗二期文化的房屋也是圆形或椭圆形，但却基本为地面式建筑，且流行木骨泥墙或土坯墙，地面多铺垫白灰，这与雪山二期文化的半地穴式房屋终究有较大差别。怀来官庄的房屋虽为半地穴式，但却为方形。实际上雪山二期文化的房屋与早先小河沿等遗址发现的雪山一期文化的房屋倒更为相似。

雪山二期文化的陶器就功用来说，专门化程度很高，仅炊器就有鬲、

---

① 北京市文物研究所：《北京考古四十年》第 23 页，北京燕山出版社，1990 年。
② 韩建业：《中国北方地区新石器时代文化研究》第 201～203 页，文物出版社，2003年。

甗、鬲、甑、鼎五大类之多，其中甗、鬲架上箅子还可以蒸制食物；用作盛储器的盆有三四种形制，饮食器则有豆、碗、壶、杯等。仅从陶器器类的空前复杂化，也可推想其社会生活的丰富多彩，以及社会分工和社会阶层的存在，当时或已进入初期的文明社会①。

六　青铜时代前期

1. 夏家店下层文化大坨头类型

北京地区已经发现的该时期的聚落虽然较多，但发表发掘资料较为丰富且能够据以探讨聚落布局和社会状况者，却仅有张营二期聚落和塔照商周第一期墓葬。

（1）张营二期聚落

虽经两次发掘，但张营二期聚落并未被完整揭露出来。其南部被村民取土破坏，西部压在张营村之下，只有东北部应当已经大体发掘到边，边缘略呈弧形。已揭露区域分布有二期遗迹者面积不过 1000 多平方米，其主体是发表有平面图的 2004 年发掘的遗址西北部。按照发掘者的分期方案，遗迹可分两段，即二期二段和三段。

遗址主体属于二期二段的遗迹有灰坑 23 座，房址、陶窑和墓葬各 1 座。实际上其中 H99 中包含陶器仅有鬲足和鼓腹鬲残片各 1 件，难以据此确定其具体段属；而其出土石臼、石杵的现象常见于附近三段遗迹，却不见于二段。因此，H99 属于三段的可能性更大。这些遗迹在空间上明显分为西北组和东南组（图一二七）。

西北组有房址 F4、陶窑 Y1 和墓葬 M6，还有 8 座灰坑。由于遗迹存在多次打破现象，因此彼此间肯定还略有早晚。首先来看以小型陶窑 Y1 为中心的一组遗迹。Y1 只残存火膛、火道窑底部分，在火膛尽头还残存两处烟道。火膛大致圆形，直径约 0.8 米。窑底堆积烧流物、炭灰、陶片，其上覆盖陶窑塌落的红、黑色烧土（图一二八）。附近的灰坑 H9、H13、H18 和

---

① 齐心：《北京地区古代文明起源的思考》，《北京文博》1995 年 1 期第 55~60 页。

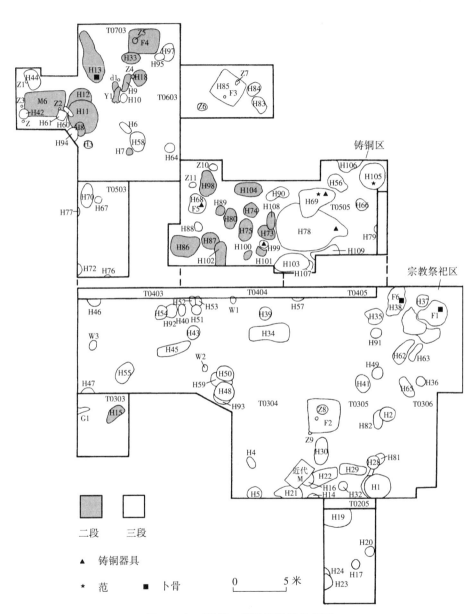

图一二七　张营二期聚落遗迹分布图

H33 中，多填以包含红烧土块、炭灰和残陶器等的黑灰色土，其中 H13 还包含制陶用的蘑菇状和带环形捉手的陶垫，H33 壁、底上的"柱洞"可能为棚架类遗留（图一二九），推测这些灰坑属于 Y1 的取土坑、储藏坑、垃圾坑一类。比较特殊的是 H13 中还包含一件卜骨，表示附近还有过宗教占卜行为。

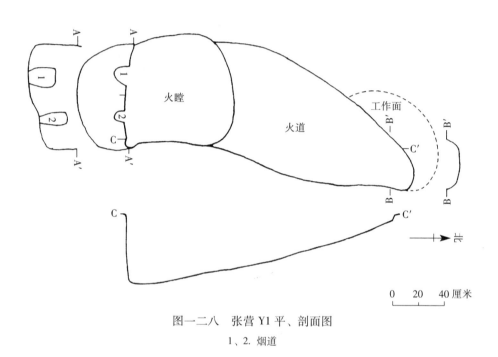

图一二八　张营 Y1 平、剖面图

1、2. 烟道

由于 H33 打破 F4，因此 F4 就早于 H33 及其这组与陶窑有关的遗迹。F4 为圆角方形半地穴式建筑，面积约 7 平方米，室内有 1 个圆形坑灶和 3 处烧土面，是一个可供 2~4 人居住的普通居室。或许由于破坏严重，未发现柱洞和门道（图一三〇）。其西的 H8、H11、H12 等灰坑填土黄褐色，包含陶片、兽骨等，或为 F4 的窖穴或垃圾坑。

最西部的 M6 是该聚落唯一一座墓葬，为长方形竖穴土坑墓，墓口长4.35、宽 2.1 米，有生土二层台；底部有木棺痕迹，墓主人骨架腐朽严重，头向东；头颈部的玉管饰可能为其生前佩戴，腿足部随葬 4 件折腹盆、2 件小口折肩罐、1 件大口折肩罐，尤其一件折腹盆上还有精美的几何纹彩绘。

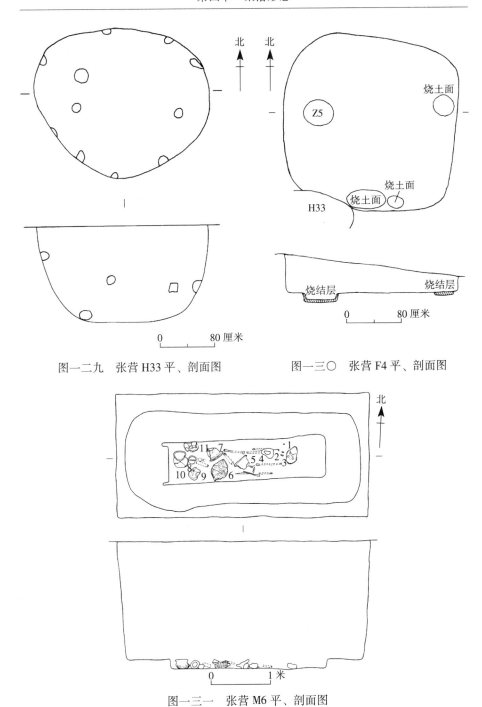

图一二九　张营 H33 平、剖面图　　　　图一三〇　张营 F4 平、剖面图

图一三一　张营 M6 平、剖面图

1~3. 玉饰　4. 铜饰　5、7~9. 陶折腹盆　6、10、11. 陶折肩罐

该墓面积较大并有二层台和木棺，随葬品较多且有彩绘陶，墓主人应当具有较为重要的社会地位。其孤立出现在居址区内，或许有特殊意义（图一三一）。

东南组的 13 座灰坑集中分布，其中包含各类常用的生活用具和生产工具等，应当属于窖穴或生活垃圾坑类。但与 F4 相距约 10 米，不应当与 F4 有直接关系，或许附属于附近其他已遭破坏或未经揭露的房屋。此外，在南部还有一座孤立的灰坑 H15，其中仅出两件石斧，实际上也还难以确定其属于二段。

遗址主体属于二期三段的遗迹有灰坑近 80 座、房址 5 座、瓮棺葬 3 座。这些遗迹大致可分为分别以 F2、F3、F1、H78 为代表的 4 组，此外在中部偏西还有 H43 等零散灰坑。

F2 位于发掘区南部，方形半地穴式，边长约 3.5 米，面积约 12.4 平方米，有垫土地面。中部偏北有略高于地面的圆形灶，西南角有一小壁灶。仅发现 1 个柱洞，门道或许在南侧。该房为可供 3 ~ 5 人居住的普通居室，室内既出陶鬲等生活用品，也出砺石等工具，尤其还出土 4 个陶纺轮，显见在该房内同时进行捻线等家庭手工业活动（图一三二）。在 F2 的南部和东部还有 20 多个灰坑，包含陶片、

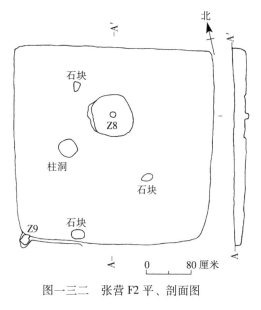

图一三二　张营 F2 平、剖面图

兽骨、炭屑、石球等，多数当为 F2 的窖穴或垃圾坑。F3 形制基本同于 F4 而略小，也是普通居室，可能由于失火而使室内壁和地面有较厚烧结层，门道不清。附近也有几座可能附属于它的灰坑。

发掘区东部的 F1 较为特殊，它有较高的"前室"和较低的"后室"，均大致呈不规则圆形，面积分别为 4 和 7 平方米。"前室"与"后室"相接处有瓢形灶，灶前有圆形坑，入口呈斜坡状。"前室"和"后室"间有一门槛，再通过台阶下到底部。近底部有 12 个近横向柱洞，这样的柱洞无法支撑起较高

的屋顶，只能搭起网状棚架。发掘者推测这个遗迹并非用做房屋，实际功能是窖穴（图一三三）。但普通窖穴怎么会有如此复杂的结构呢？仔细分析发现，该遗迹中出土遗物不但包含普通生活用品和生产工具，而且有带灼痕的卜骨1件，还有牛和羊的下颌骨、斑鹿肱骨、豹桡骨、鸡肱骨、鸟骨等，甚至还有人的股骨碎片。这些特异的现象，使人不得不将其与宗教祭祀设施联系起来。从入口到"前室"的灶和圆坑，再通过门槛、台阶到"后室"底部，或许构成某项复杂宗教祭祀行为的完整链条。同样出土卜骨和鹿、獐、马、猪等动物骨骼牙齿者，还有F1旁边的F6。该遗迹略呈长椭圆形，面积仅3平方米，底部无灶而有砺石块，显然并非房屋，而可能也是祭祀遗迹。附近的H35、H37、H62、H63、H91等灰坑中也都普遍包含兽骨，也可能与祭祀行为有关。总起来看，这当是以F1为核心的一组宗教祭祀遗迹。

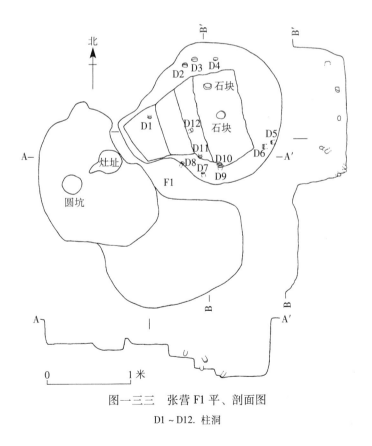

图一三三　张营F1平、剖面图

D1～D12. 柱洞

在上述宗教祭祀组的北部，是 H78、H69、H99、H105、F5 等一组遗迹。这其中的 F5 为一略呈圆形的坑，面积仅 3.2 平方米，无灶而壁上有横向柱洞，可能横搭棚架的窖穴一类，与其他灰坑并无本质上的区别。这组遗迹最突出的特点是普遍包含红烧土块，出土铜器和铸造铜器的陶或石范、石臼、陶或石勺等，尤其 H105 中包含铜屑、铜刀、铜叉状器、铜梳、石镞范、石刀范等。说明这很可能是一组与铸铜行为有关的遗迹，为铸铜作坊的垃圾坑、储藏坑一类。

总之，遗址主体二期三段遗迹从功能上可以划分为日常生活区、宗教祭祀区、铸铜作坊区等，各区大致围绕中央小广场，可见该聚落布局有序。F2 和 F3 大概分别代表一个核心家庭，附近或者还有其他核心家庭。F1 等宗教祭祀遗迹组靠近 F2，H78 等铸铜遗迹组靠近 F3，但据此还不能说它们就分别附属于 F2 和 F3。很可能宗教祭祀区和铸铜区为全聚落所有。宗教祭祀区前的小广场大概是全聚落的活动中心。

张营居址为半地穴式，这一点类似于同属大坨头类型的张家园、大坨头等聚落的房址，但前者为方形而后者椭圆形，都还表现出一定的区域性差别。北京地区夏家店下层文化大坨头类型聚落与药王庙类型的区别更加明显，后者偏晚流行的土坯垒砌、石块垒砌或夯筑的地面式建筑、石城聚落等[1]，都不见于前者，不过两者也还共有半地穴式建筑。

（2）塔照商周第一期墓葬及其他

塔照商周第一期遗迹主要包括灰坑、灰沟和墓葬，且彼此多有打破关系。其中墓葬相对集中分布、布局有序，值得进一步分析。

墓葬共发现 11 座，为东西向长方形竖穴土坑墓，有的带二层台，均有木棺；头向多朝东，一半以上侧身屈肢，其次为仰身直肢；单人葬均为一次葬，4 座成人双人合葬墓，棺内均为二次葬，棺盖板上有的为一次葬，有的为二次葬。有的墓葬在二层台上随葬羊、猪、牛的骨殖，或可称为"殉牲"。我们推测，殉牲在棺外，其吻部又与墓主人头部朝向一致，或许表示

---

① 徐光冀：《赤峰英金河、阴河流域的石城遗址》，《中国考古学研究——夏鼐先生考古五十周年纪念论文集》第 48～57 页，文物出版社，1986 年；赤峰考古队：《内蒙古喀喇沁旗大山前遗址 1996 年发掘简报》，《考古》1998 年 9 期第 43～49 页；赤峰考古队：《半只箭河中游先秦时期遗址》，科学出版社，2002 年。

它们在地下仍是墓主人的牲畜，而并非为墓主人准备的"食品"。一般有
1～3 件随葬品，种类是盂、豆、鬲、罐、簋、钵等几种。看不出明显的贫
富分化（图一三四）。

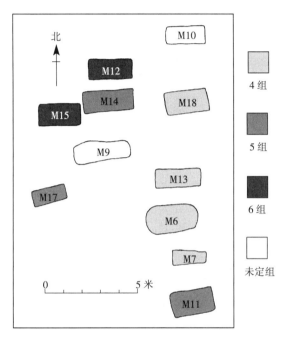

图一三四 镇江营商周第一期墓地平面图（图中组别依发掘报告）

单人葬以 M6 为例。该墓墓圹长 3、宽 1.1～1.58 米，有两重熟土二层
台，内置木棺。棺内人骨保存很差，大致为仰身直肢葬，随葬陶盂、豆和
罐各 1 件。该墓在第一重二层台的边角部位还有 4 组殉牲，包括羊头骨和牛
头骨各 1 件，还有羊下颌骨和猪下颌骨残块，这些动物骨骼的吻部均和墓主
人头部朝向一致（图一三五）。

双人合葬墓以 M14 为例。该墓长 2.86、宽 1.06 米，有熟土二层台和木
棺，木棺西南角有朱砂痕。棺内有二次葬男性人骨 1 具，无随葬品；棺上
（原先应在棺盖板之上）有一次葬男性人骨 1 具，侧身屈肢，随葬石斧 2 件
（图一三六）。

此外，还在雪山、凤凰山、刘家河和琉璃河等遗址也发现少量墓葬。
和塔照、张营墓葬一样，这些墓葬也都是长方形竖穴土坑墓；除凤凰山的

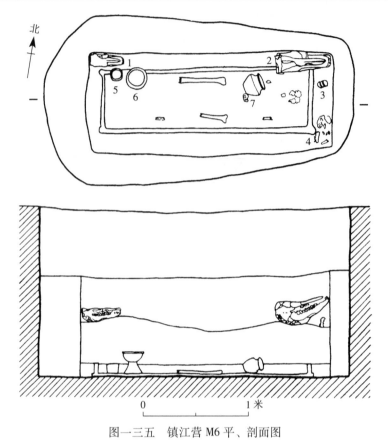

图一三五　镇江营 M6 平、剖面图

1. 羊头骨　2. 牛头骨　3. 猪下颌骨　4. 羊下颌骨　5. 陶盂　6. 陶豆　7. 陶罐

一座头向西南外，其余也均头向朝东。这说明北京地区夏家店下层文化大
坨头类型有着大体一致的墓葬习俗。但塔照墓葬和其他墓葬也还是有着一
定差别，我们不妨将它们分成甲、乙两类：甲类有特殊的棺内外成人双人
合葬墓，殉葬羊、猪、牛，随葬折肩鬲、假圈足豆、折肩罐、矮圈足簋、
钵等陶器，而乙类未见甲类那种特殊的成人双人合葬墓，尚未见殉牲现象，
随葬陶器则为筒腹鬲、折肩鬲、假圈足罐、折腹尊、折肩罐、高柄豆、高
圈足簋等明器化的陶器，雪山墓葬甚至还见有带红、白色彩绘的精美陶器，
见有随身葬铜、金耳环的现象①。

————————

①　北京大学历史系考古教研室商周组编著：《商周考古》第 127 ~ 136 页，文物出版社，
　　1979 年。

图一三六　镇江营 M14 平、剖面图

1、2. 石斧　3. 朱砂痕　4. 石块

　　与乙类近似的墓葬，普遍流行于夏家店下层文化，既见于北京东郊附近的河北香河庆功台[①]和北京以西的蔚县三关等处，也盛行于西辽河流域夏家店下层文化药王庙类型，如大甸子墓葬等。只是药王庙类型墓葬头向多朝西北，土坑墓多带壁龛或以土坯垒砌墓室，有的壁龛随葬猪骨殖或在填土中殉猪、狗[②]，还随葬爵、斝、鬶等陶礼器，并有个别洞室墓等，这些都还不见于北京乙类墓葬，体现出一定的地域性差异。至于唐山小官庄墓葬，

---

① 廊坊市文物管理所、香河县文物保管所：《河北香河县庆功台村夏家店下层文化墓葬》，《文物春秋》1999 年 6 期第 26～30 页。

② 壁龛中多随葬猪蹄，一般在陶容器附近，应是为墓主人准备的"食品"；填土殉葬的猪、狗头尾俱全，只是猪缺少四蹄，应象征墓主人在地下的家畜，又可能表示和壁龛中猪的四蹄存在关联。

其长方形石棺虽有一定特色，但其他方面也和北京乙类墓葬类似①。

和大范围流行的乙类墓葬相比，北京甲类墓葬显然颇为特殊。其成人合葬、屈肢葬和殉葬牛、羊的情况，或许和内蒙古中南部朱开沟文化的葬俗存在联系，侧身葬和填土埋猪的现象又见于大甸子墓葬，二次葬和随葬陶钵的现象类似洋河流域的怀来官庄墓葬，随葬假圈足豆、矮圈足簋等则是早商文化墓葬的习俗。推测甲类墓葬是在乙类墓葬的基础上，通过洋河流域接受来自西方朱开沟文化的因素，又受到南方早商文化的影响，从而形成的一种墓葬形式。

总之，就现有资料，还看不出北京地区夏家店下层文化大坨头类型存在明显的贫富分化现象，但张营聚落日常生活区、宗教祭祀区和铸铜作坊区功能区分显著，表示社会秩序井然，并存在明确的社会分工。尤其铸铜作坊区的发现，是当时社会生产力得到较高发展的反映；石钺和玉璧的出现，或许表示该聚落具有一定的军权和宗教权利，推测当时的社会当比龙山时代更加复杂化。朱延平、徐光冀等根据西辽河流域夏家店下层文化聚落群的集聚、墓葬的大小等，认为当时城乡分化已经产生，形成"方国"，进入国家阶段②。大坨头类型的发展水平或许与此接近，也已形成方国，但和夏商王国相比仍然逊色很多。它们和其他许多方国一起，连接成多层次的以中原夏商王国为核心的早期中国文化共同体。

2. 围坊三期文化

北京地区围坊三期文化的居址遗存，目前主要发现有灰坑或窖穴，一般圆形或椭圆形。在平谷龙坡发现一房址类半地穴式遗迹（编号 H7、H8），内壁局部有烧烤痕迹，但未完全清理出来，具体情况并不清楚。

墓葬则仅见平谷刘家河墓葬。该墓北部已被完全破坏，南部也破坏严重，大约东西宽2.6米。墓葬应为南北向，似有二层台。底部有红、黑相间的痕

---

① 安志敏：《唐山石棺墓及其相关遗物》，《考古学报》第七册第77～86页，1954年。

② 朱延平：《夏家店下层文化的社会发展阶段》，《中国北方古代文化国际学术研讨会论文集》第103～107页，中国文史出版社，1995年；徐光冀、朱延平：《辽西区古文化（新石器至青铜时代）综论》，《苏秉琦与当代中国考古学》第86～96页，科学出版社，2001年。

迹，或许为棺椁或衣衾残迹。在南端二层台上放置青铜礼器16件，墓底随葬金耳环、金臂钏、玉钺、玉璜、铜人面饰、铜泡饰、铁刃铜钺等，共残留随葬品40余件（图一三七）。铜、玉礼器无疑属于贵族用器，铁刃铜钺是极其珍贵的特殊品，表明当时北京地区的人们已经认识到铁是比青铜更加坚硬锋利的材料。即使富有地方特色的耳环、臂钏，也为金质而非一般夏家店下层文化所见的铜质，可见其墓主人当为贵族甚或军事首领，铁刃铜钺或者即为军权的象征。该墓葬与遵化西三里村发现的仅随葬陶器的小墓形成鲜明对照，表明北京及邻近地区晚商初期阶级分化相当严重。该墓葬虽使用了大量商式礼器，但也有相当的地方特色，其主人不应是商人，北京地区当时也不会是商的据点；该墓葬应当是受商影响较大的方国首领的墓葬。

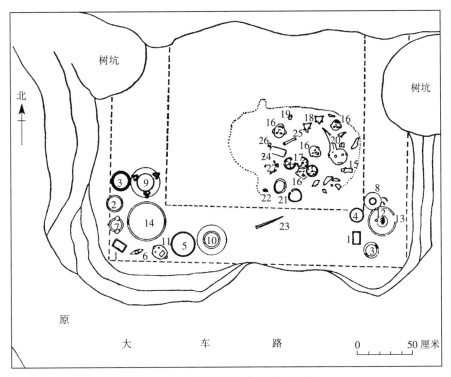

图一三七　刘家河商代墓葬平面图

1. 铜小方鼎　2. 铜旋纹鼎　3. 铜饕餮纹鼎　4. 铜鬲　5. 铜甗　6. 铜爵　7. 铜斝　8. 铜卣　9. 铜三羊罍　10. 铜饕餮纹瓿　11、12. 铜盉　13、14. 铜盘　15. 铁刃铜钺　16. 铜人面形饰　17. 铜泡　18. 蟾蜍形铜泡　19. 蛙形铜泡　20. 铜当卢　21. 金臂钏　22. 金喇叭口耳环　23. 铜笄　24. 玉钺　25. 玉柄　26. 玉璜　27. 绿松石珠

七　青铜时代后期

1. 西周早中期的燕文化

西周早中期燕文化的聚落遗迹，以琉璃河燕国都城遗址和燕国墓葬、白浮墓葬，以及镇江营普通居址和小型墓葬为代表。

琉璃河燕国都城遗址位于北京南部平原，高于周围地势约 1 米，北部保存稍好，南部破坏殆尽。从北部看城垣应为方形或长方形，大致呈南北向，北墙长 829 米，东、西墙的北半段残长 300 多米，总面积可能在 70 万平方米左右。墙体在平整过的生土地面上分层、分段夯筑，由内、中、外三部分构成：中间主墙为红褐色土版筑，致密坚硬、夯窝明显；内侧墙体不如中间墙体致密坚实，夯窝不甚明显，为附墙或护坡；外侧护坡较为草率，质量最差。墙基总宽约 11 米左右。城墙外还有深约 2 米的城壕，宽度达 25 米（图一三八）。在城墙基部发现打破城墙的用河卵石铺砌而成的排水沟。城址中部偏北钻探出大面积的夯土，可能为宫殿基址，区域内还出土多块筒瓦和陶水管（图一三九）。附近发现较多灰坑或窖穴，以圆形直壁平底坑或袋状坑具有代表性，其他还有椭圆形、方形等多种。其中有的周壁有等距离的 3 个柱洞（96LG11H72），或为简陋房屋；有的坑口达 4.5 ~ 7 米宽，填土部分经夯打，内含卜骨和原始瓷片等，有作为祭祀坑的可能性。还发现水井。居址区还发现较多青铜容器范，表明存在规模不小的铸铜作坊。该城曾被认为始建于商末①，实际当为西周初年召公封燕后所建都城②。

在城址东边是墓葬区，分偏北的 I 区和偏南的 II 区。这些墓葬具有大致同样的形制结构和丧葬习俗，如头向北、竖穴土坑墓、壁抹青膏泥、夯实填土、仰身直肢葬、使用棺椁等。I 区已发掘墓葬 59 座，包括 1973 ~ 1977 年发掘的 32 座，1995 年发掘的 10 座，2002 年发掘的 14 座，2001 年发

---

① 郭仁、田敬东：《琉璃河商周遗址为周初燕都说》，《北京史论文集》第 61 ~ 66 页，1980 年。

② 李伯谦：《北京房山董家林古城址的年代及相关问题》，《北京建城 3040 年暨燕文明国际学术研讨会会议专辑》第 72 ~ 79 页，北京燕山出版社，1997 年。

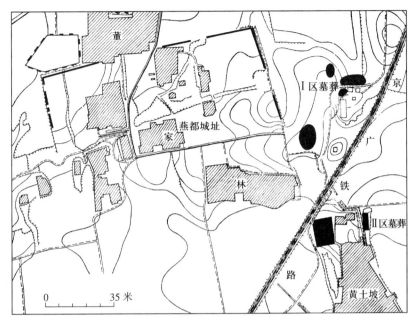

图一三八　琉璃河西周燕国都城遗址和墓地

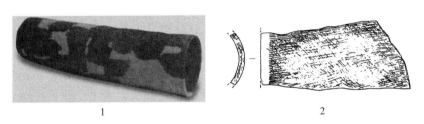

图一三九　琉璃河西周燕国都城遗址陶水管和筒瓦

1. 陶水管（G11H49∶87）　　2. 筒瓦（G11H11∶3）

现的 3 座也大致属于该区；加上钻探发现的墓葬，总数当在 80 座左右。此外还有 3 座车马坑。这些墓葬分属西周不同时期，且仅 1973～1977 年发掘的资料有正式发掘报告，故暂时还难以对其做空间上的详细分析。仅从 1973～1977 年发掘勘探的情况来看，西周早、中期墓葬还可以进一步分为西南、东北两大分区，东北分区还可以再细分为若干群。较大墓葬中常见腰坑、腰坑或填土中殉狗、二层台殉人等现象，并存在明显的等级差异，最显著者是 I M51～M54 几座中型墓葬均位于西南分区，且附近还有附属于它们的车马坑，而东北分区均为小型墓。西南分区仅有 10 多座墓葬，大概是一个贵族家族墓葬分区;东北分区有几十座墓葬,又分若干群,大概是一个由不同家族组成的平民宗族墓葬分区。整个Ⅰ区应代表一个族。

以中型墓ⅠM52为例。该墓墓口长4.3、宽2.2米,深1.9米,有熟土二层台,墓底置一棺二椁,墓主人为仰身直肢葬。二层台上殉1人,并有牛头、狗头、牛肢骨等殉牲和各种青铜武器和工具,棺椁间墓主人头部随葬青铜礼器、原始瓷器和陶器,墓主人身侧还有戈、戟、圆形盾饰等青铜武器。填土中还埋狗1只(图一四○)。其南有2座可能附属于该墓的车马坑,均佩车马具(图一四一)。推测该墓本着"视死如事生"的思想而建,象征墓主人永久的地下居所。其一,棺椁象征宫室,墓主人身侧葬常用武器,头部葬常用礼器和生活用器。其二,二层台象征外围附属建筑:北部(头部)或为门塾部位,葬有守卫或助手作用的猎犬和武器;东部或为仓储区,储置武器和工具;西部或为畜圈位置,殉牛;南部或为侍卫室,殉持矛侍卫。其三,墓南的车马坑可能象征其车马库,较近的ⅠM52CH1级别较高,埋4马1车,或为备墓主人乘坐的驷马辂车;稍远的ⅠM52CH2级别较低,埋2马1车,还在车箱内随葬戈、盾饰等青铜器武器,或为墓主人的随行侍卫车辆。其四,填土中所埋狗和墓室有相当距离,或许表示和墓主人的地下居所有较大空间距离,可能有守卫墓葬的含义,象征意义当和二层台上守卫墓室的殉狗有所差别。此外,墓主人身下或许还有腰坑(此墓未经清理),坑中一般殉狗1只,或许象征墓主人的随行猎犬,也可能具有在更深空间守卫墓葬的含义(和填土中殉狗相对应)。从该墓复鼎和复尊铭文可知[1],墓主人"复"为"举"族贵族,极可能从山东或安阳这些商人根据地迁徙而来[2]。另外值得注意的是,1995年发掘的F15M2填土中的殉狗身首分离、先后埋葬,或许与周礼中的"毁祭"有关[3]。

Ⅱ区已发掘墓葬至少150座,包括1973~1977年发掘的29座,1981~

---

[1] 复鼎铭文为"侯赏复贝三朋,复用作父乙宝尊彝,举";复尊铭文为"匽侯赏复絅衣、臣、妾、贝,用作父乙宝尊彝,举"。

[2] 何景成:《商末周初的举族研究》,《考古》2008年11期第54~70页。

[3] 《周礼·地官·牧人》有"外祭毁事"的记载,主要指毁折割裂牲体以祭祀,这种祭祀方式商代已有,见葛英会:《论甲骨文中的毁字》,《古代文明研究通讯》总第十五期第7~13页,2002年。

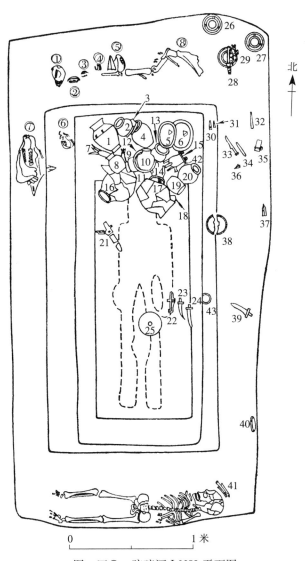

图一四〇 琉璃河 I M52 平面图

1. 原始青瓷罐 2、4、8、10、12、13、16~20. 陶罐 3、5、44. 原始青瓷豆（11 压于器下） 6. 陶簋 7、9. 铜爵 11. 铜尊 14. 铜鬲 15. 铜鼎 21、23、24、39. 铜戈 22、37. 铜戟 25~27、29、38、40、43. 铜圆形盾饰 28. 铜剑及鞘饰 30、32. 铜凿 33. 铜刀 34. 砺石 35. 铜锛 36. 铜镞 41. 铜矛 42. 铜觯 ①~⑥狗头 ⑦牛头 ⑧牛肢骨

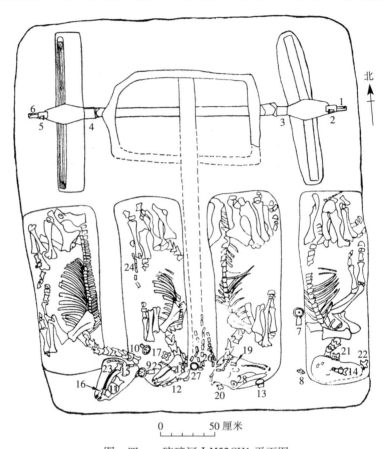

0　　　　　50 厘米

图一四一　琉璃河 I M52CH1 平面图

1、6. 铜軎　2、5. 铜辖　3、4. 铜轴饰　7～10. 铜銮　11～14. 铜当卢
15～22. 铜节约　23～26. 长方形铜泡　27、28. 圆形铜泡

1986 年发掘的 121 座，加上钻探发现的墓葬，总数当在 180 座左右。这些
墓葬分属西周不同时期，且 1981～1986 年发掘的资料尚未见正式发掘报告，
故同样难以对其做空间上的详细分析。仅从 1973～1977 年发掘勘探的情况
来看，西周早、中期墓葬也可以进一步分为西南、东北两大分区，西南分
区还可以再细分为北、中、南 3 群。这些墓葬具有和 I 区大致类似的形制结
构和丧葬习俗，只是不见殉人①，少见腰坑、殉狗等现象，等级差别则更加

① Ⅱ区 M202 南墓道外侧埋一人头椎骨，或为墓祭仪式的遗留，与 I 区二层台上的殉
人不同。

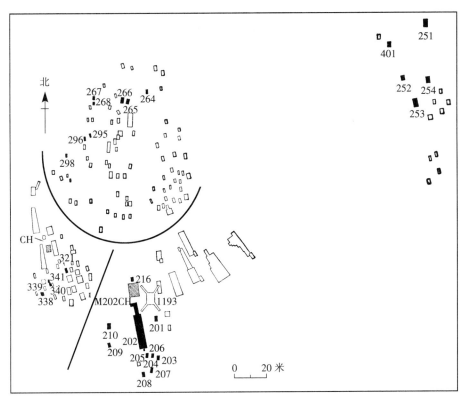

图一四二 琉璃河西周燕国墓地Ⅱ区墓葬分布图（编号者为已发掘墓葬）

明显。东北分区仅有 10 多座中型墓葬，大概是一个贵族家族墓葬分区；西南分区有 100 多座墓葬，每群也有几十座，大概由南群以大型墓为主的燕侯家族墓群（有的带一条或两条墓道）、中群以中型墓为主的贵族家族墓群、北群以中小型墓为主的平民家族墓群组成，可能代表一个宗族集团。整个Ⅱ区应代表另一个族（图一四二）。结合《周礼》等文献的记载，刘绪和赵福生认为西南分区南群大型墓为燕国公墓，其他群为邦墓的"私地域"[①]。

Ⅱ区最大的墓葬当属ⅡM1193，这是琉璃河墓地年代最早、级别最高的墓葬。墓口长 7.68、宽 5.25 ~ 5.45 米，深约 10 米。四角带 4 条长四五米的墓道，显得很是特殊。墓坑和墓道填土均夯筑坚实。有熟土二层台，墓底

---

① 刘绪、赵福生：《琉璃河遗址西周燕文化的新认识》，《文物》1997 年 4 期第 34 ~ 41 页。

置大型棺椁，椁室以方木垒砌（图一四三）。椁室随葬品基本被盗殆尽，但还遗留下克罍和克盉这样有着43字铭文的青铜重器，"令克侯于匽"一句中的"克侯"，可能指的就是第一任燕侯。二层台上放置各种青铜武器、工具和马具，以髹漆嵌青铜饰的盾引人注意，其中戈、戟、矛等武器几乎都将援尖折断而另置他处。在墓室的东南和西南角分别竖立4根和6根长矛，木杆髹以黑漆，矛尖也都被折断。这种毁器而葬的现象，或许也与"毁祭"有一定联系①。仅次于ⅡM1193的还有

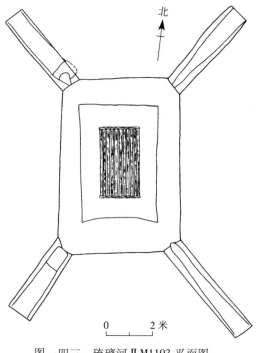

北

0   2米

图一四三　琉璃河ⅡM1193平面图

带两个墓道的ⅡM202，有熟土二层台和一椁二棺，其北有车马坑ⅡM202CH，共埋马4排42匹，车至少4辆，一般将箱、轮、轴、辕拆散放置，配有各种车具（图一四四）。

比较琉璃河Ⅰ、Ⅱ区墓葬，会发现Ⅰ区较大墓葬时有殉人，多见腰坑、殉狗现象，随葬陶器组合主要为鬲、簋、罐，车马坑在墓葬之南且车体完整、马匹如驾，而Ⅱ区基本不见殉人、殉狗、腰坑，随葬陶器组合主要为鬲、罐，车马坑在墓葬之北且车体拆散，武器尖端多被折断（更流行毁祭），说明葬俗方面确有一定差别。虽然两区都存在等级差异，但Ⅱ区的总体级别又高于Ⅰ区，尤其Ⅱ区西南分区的南群大型墓葬（燕国公墓区）绝不见于Ⅰ区。Ⅱ区墓葬出土青铜器多见"匽侯"铭文，ⅡM1193可能为第一代燕侯墓葬，而Ⅰ区的腰坑、殉狗、殉人等现象却同殷墟商文化葬俗很是一致，故发掘报告提出Ⅰ区为商遗民墓葬、Ⅱ区为燕国周人墓葬的意见

---

① 唐嘉弘：《西周燕国墓"折兵"之解》，《中国文物报》1992年5月17日。

图一四四　琉璃河ⅡM202CH平面图

应当基本可信。当然，Ⅰ区普遍随葬周式联裆鬲，Ⅱ区也有个别填土殉狗（ⅡM254）和腰坑殉狗（ⅡM264）现象，说明周人和商遗民在同一社会中多有融合①。尤其Ⅱ区北部的 M1126 和 M264 还有腰坑和殉狗，极可能为邻近Ⅰ区而受其影响的结果②。

白浮墓葬位于北京平原的北缘，已发掘的三座墓葬结构葬俗基本相同，均为南北向长方形竖穴土坑木椁墓，墓底有腰坑。以 M2 为例，墓坑长3.35、宽2.5米。椁室和墓坑间填以白膏泥，椁底苇席下也铺厚层白膏泥。腰坑中殉狗 1 只。墓主人仰身直肢葬，头向北，有随身衣衾残痕和铜泡服饰，头前左侧随葬陶容器和青铜礼器，头前右侧为车马器，身侧多为武器（图一四五）。除多见北方系青铜武器外，其他方面和琉璃河西周燕文化墓葬基本相同，尤其与Ⅰ区墓葬更为近似，应当是商遗民性质的燕国贵族墓葬。值得注意的是，作为女性墓葬的 M2 竟然随葬较多青铜武器，这和一般女性墓葬不随葬武器的情况有所不同，或为殷商贵族的传统习俗，很可能与其生前带兵有关。有人提出此为北方民族妇女的习俗③，其实不确，稍晚玉皇庙等北方游牧民族妇女墓葬基本都不随葬武器就是明证。

琉璃河都城西南20多公里处的镇江营聚落则是另外一番景象。该聚落发现有简陋的圆形半地穴式房屋，显示其普通聚落性质。不过窖穴较多，圆形、椭圆形、方形，直筒平底或袋状（有的内壁还见挖掘工具留下的印痕），直径或边长在2米左右，形制规整，底面铺垫沙土或夯实，有的留有铺草或树皮等的痕迹，有的侧壁还有柱洞，当为储藏粮食等的专门设施（图一四六）。这么多规整大窖穴的集中发现，与房屋显示的普通聚落的情

---

① 也有人认为琉璃河Ⅰ区墓葬同样也是姬燕墓地，见刘绪、赵福生：《琉璃河遗址西周燕文化的新认识》，《文物》1997 年 4 期第 34~41 页。

② 陈光认为这些墓葬应划归北区，见陈光：《西周燕国文化初论》，《中国考古学的跨世纪反思》，商务印书馆（香港）有限公司，1999 年。

③ 韩金秋：《白浮墓葬的微观分析与宏观比较》，《边疆考古研究》第 7 辑第 103~118页，科学出版社，2008 年。殷墟妇好墓随葬北方系青铜器的现象，也同样可能与其作为商王朝高级女将领长期与羌方等北方民族作战有关，林嘉琳关于妇好本人为北方民族的推测证据不足（〔美〕林嘉琳：《商代的艺术与认同——中原及其四邻》，《中国商文化国际学术讨论会论文集》第 323~332 页，中国大百科全书出版社，1998 年）。

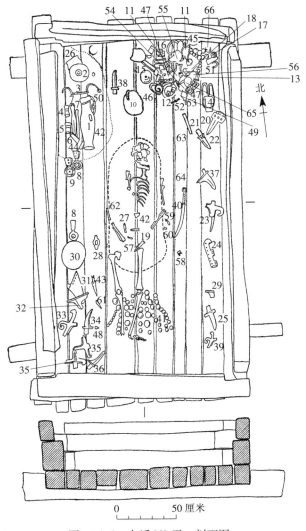

图一四五　白浮 M2 平、剖面图

1. 铜壶　2. 铜簋　3. 铜弓形器　4、5. 铜轴头　6. 铜斧　7. 铜剑　8、9. 铜銮　10. 铜盔　11、14、53. 铜当卢　12、15、30、64、65. 铜盾饰　13、16、47、55、56. 铜饰　17、18. 铜泡饰　19. 玉戈　20、22、25、29、31、34、36~38. 铜戈　21. 砺石　23、32、33、35、39. 铜戟　24、40. 铜刀　26. 陶鬲　27. 玉觿　28. 石锤　41. 腿甲铜泡　42. 甲骨　43. 铜矛　44. 铜锛　45. 铜镜形饰　46. 铜角形饰　48. 铜秘冒　49. 铜辖　50. 铜残鼎　51. 铜辖　52. 铜衔　54、63. 铜马冠　57. 玉器把　58. 牙梳　59. 牙觿　60. 残玛瑙杯　61. 铅戈　62. 狗骨架

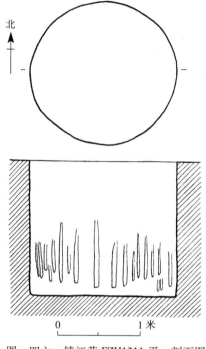

图一四六　镇江营 FZH1311 平、剖面图

况似乎不甚相应。或者该聚落地位本比现在看到的要高些，也或许该聚落与琉璃河都城有特殊关系。所见墓葬均为长方形竖穴土坑墓、头向东、仰身直肢葬，有的有二层台和木质葬具，随葬品仅见少量穿孔海贝等装饰品和个别陶器，与居址的低下地位吻合。墓主人头向不同于琉璃河墓葬，而与当地夏家店下层文化大坨头类型墓葬一致，或许反映其为当地土著人后裔。

西周实行封土建国的制度，学术界一般认为城内的"国人"即姬周人和城外的"野人"即土著存在相对对立局面①。就燕国来说，琉璃河都城为"国"而镇江营聚落为"野"，二者的确存在明确的阶级差异，但除墓葬头向不同外，在主要生活习俗等方面并没有本质的差异。放眼整个西周燕文化疆域，会发现即使到唐山、天津等边缘地区，土著特点也仅表现在墓主人头向朝东、佩戴两端压扁的金耳环等方面，青铜礼器、陶器等主要随葬品都还和琉璃河都城区很是一致。可见燕文化的统一性较强，暗示燕侯对域内的管理相当有效，绝非处于土著包围之中岌岌可危的状况。另外，琉璃河都城外可能属商遗民的墓葬（Ⅰ区）和以燕侯墓葬为核心的姬周人墓葬（Ⅱ区）同处一地，且前者也存在中型贵族墓葬，暗示部分商遗民当时可能也居住燕国都城内。如果说居住在城（国）内的为国人，或者这部分殷遗贵族也具有国人身份。

从 1996 年发掘情况来看，西周中期琉璃河燕国都城的城壕仍有较深蓄水，表明都城仍在使用，但已发现的琉璃河大、中型燕国墓葬均在西周早

---

① 白寿彝总主编，徐喜辰、斯维至、杨钊主编：《中国通史》第三卷第 310～317 页，上海人民出版社，1994 年。

期。或许西周中期燕侯已另择墓地。

2. 西周晚期至春秋早期的燕文化

发掘表明，西周晚期琉璃河燕国都城的城壕已经淤积近平而难以蓄水，还发现数例西周晚期的小型墓葬打破城墙夯土的情况，可见该城这时已经不再具有都城的功能。西周晚期以后该城址区彻底荒废，再也没有春秋时期遗存的发现。由于西周晚期至春秋早期燕国都城遗址至今尚未发现，因此极大地限制了对该时段燕国聚落形态和社会状况的认识。或许西周晚期后燕并蓟且迁都于蓟①。

琉璃河仍有西周晚期墓葬存在，表明仍有居民在附近居住，但数量较少，至春秋时期这一带已经荒无人烟了。就 1973～1977 年发掘的 61 座墓葬来说，发掘报告所确定的西周晚期墓葬 8 座，仅占能分期墓葬（49 座）的 16.3%。这些又均为小型墓葬，反映附近已不存在大型中心聚落，社会人口也显著减少。不过墓葬空间分布、形制和葬俗与前并无多大差别，随葬陶器均为中小型的联裆鬲、小口罐、簋、豆等明器，显示出相当的保守性。而且唯一有腰坑且在填土、腰坑中殉狗者也仍见于 I 区（I M13）。这表明琉璃河墓地仍可能大致维持I区为商遗民后裔、II区为姬周后裔的格局。以 I 区 95F15M8 为例，墓口长 2.38、宽 1.16 米。单棺，墓主人仰身

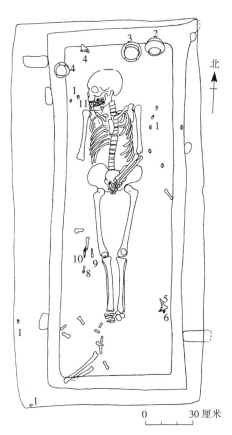

图一四七　琉璃河 95F15M8 平面图

1、6～8、11. 海贝　2. 陶罐　3、4. 陶鬲

5. 鬲足　9. 骨锥　10. 骨镞

---

① 侯仁之:《论北京建城之始》，《北京社会科学》1990 年 3 期第 42～44 页。

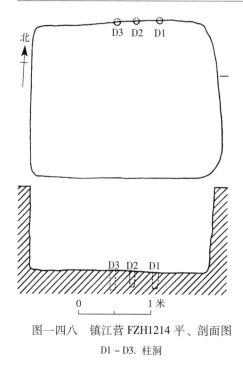

图一四八 镇江营 FZH1214 平、剖面图
D1 ~ D3. 柱洞

直肢葬，头向北。头部随葬陶鬲 2、陶罐 1，右腿外侧有骨锥和骨镞各 1，口中含 41 枚海贝（图一四七）。

附近的镇江营聚落则从西周晚期延续至春秋早期，并大体沿袭西周早中期聚落格局。房址少见且残破，为长方形或圆形地面式，可能为草拌泥垒墙（FZF2），见有柱洞；居住面铺垫细砂土，中部或墙角有灶坑，内置炊器陶鬲，烟道通向室外。灰坑遗迹较多，圆形或长方形，多数形制规整，有的坑壁留有掘土工具遗痕；尤其长方形者还一侧多见柱洞，当主要用作窖穴。有的坑底出土婴幼儿的零散骨头（FZH149、FZH852、FZH884、FZH891），有的甚至和兽骨共存，显示出对婴孩尸骨处理的随意性。以 FZH1214 为例，长方形竖穴平底，长 2.6 ~ 2.9、宽 2.35、深 1.25 米，北壁有 3 个柱洞；坑底发现一层腐朽后的白色痕迹，或为铺垫的有机质物品遗留（图一四八）。

这时的镇江营聚落遗迹众多、繁盛兴旺，恐怕已非没落的琉璃河聚落可比。

无论此时的易县燕下都是否已经作为都城，东沈村 6 号居址出土的筒瓦和素面瓦当等，表明那里曾经存在重要建筑。此外，东沈村 6 号居址也见有类似镇江营的带烟道的长方形半地穴式房屋。

八　早期铁器时代前期

1. 春秋中晚期的燕文化

北京地区应当存在属于此时的燕国都城，但至今尚未确认，此时北京地区

燕文化聚落形态的总体情况也不清楚。经过发掘的丁家洼聚落位于北京西南平
原地带，2006 年发现 100 多座灰坑，多为圆形或椭圆形直壁平底，填土含炭屑、
红烧土、陶片等，有的或为窖穴。2006 年发掘的前后朱各庄 Y1[①]，以及 1960 年
丁家洼村东南清理的 6 座窑址，当为丁家洼聚落窑场的组成部分。其中 2006
年发掘的 Y1 为竖穴式窑，残存窑室底部呈圆角长方形，长 1.74、宽 1.26 米，
窑箅上有横竖各 3 共 9 个火眼，火膛和操作坑残留不少木炭，表明采用木材烧
窑（图一四九）。附近当还存在与其相关的房屋等居址遗迹。龙湾屯墓葬随葬
青铜礼器、武器和车器，当属于燕国贵族墓葬，但墓葬总体情况不明。

2. 玉皇庙文化

玉皇庙文化目前仅发现多处墓地，彼此葬俗相近，应当反映大体类似

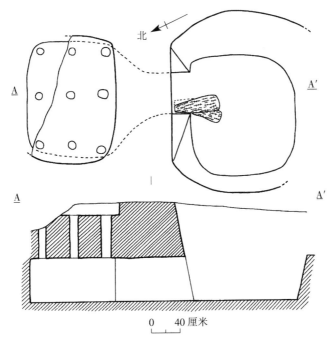

图一四九　前后朱各庄 Y1 平、剖面图

---

① 北京市文物研究所：《前后朱各庄遗址区考古发掘报告》，《北京段考古发掘报告集》
第 238～253 页，科学出版社，2008 年。

的埋葬意识和社会状况。以发表有详细资料的玉皇庙墓地的情况最具代表性。

　　玉皇庙墓地位于延庆盆地北缘的军都山南麓，发掘出保存较好的墓葬400座，南部应有一定数量的墓葬已被破坏。墓葬绝大多数为东西向的长方形土坑竖穴墓，大型墓常为梯形，不少墓葬设生土或熟土二层台；多数有木椁葬具，个别外围砌石块，似乎在模仿石椁[1]；头向朝东，基本都是单人仰身直肢葬；流行敷面习俗，在头骨附近常见铜扣及纺织物痕迹[2]；流行在上层填土（或殉牲台）殉葬马、牛、羊、狗等家畜的头骨和肱骨，最常见的是狗牲[3]，绝大多数位于墓圹东端，且其吻部与墓主人头向一致；还有上层填土积石等现象；随葬品多有一定位置：一般墓主人头部陶器1件，腰部短剑、削刀各1件，下肢部位为镞、锛、凿、锥、针、锥（针）管具、马具等，此外就是大量各类随身装饰品。

　　这些墓葬在规格上存在明显差别，发掘者将其划分为3型8级，大、中、小型墓墓圹长分别在3米、2.5米和2米左右，随葬品的数量和质量、殉牲的种类和数量也有明显不同，形成较为严密的墓葬制度——但显然与周人礼制并不相同。即使大型墓中中原式青铜礼器的存在，或许只是墓主人富有和较高地位的反映，不见得具备中原礼器的实质。

　　发掘者将其分为北区、南区和西区，除西区外，还将北区和南区进一步划分成了若干个墓葬分区和墓群（部）。这些区群并非同时并存。如果参照报告3期6段的分期结论，北区墓葬均属第一、二期（春秋中期），南区和西区墓葬均属第三期（春秋晚期）。同段的墓葬多数时候仅有一两群，每群有三四十座墓葬（图一五〇）。如果按每段平均约40年计算[4]，同时并存的每群代表的人们共同体的人数大约为20人，这应当是一个家族的规模。

---

①　石椁墓是夏家店上层文化的典型墓葬形制，如内蒙古宁城小黑石沟、南山根石椁墓。

②　属于夏家店上层文化的内蒙古敖汉旗周家地墓葬有类似的覆面习俗，在纺织品上缀以蚌壳、铜泡、绿松石等，见中国社会科学院考古研究所内蒙古工作队：《内蒙古敖汉旗周家地墓地发掘简报》，《考古》1984年5期第417~426页。

③　《晏子春秋·内篇》说："今夫胡貉戎狄之蓄狗也，多者十有余，寡者五六"，可见戎狄养狗之盛。

④　玉皇庙墓地大致相当于春秋中晚期，年代跨度当在200年左右。

如果同时并存这样两个墓群，就代表一个四五十人规模的家族公社。

具体来说，该墓地第一段仅有 1 个墓群，也就是北区 Ⅰ 分区的中部和西部墓葬，共计 34 座。这些墓葬以最高级别的甲（A）级大型墓 YYM18 为中心，围绕它的是 YYM2、YYM22 两座甲（B）级大型墓，以及 YYM11、YYM13、YYM20 等乙（A）级中型墓，外围则为小型墓葬。这样空间上从内至外 3 个层次的分法，应当是存在较为严格的墓葬制度的反映。如果承认这个墓群代表一个家族，那么这些大小墓之间的区分就不应当是贫富分化的表现[①]，而更可能与墓主人的社会地位相关：中心的 YYM18 当为死于壮年的家族首领墓葬，周围的大、中型墓葬的墓主人可能拥有次一级权利，一般为高中级武士，外围则为一般成员和儿童。实际上整个玉皇庙墓地男性青壮年的墓葬级别都偏高，殉牲平均数量也多于女性和孩童。这种情况应当与现实社会有关，颇近匈奴"贵壮健，贱老弱"的习俗[②]，应当是游动性强的畜牧民族长期形成的有利于其生存发展的社会特点。同样，第二段也仅有北区 Ⅱ 分区北部 1 个墓群 43 座墓葬，以甲（A）级大型墓 YYM230 和 YYM250 为中心，围绕它的是 YYM229、YYM280 等乙（A）级中型墓，外围则为小型墓葬；第三段的北区 Ⅱ 分区中部墓群以甲（B）级大型墓 YYM52 为中心，第五段的南区北部墓群以甲（B）级大型墓 YYM151 为中心。第六段的南区南部墓群大致以 YYM129、YYM161、YYM334、YYM338、YYM339、YYM344 这些乙（A）级中型墓组成中心圈，但已不见大型中心墓，同时的西区墓葬全为小型墓，显见该墓地所代表的社会已趋于衰落，原有的墓葬制度已难以维持。如果南区南部墓群和西区墓葬分别为分化出的两个家族墓群，那么这两个家族之间就存在明显的贫富分化了。

但更重要的贫富分化和等级差异主要出现在不同的墓地之间。像玉皇庙 YYM18、YYM230、YYM250 这样的梯形大型墓，殉牲数量多达数十，随葬品近千，还有较多中原式青铜礼器以及北方系月牙形项饰、虎形牌饰、

[①]　而发掘者靳枫毅则认为玉皇庙墓地本身存在较为严格的阶级差异，甚至还有处于社会最底层的"奴隶阶级"，见北京市文物研究所：《军都山墓地——玉皇庙》第 1376 ~ 1430 页，文物出版社，2007 年。

[②]　"壮者食肥美，老者食其余。贵壮健，贱老弱。"见司马迁：《史记·匈奴列传》第 2879 页，中华书局，1959 年。

螺旋状耳环等珍贵金饰，墓主人生前有可能是整个玉皇庙文化的首领，玉
皇庙墓地也应当是整个玉皇庙文化中级别最高的墓地之一。与其级别相近
者大概仅有河北怀来甘子堡墓地。次一级的当为西梁垙墓地和梨树沟门墓
地，也有随葬月牙形项饰、马形牌饰、螺旋状耳环等金器和青铜礼器的大
型墓，但未见金虎形牌饰，青铜礼器数量少。再次，就是葫芦沟、小白阳
等墓地，不见随葬青铜礼器和金器的大型墓，有少量中型墓，大多数为小
型墓葬。如此严格的阶级差异和较为严密的组织制度，反映玉皇庙文化处
于早期国家或者方国的阶段。

　　当然，即使除去等级原因，各墓地间在文化内涵上也还是存在一定区
别。以玉皇庙和葫芦沟墓地为例，前者墓向绝大多数朝东，屈肢葬仅1%，
敷面者占一半，殉牲皆在墓内；一般仅每墓随葬1件陶器，不见指甲纹三足
罐。后者墓向多数朝东或东偏北，屈肢葬达15%，敷面者约1/5，有30%
殉牲在墓外附近；每墓随葬2件以上陶器者达到13座，有的甚至有五六件
且多为燕式陶器，常见指甲纹三足罐（图一五一）。这或许是因为玉皇庙墓

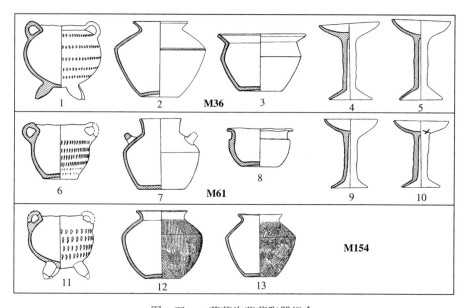

图一五一　葫芦沟墓葬陶器组合

1、11. 双耳三足罐（YHM36：3、YHM154：1）　2、12、13. 折肩罐（YHM36：4、YHM154：
3、YHM154：2）　3、8. 盆（YHM36：5、YHM61：6）　4、5、9、10. 豆（YHM36：1、
YHM36：2、YHM61：4、YHM61：5）　6. 双耳平底罐（YHM61：1）　7. 壶（YHM61：3）

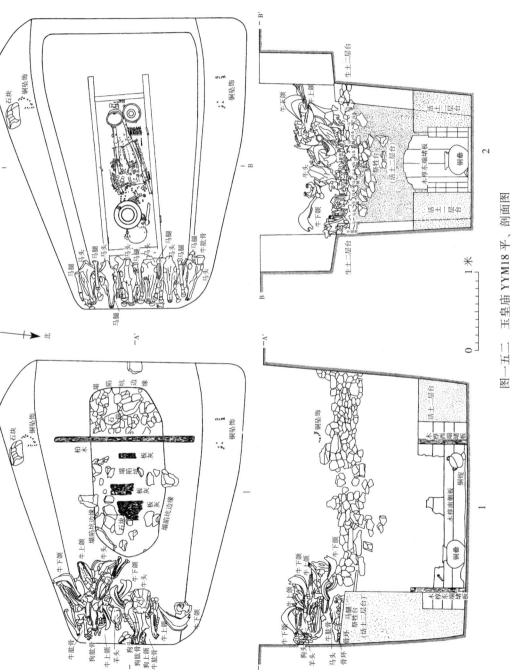

图一五二 玉皇庙 YYM18 平、剖面图
1. 上层 2. 下层

地原来级别最高，着意恪守本民族传统，而葫芦沟墓地级别较低，更容易接受周围文化影响的缘故。正如发掘者所说，这也透露出春秋晚期玉皇庙墓地所代表的人群已经衰落，对葫芦沟墓地人群等可能不再有统属关系[①]。

　　我们还可以通过典型墓葬的空间层次结构和随葬品的空间分布位置及其功能，探求这些游牧民族思想中"地下世界"的本来面目。以保存完好的甲（A）类最高级大墓M18为例。该墓为圆角梯形的竖穴土坑墓，墓口长3.6、宽1.6~3.23米，深2.66米。从距墓口0.9米处开始，在南北两侧留出生土二层台，其地下结构主要可分为台内和台外两大层次（图一五二）。

　　台内部分的核心，就是墓底正中的长方形木棺，长2.4、宽0.8米[②]；木棺四周的空间均用土填充夯实而形成所谓熟土二层台。显然，木棺是为墓主人在台内留下的唯一"居住"空间。棺内为一40岁左右的男性墓主人，仰身直肢葬，头向东。棺内随葬物品达900余件（多数是装饰品），可以分成两大类：

　　第一类是随身物品，主要是墓主人的衣物装饰和随身武器工具。衣物装饰方面，除金丝耳环、金虎牌饰等外，最显著者是在胸膝之间有一个联珠形小铜扣组成的长方形圈子，其间有至少4列野猪形铜坠饰，以及数列绿松石珠，膝盖部位则有一排野猪形铜坠饰（图一五三）。这些物品应当曾经都装饰在一件有机质的裙类衣物上面。墓主人尸骨下面还铺垫毛皮和羊毛毡。另外，墓主人身体左侧尖端朝下的青铜短剑和削刀，或许就是其生前随身所佩。这类和墓主人联系最为紧密的物品，更像是其生前状态的自然延续，随葬的刻意人为成分最少。

　　第二类是非随身物品。墓主人身体四周的戈、锛、凿、针（锥）管具、锥等青铜武器和工具，胸腹部由铜镳、衔、节约和泡组成的两套马具，虽可能为其常用，但不见得生前随身携带。压在胸部的罍、足部的镂、敦、钶等青铜器，以及右胫骨外侧成排的青铜箭镞，更属有意放置。这类物品

①　北京市文物研究所：《军都山墓地——葫芦沟与西梁垙》第555页，文物出版社，2009年。

②　该类木质葬具大小刚能容身，六面俱全，故称其为棺更为妥帖。《军都山墓地——玉皇庙》发掘报告则称之为"椁"。

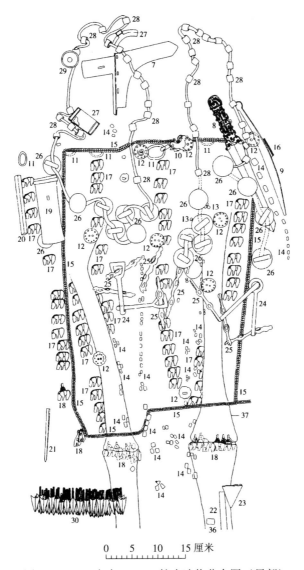

0　　5　　10　　15 厘米

图一五三　玉皇庙 YYM18 棺内遗物分布图（局部）

7. 戈　8. 短剑　9. 带钩　11. 环　12. 扣　13. 坠珠　14. 珠　15. 联珠形扣　16. 长
方形带饰　17. 野猪形带饰　18. 野猪形坠饰　19. 锛　20. 锥（针）管具
21. 锥　22. 凿　23. 砺石　24. 衔　25. 镳　26. 泡　27. 节约　28. 环箍　30. 镞
36. 盒形器器盖　37. 盒形器（压在左股骨之下）（除 13、14 为绿松石，23 为赤铁矿
石外，余均为铜器）

和墓主人的联系不如第一类紧密，随葬的刻意人为成分稍多。

　　如果仅有第一类随身物品随葬，木棺或许就只是墓主人在地下安眠的"床"。加上第二类非随身物品，木棺就显得更像"居室"；但这个"居室"过于狭隘，即使仅仅安眠着一个人，还要把一些车马器、容器等压在"人"的身上，这在现实的世界中不可能发生。可见，木棺并非对现实"居室"的完全模仿。

　　台外部分的核心是殉牲。木棺东端（头端）的熟土二层台（高 1.6 米），高于棺顶和其他三面的熟土二层台（高 0.65 ~ 0.74 米），大致与东西两侧的生土二层台（高 1.76 米）平齐，其上摆放牲畜骨骼，应为特设的殉牲台。殉牲包括马头骨 16、马腿骨 16、牛头骨 2、牛肱骨 16、羊头骨 7、羊肱骨 5、狗头骨 4、狗肱骨 6。大致分上、中、下三层整齐有序地摆放，动物骨骼的吻部和蹄部均朝东（和墓主人头向一致）：下层放马头 6、马腿 12，头在上而腿在下，1 个马头配 2 条马腿；马头附近还见有数件作为马具的铜环、骨环。中层放马头 10、马腿 6、牛肱骨 10，也是头上腿下，马腿和牛肱骨则相互交错排放。其余均在上层，大致是狗骨在最前（最东），中间为羊骨，后面为牛骨。

　　下层的马骨以及马具，可能代表 6 匹可以驾驭的完整的马，不排除这些就是墓主人生前之爱马的可能性，也或许是其首领地位的一种礼遇规格。在《大戴礼记》、《荀子》、《吕氏春秋》等先秦文献中，都有"六马"或"六骥"的说法①。《逸周书·王会解》中更明确提到"天子车立马乘六"，逸礼《王度记》也说"天子驾六"②。近年在洛阳东周王城车马坑中还明确发现六匹马驾一车的情况，大约正是"天子驾六"的实物遗存③。看来在周代六马的确是最高规制。秦代尚六，"乘六马"，六马此后更成为皇帝专门

---

① 《大戴礼记·子张问入官》云："六马之离，必于四面之衢"。《荀子·劝学篇》云："六马仰秣"，《修身篇》云："六骥不致"，《议兵篇》云："六马不和"。《吕氏春秋·忠廉篇》云："吾尝以六马逐之江上矣，而不能及。"
② 关于逸礼《王度记》的这段内容，文献引用不一。汉郑玄《驳五经异义》作"案礼王度记曰：天子驾六，诸侯与卿同驾四，大夫驾三，士驾二，庶人驾一"。
③ 洛阳市文物工作队：《洛阳王城广场东周墓》，文物出版社，2009 年。

规制，甚至汉代匈奴单于也"乘六羸（骡）"①。玉皇庙 YYM18 应当是玉皇庙
文化中最高级别的墓葬，受周人礼制影响而设象征权威的六马实属可能之举。

　　中层的殉牲头、腿（肱骨）难以配对，大概象征成群的牛、马，并不
强调其具体数目。上层的殉牲摆放有序，让人联想到牧犬引路、羊群居中、
牛群列后的放牧情景。果真如此，那殉牲象征的就是永久伴随这位地下牧
人领袖的畜群了②。只是上、中、下三层还有象征空间上的更为细微的区
别：下层的马和墓主人空间上的距离最近，相互关系可能最为密切；中层
的牛、马群次之，而上层或许就是草原畜群的象征。有趣的是，在与殉牲
台同一高度的中西部填土中摆放大量石块，东西两侧还见有若干"人"字
形铜坠饰，这就使得殉牲台这一高度空间延展开来，象征草原的意味更浓。
另外，殉牲集中在墓主人头端，殉牲头向和墓主人头向多一致，或许是在
强调其与墓主人的隶属关系。

　　台内"居室"和台外"草原"，构成玉皇庙 YYM18 地下两大象征空间
层次；二者间以 0.9 米左右的填土隔开，大概是为了强调"居室"和"草
原"之间的空间距离。

　　据所随葬周式青铜容器的形态特征，YYM18 的年代应在春秋中期偏早③，
属于玉皇庙墓地最早的墓葬之一。和 YYM18 同样随葬青铜礼器、在殉牲台下
层摆置 6 马的甲（A）类大墓，还有稍晚的 YYM250。不过该墓在墓穴足端
（西段）三面留出生土二层台，使得殉牲台至生土二层台这一高度的"凸"字
形"草原"空间更加突显；而且其上还发现 3 处红烧土面，夹杂木炭屑，应
为墓祭遗迹。同属甲（A）类大墓的 YYM230 以陶器代替青铜礼器、虎形牌饰

①　《史记·卫将军骠骑列传》："单于遂乘六羸，壮骑可数百，直冒汉围西北驰去。"
②　发掘者靳枫毅就认为墓内殉牲"往往是象征性地仿照平时放牧生活的实际场景和阵
　　式"，见北京市文物研究所：《军都山墓地——玉皇庙》第 148 页，文物出版社，
　　2007 年。
③　《军都山墓地——玉皇庙》发掘报告推定其为春秋早期，杨建华《春秋战国时期中国
　　北方文化带的形成》一书推定与其同时的 M2 为春秋中期（第 74～76 页），两书均承
　　认 M2 的盘、匜、敦等青铜器与洛阳中州路 M2415 同类器很相似。洛阳中州路 M2415
　　的年代，原报告定在春秋早期（中国科学院考古研究所：《洛阳中州路（西工段），科
　　学出版社，1959 年》），而《古代中国青铜器》一书定在春秋中期偏早（朱凤瀚：《古
　　代中国青铜器》，南开大学出版社，1995 年），当以后者为是。

为铜质而非金质、殉牲中仅有 2 马，其级别应稍低于 YYM18 和 YYM250。

　　发掘报告将玉皇庙墓葬分成四等八级。随着级别的递减，墓葬结构渐次简单，随葬品和殉牲的种类和数量也依次变化，有的甚至没有殉牲和葬具。不过，大部分墓葬虽然没有生土二层台①，但殉牲都在接近墓口的头端，与盛殓尸骨的棺都有较大的空间差距，内"居室"、外"草原"的象征结构仍有较为清楚地表现。可见这种内、外空间观念已是这些游牧民族的集体意识，并非上层人物特有，也不受性别影响。此外，大部分墓葬每墓都在头部随葬 1 件陶器，应当不仅是模仿"居室"实用器，而是还具有某种特殊的象征意义。

　　值得注意的是，玉皇庙文化墓葬除了少数可能具有标识性质的"墓顶石"，以及个别大墓地面上的可能属于墓祭遗迹的红烧土面外，缺乏享堂、坟丘、积石、石围等其他墓上设施。这虽然不排除是后来破坏所致，但更可能原本如此。大概与这些游牧民族不很强调墓上设施的纪念性有关。

　　实际上，玉皇庙墓地所揭示的社会状况和丧葬思想，不但适合于整个玉皇庙文化，而且在整个北方长城沿线游牧民族文化中都具有一定的普遍性。这些游牧民族和中原农业民族并没有本质的差别，都试图营建墓葬作为族人在地下的永久居所或者永久"家园"。但在墓葬空间结构安排上，却存在明显的差异：北方民族利用墓葬纵深空间的远近，来强调内层居处和外层"草原"的区分；中原民族利用墓葬平面空间的展开和多重棺椁，营造出院落、居室等不同层次的"阴宅"空间。这显然与他们的现实生活密切相关。北方民族游动性大，聚落稳定性差，居住设施简易，因此墓葬中的"居室"或"居处"颇为简单。草原才是他们真正的家园，墓葬中也就特别强调象征草原的外层空间及其牲群的重要性。中原民族聚落稳定，庭院居室的大小和复杂性体现出清楚的等级观念，墓葬上就可能形成棺椁制度。从这一点上，我们可以看出现实的经济基础和社会状况对人们丧葬理念的制约作用②。

---

① 据发掘报告，其中具有生土二层台者共 37 座，仅占总数的 9.25%。
② 韩建业：《春秋战国时期长城沿线游牧民族的地下世界》，《南方文物》2008 年 4 期第 67~73 页。

九　早期铁器时代后期

　　战国时期燕文化遗址（包括城址）较为集中地发现于北京南部房山区的北拒马河以北至大石河流域之间，在宣武区至永定门外的丰台区一带也发现较多战国遗存，大约这些区域为北京地区战国时期燕文化的核心所在。此外，在东城区和门头沟区之外的其余各区县还发现若干墓葬、窖藏和各类遗物，也当为燕文化的重要分布区。尤其通州、丰台一带还发现高级别的随葬铜礼器的墓葬，其在燕国的地位更不可小觑。

　　北京地区较为清楚的战国时期大型燕国城址为房山窦店古城。该城位于拒马河支流大石河东岸，有长方形夯土城墙。北墙破坏无存，西墙受大石河限制而略朝东斜；南墙正东西向，长 1230 米；东墙正南北向，复原长 1040 米；复原总面积约 128 万平方米。墙宽 15～20 米，每面城墙的中部设城门。城墙始筑于战国早期，局部凹洼处夯垫整平，夯土板块狭窄，夯层较厚，夯打不够坚实；战国晚期整修加高加厚，夯土版块加宽，夯层略薄，夯打坚实。城内有十字形街道，东南部常出铁块、残铁器、红烧土等，当属冶铁作坊区。东部出过铜渣、铜钱等，附近高处出土过千余块一面带绳纹的方砖，当为重要建筑区所在地（图一五四）。该城面积广大、建造精整，当为战国时期燕国最高级中心聚落之一。北宋乐史《太平寰宇记》卷六十九河北道幽州良乡县下记载"在燕为中都，汉为良乡县，属涿郡"①。调查试掘者据此推测其为燕中都②。

　　在窦店古城的周围还分布着诸多战国遗址，与前者当有从属关系。其中重要者如其北的黑古台遗址，其南的蔡庄、长沟古城以及片上、南正、琉璃河、镇江营、辛庄、张坊、史各庄、北尚乐、石窝、下营、纸房、独树、后石门等遗址。蔡庄古城和长沟古城均有正方形夯土城垣，边长分别

① 南宋潘自牧《记纂渊海》卷二十二燕山府路燕山府良乡县下也说："良乡，春秋时燕中都地，汉为良乡县"。
② 北京市文物研究所拒马河考古队：《北京市窦店古城调查与试掘报告》，《考古》1992 年 8 期第 705～719 页。

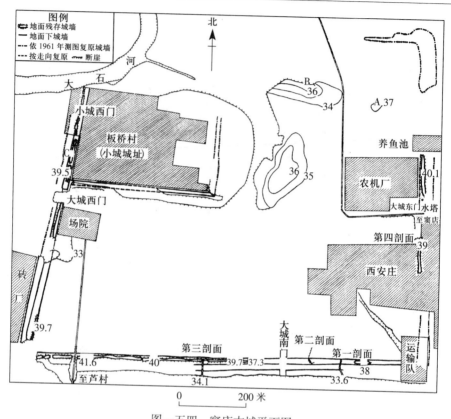

图一五四　窦店古城平面图

（据《北京市窦店古城调查与试掘报告》图二改绘。其中大城外城建于三国两晋时期，小城为北魏良乡县治）

为300米和500米，也都有十字形街道①。以上3处遗址中均出土有饕餮纹半瓦当。在片上遗址还存在长宽10多米、高5米的夯土台。此外，在南正、镇江营、琉璃河等遗址还发现灰坑、灰沟、房址、窑址等遗迹，内含生活用陶器碎片、瓦当、生产工具等。尤其南正遗址发现较多陶窑，并出土制陶工具，应当存在专门的制陶作坊。

　　同样发现饕餮纹半瓦当者，还有北京宣武区广安门外②和韩家潭图书馆

① 北京市文物研究所：《北京市考古五十年》，《新中国考古五十年》第11～12页，文物出版社，1999年。

② 赵正之、舒文思：《北京广安门外发现战国和战国以前的遗迹》，《文物参考资料》1957年7期第74～75页。

院内等处①。另外，20 世纪 50 至 70 年代，曾在北京陶然亭、广安门内、白云观、宣武门内、和平门外等处发现战国陶井数十座，而以白云观、宣武门至和平门一带最为密集②。饕餮纹瓦当为建筑构件，密集水井则为城市供水的必要设施，这些都说明宣武区一带极可能存在战国时期燕国另一处最高级中心聚落。有的研究者提出这里正与燕上都蓟城有关③。古蓟城所在地正处在永定河的两条故道之间的长形高地上，总的趋势是西高东低。在白云观西侧高地突兀，成为高丘，侯仁之曾考证它就是《水经注》所记载的蓟丘④。陈平最新指出，白云观陶罐上的戳印文字"𤏶"即"蓟"，说明白云观原有土丘一带确为战国时期燕上都蓟城所在地⑤。《韩非子·有度》说："燕襄王以河为境，以蓟为国"，说明燕襄王时期蓟城的确为燕国都城。陈平以为这里的燕襄王也就是战国时期著名的燕昭王（燕昭襄王）⑥。这样北京地区的燕上都和中都，加上河北易县燕下都，就构成战国时期燕国特殊的三都格局。对于南北狭长的燕国来说，这样的格局便于南御诸夏、北抚戎狄，的确有其合理的一面。至于蓟城作为燕上都是否能上溯到西周晚期，是否是在琉璃河早期燕国都城废弃后兼并蓟的结果⑦，还有待今后的考古验证。

战国时期的燕国墓葬基本都是长方形竖穴土坑墓，多有木质棺椁，墓

① 北京市文物管理处：《北京又发现燕饕餮纹半瓦当》，《考古》1980 年 2 期第 191 页。

② 周耿：《介绍北京市的出土文物展览》，《文物参考资料》1954 年 8 期第 69 页；苏天钧：《十年来北京市所发现的重要古代墓葬和遗址》，《考古》1959 年 3 期第 135 ~ 137 页；北京市文物工作队：《北京西郊白云观遗址》，《考古》1963 年 3 期第 167 页；北京市文物管理处写作小组：《北京地区的古瓦井》，《文物》1972 年 2 期第 39 ~ 46 页。

③ 旌文冰：《北京的古陶井及古蓟城遗址》，《光明日报》1971 年 12 月 20 日；北京市文物管理处写作小组：《北京地区的古瓦井》，《文物》1972 年 2 期第 39 ~ 46 页。

④ 侯仁之：《燕都蓟城城址试探》，《侯仁之文集》第 47 ~ 53 页，北京大学出版社，1998 年。

⑤ 陈平：《释"𤏶"——从陶文"𤏶"论定燕上都蓟城的位置》，《中国历史文物》2007 年 4 期第 4 ~ 6 页。

⑥ 陈平：《燕史记事编年会按》第 193 ~ 195 页，北京大学出版社，1995 年；陈平：《燕亳与蓟城的再探讨》，《北京文博》1997 年 2 期。

⑦ 如唐人张守节《史记·周本纪·正义》所说："蓟燕二国俱武王立……蓟微燕盛，乃并蓟居之，蓟名遂绝焉。"

向多为南北向，流行仰身直肢葬，个别屈肢葬，葬俗大体类似。又可分不同类别。甲类为随葬较多青铜礼器的通州中赵甫和丰台贾家花园墓葬。从贾家花园墓葬残迹来看，为南北向土坑竖穴墓，墓室长 2.4 米，北壁（当为头端）有半米见方的壁龛。壁龛内分两排随葬礼器：前排有铜豆和嵌铜扣带盖漆盒各 1，后排有铜钫 1 和铜鼎 2。墓室内见板灰痕迹，原应有棺椁。中赵甫墓葬本身形制已被毁不明，随葬品中铜鼎就有 3 件，其他还有豆、敦、匜、匕、勺等青铜礼器。这些青铜或漆木质礼器制作精整、装饰华美，形态和组合均略同于中原战国贵族墓葬的一般特点，其墓主人当属燕国中小贵族。

　　乙类为主要随葬仿铜陶礼器的墓葬，如昌平松园、半截塔和怀柔城北战国墓葬。松园二墓也为南北向土坑竖穴墓，墓口长 5～5.6、宽 3～3.7 米，有二层台和木质棺椁，随葬品置于头前椁室内或壁龛内，有鼎、豆、壶、盘、匜、簠（方座簠）、瓿等朱绘仿铜陶礼器，璜、圭等石礼器，以及实用器陶鬲等。此二墓墓室阔大、仿铜陶器极尽华美，墓主人或为没落贵族，名义上的地位或许还高于贾家花园铜器墓。怀柔城北墓地共有战国时期墓葬 23 座，均为南北向土坑竖穴墓，墓口长 3～4.5、宽 1.5～3.3 米，有的有生土二层台，多数为一棺一椁，随葬品置于头前二层台或者棺椁之间，随葬

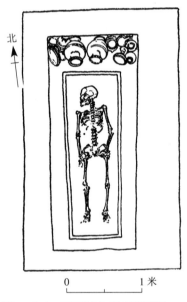

图一五五　怀柔城北墓 5 平面图

鼎、豆、壶、盘、匜等仿铜陶礼器，燕式鬲、釜等生活用陶器，以及铜带钩、玛瑙环等，如墓 5（图一五五）。反映的墓葬习俗和松园墓葬近似，但墓葬规模小，较少朱绘陶器，不见璜、圭等石礼器，其级别应当稍低。该墓地大体可分为南北 2 群：北群 8 座、南群 15 座。每群墓葬都有早晚区别，或许代表两个连续以此作为茔地的家族，整个墓地就是一个大家族墓地（图一五六）。

　　丙类为随葬少量生活陶器等或无随葬品的小型土坑竖穴墓，如房山岩

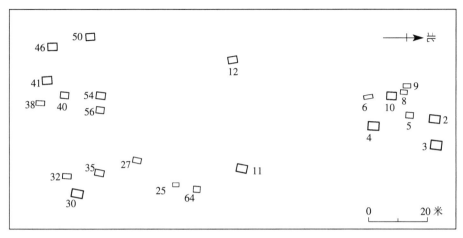

图一五六　怀柔城北战国时期墓葬分布

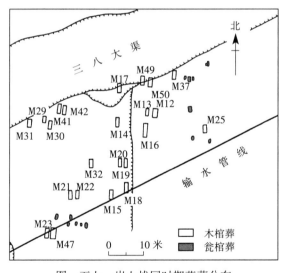

图一五七　岩上战国时期墓葬分布

上、琉璃河战国墓葬等①。岩上墓葬共 23 座，也可能为一个大家族墓地。有些两两成对的墓葬，如 M12 和 M13、M19 和 M20、M21 和 M22、M23 和 M47、M41 和 M42、M49 和 M50 等，有属于夫妻并排墓葬的可能性（见图一五七）。墓葬均南北向，墓底铺青膏泥，个别有生土二层台，墓口长 2.1 ~

---

① 孙玲：《琉璃河遗址发现战国墓群》，《中国文物报》1992 年 7 月 19 日第一版。

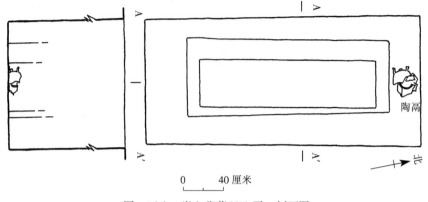

0 ——— 40 厘米

图一五八　岩上墓葬 M12 平、剖面图

2.8、宽 0.8～1.5 米，多仅有单棺而无随葬品，个别一棺一椁，或随葬陶鬲、豆和铜带钩等。其中 M12 为该墓地最大墓葬之一，墓口长 2.8、宽 1.3 米，一棺一椁，也仅随葬 2 件陶鬲，为该墓地唯一随葬两件器物的墓葬（图一五八）。这些墓葬中不见礼器，当为普通平民墓葬，显然比怀柔城北墓葬又低一个级别。

丁类为瓮棺葬，如房山岩上、八里庄墓葬等。岩上瓮棺葬 14 座，呈两群分布在木棺墓的边缘，应当为附属于竖穴墓的婴孩墓群，可能对应两个家族（见图一五七）。这些瓮棺葬也有南北向的竖穴土坑，由

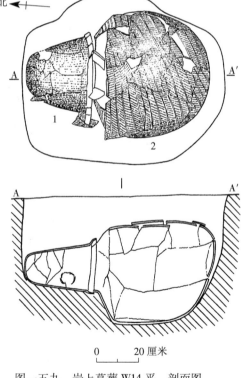

0 ——— 20 厘米

图一五九　岩上墓葬 W14 平、剖面图
1. 陶釜　2. 陶瓮

两三件釜、瓮套合成葬具，均无随葬品，如 W14（图一五九）。

以上四类墓葬至少代表三四个社会等级，但在北京地区至今尚未确定

此时最高级别的燕侯（燕王）墓葬。房山黑古台遗址有一底部边长约 40 米、地面封土高约 8 米的夯土墓，钻探表明下有"凸"字形墓圹，墓穴上方填白膏泥，^{14}C 测年数据在战国末期（BP2270±70 年）[1]，有属于当时的燕侯或燕王墓葬的可能性。该遗址中心被称为"乐毅墓"的高台底部边长约 60、高约 10 米，也有作为高级别墓葬的可能性。

---

[1] 北京市文物研究所：《北京市考古五十年》，《新中国考古五十年》第 11 ~ 12 页，文物出版社，1999 年。

第五章　经济形态

主要通过对生产工具和动植物遗存的分析,结合陶器类型和聚落形态等,探讨先秦时期北京地区经济形态状况及其演变。

一　新石器时代早期

东胡林类遗存出土很多刮削器、石叶等细石器。刮削器等可以肢解加工猎获动物,说明北京当时"专业"的狩猎经济还占重要地位,可以视其为旧石器时代晚期以来草原狩猎传统的延续①。经鉴定,东胡林遗址哺乳动物当中鹿骨最多,其他还有猪、獾等,都可能为主要狩猎对象。鱼镖的发现,以及大量螺、蚌遗存的出土,则是存在捕捞经济的直接证据。

东胡林类遗存还发现不少打制的砍砸器和尖状器,尤其砍砸器的较多发现,表明对森林环境条件下植物性食物的采集和加工也很重要。石磨盘、石磨棒的功能主要是加工禾本科植物籽粒以备食用,其发现或许反映当时存在密集采集行为。石叶可镶嵌在骨梗中制成复合工具,东胡林遗址就发现有骨梗石刃刀,这种刀不但可切剥动物,也可用来收割谷物②。这样看

---

① 虽然北京山顶洞和王府井东方广场发现的石器不多,且主要为石片石器,但当时华北占据主导地位的还是以河北阳原虎头梁和玉田孟家泉为代表的细石器遗存,主要工具组合为端刮器,属于专业狩猎类型。见王幼平:《中国远古人类文化的源流》第222~227页,科学出版社,2005年。

② G. F. 科诺布科娃:《古代镰刀及其使用痕迹之模拟实验研究》,《考古学的历史·理论·实践》第236~253页,中州古籍出版社,1996年;王小庆:《赵宝沟遗址出土石器的微痕研究——兼论赵宝沟文化的生业形态》,《考古学集刊》第16集第124~150页,科学出版社,2006年。

来，不排除东胡林类遗存出现黍、粟类原始农业的可能①，已发现的筒形罐类陶器或许正与炊煮禾本科植物的籽粒有关。日本和俄罗斯远东地区的陶器虽然可早到15000年以前，但长期属于渔猎经济，因此，北京有可能是东北亚最早产生农业的地区之一。

石器制作是当时重要的手工业门类。打制石器大多加工简单，少数制作精细，采用两面加工方法，刃部锋利。细石器延续旧石器时代晚期以来间接压剥的方法，原料多为燧石。斧、锛、凿形器等磨制石器一般都是先琢后磨，斧、锛多刃部磨光，凿形器通体磨光，反映磨制石器制作技术已脱离最原始的阶段。锥、笄、镖等骨器的加工和骨梗石刃刀制作技术成熟，同样属于旧石器时代晚期以来传统技术的延续。

此外，当时已经出现木工、制陶等手工业。磨制石斧的主要功能应当是砍伐和加工树木，磨制石锛则是专门的木工工具。推测当时应已出现具有榫卯结构的木器或者建筑构件②。陶器夹砂粗陋、质地疏松，从断面观察，有的采用泥片贴筑法制作，有的可能为泥条制作或直接捏塑。器物均为平底，或许是放置在木板等平面物体上制作。内壁粗糙，外表略加抹压而稍光滑，有的还压印、附加纹饰。器表颜色斑杂，多呈红褐或灰褐色，火候不均，表明是在氧化气氛下低温烧制而成。

二　新石器时代中期

北京地区明确属于兴隆洼文化的生产工具，仅有延庆、平谷、密云、怀柔等地采集的打制略磨的带肩石铲，当属于翻地的农业生产工具。在内蒙古敖汉旗兴隆沟兴隆洼文化遗存中，除发现类似带肩石铲外，还明确发现较多炭化栽培农作物黍和粟③。北京地区兴隆洼文化的农作物应当也是黍

① 有人推测太行山地区是粟作农业的起源区，见王星光、李秋芳：《太行山地区与粟作农业的起源》，《中国农史》第21卷1期第27～36页，2002年。
② 河北徐水南庄头遗址就发现有人工凿孔的木棒、人工凿有凹槽的木板，见保定地区文物管理所等：《河北徐水县南庄头遗址试掘简报》，《考古》1992年11期第964页。
③ 中国社会科学院考古研究所内蒙古第一工作队：《内蒙古赤峰市兴隆沟聚落遗址2002～2003年的发掘》，《考古》2004年7期第3～8页。

粟类。

　　赵宝沟文化上宅类型早期的生产工具主要为石器。据对面貌较为单纯的北埝头遗址的统计，以斧、铲、凿、纺轮等磨制石器和盘状器、磨盘、磨棒为主，刮削器、石叶、石片、镞等细石器约占1/3，还有少量打制石器（图一六〇）。和东胡林类遗存相比，细石器、打制石器减少，磨制石器大为增加，这显然应当是狩猎采集成分降低，而粟黍类旱作农业较快发展的反映。磨制石器中的石铲明确为用于翻地的农业工具①，数量较多的盘状器或许为收割谷物的工具，而磨盘、磨棒、石杵等则为粮食加工工具。在上

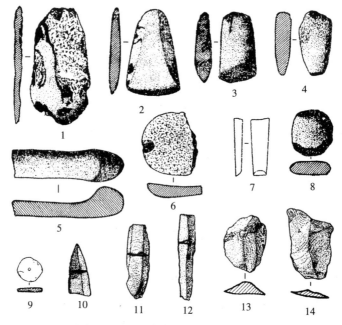

图一六〇　北埝头遗址石质生产工具

1. 铲（F8：3）　　2、3. 斧（F1：25、F10：5）　　4. 杵（F4：10）　　5. 磨棒（F1：16）
6. 磨盘（F8：15）　　7. 凿（F2：12）　　8. 盘状器（F1：22）　　9. 纺轮半成品（F2：23）
10. 镞（F1：28）　　11、12. 石叶（F1：31、F3：9）　　13、14. 刮削器（F3：12、F1：35）
（10～14为细石器，其余均为磨制石器）

①　王小庆：《赵宝沟遗址出土石器的微痕研究——兼论赵宝沟文化的生业形态》，《考古学集刊》第16集第124～150页，科学出版社，2006年。

宅第 5 层发现较多禾本科花粉，有的当属农作物花粉①。估计当时虽已出现
农业经济，但狩猎采集比重仍然很大。特别值得一提的是，两面遍刺小三
角纹的饼状鏊的发现，表明当时很可能已经出现小米面的烙饼类食品。

兴隆洼文化和赵宝沟文化上宅类型早期的陶器绝大多数夹砂，少量粗
泥质，仍保持比较粗放的制作特点，但比东胡林类遗存陶器要规整很多。
器物多为平底，有的口沿外还有多周旋纹，实际为压印而成，并非慢轮修
制。陶器外表特别崇尚装饰，使用旋压、抹压、刻划、压印、戳印等多种
方法，虽然也可起到一定的加固器物的作用，但纯装饰的意味更浓。不像
黄河、长江流域的拍印纹饰，主要是陶器制作过程的副产品。器表多呈褐
色，仍是在氧化气氛下烧制而成的。还常见为缀合破裂陶器而钻孔的
现象。

此外，磨制石器的增多和每件石器上打磨范围的增大，都反映石器制
作技术的提高。斧、凿等代表的木工手工业继续存在。尤其纺轮的出现，
是当时已经出现捻线技术的反映。

三　新石器时代晚期

这时期的北京地区应当都存在旱作农业，兼有家畜饲养、狩猎采集等，
我们可称这种经济类型为农业经济。但南、北部还存在一些差异。

1. 北京北部

北京北部赵宝沟文化上宅类型晚期的生产工具，和上宅类型早期基本
相同。工具中磨制石斧、石磨盘、石磨棒和打琢而成的石盘状器占相当比
重，石斧可能与清理农田有一定关系，而磨盘、磨棒可作为粮食加工工具，
石盘状器或许是粟、黍类旱作农业收割工具，反映旱作农业有一定发展。
但毕竟少见效率更高的收割工具石刀和翻地工具石铲，反映农业发展水平
有限。陶塑猪头的发现则暗示当时已经饲养家猪。较多石叶、石片等细石
器的发现，以及石梗石刃器、石弹丸的存在，是狩猎经济仍占重要地位的

---

① 周昆叔：《上宅新石器文化遗址环境考古》，《中原文物》2007 年 2 期第 19 ~ 24 页。

反映。而陶网坠则是存在捕捞经济的明证。此外该遗址发现炭化榛子、山核桃等，表明存在采集经济（图一六一）。

前文说过，上宅遗址此时可能存在一个石器制作场，而且应有一定规模。从不少打琢而成的石斧等的半成品（图一六一，3、4），以及磨制完成的石器来看，打坯、琢制和打磨等工序都在此完成。属于该石器制作场的产品可能还有滑石类雕刻品，形象比较生动，多使用穿孔技术。不过在质地较软的滑石上雕刻难度并不很大，有些细石器或许是雕刻钻孔工具。总体上石器制作水平一般。特别值得一提的是上宅遗址发现的石梗石刃器，先将硬度不大的页岩磨成刀形，然后在一侧刻磨出沟槽，内嵌细石器石叶作为刃，显得别具匠心（图一六一，9、12）。

上宅类型晚期的陶器制作基本沿袭早期，较多出现的细泥质钵、壶等的制作，应和北京南部镇江营亚型类似。仍存在斧、锛、凿等代表的木工手工业。此外，骨器的普遍缺乏或许有其自身特点，但更可能与保存环境有关。因为像骨针、锥等生活必需的缝纫工具，在该地区曾经长期存在，

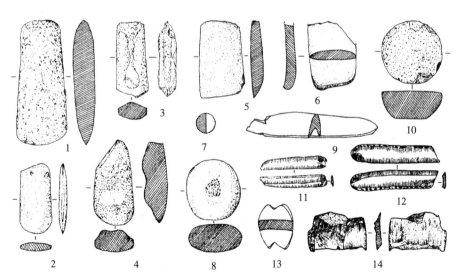

图一六一　上宅中期晚段石、陶质生产工具

1、2. 石斧（T0406⑤：1、T1④：12）　3、4. 石斧半成品（T0606④：1、T0507⑤：14）　5. 石锛（T0406⑤：2）　6. 石磨盘（T0607④：1）　7. 石弹丸（T0706⑤：28）　8. 石砧（T0806⑤：29）　9、12. 石梗石刃器（T0607⑤：40、41）　10. 石盘状器（T0407⑤：17）　11. 石叶（T0507⑤：6）　13. 陶网坠（T0507⑤：9）　14. 石片（T0706⑤：26）

不会单单不见于上宅类型。

2. 北京南部

包括仰韶文化下潘汪类型镇江营亚型和后岗类型，基本情况和赵宝沟文化上宅类型类似，如较多打琢的盘状器、磨制石斧、石磨盘、石磨棒等可能同样表示存在旱作农业，石叶、石核、尖状器、刮削器等细石器以及石球、陶网坠等则表示狩猎捕捞经济仍居重要地位（图一六二）。在镇江营新石器一期还发现斑鹿骨骼，或为猎获动物。不同之处主要有两点，一是北京南部还发现一些打制或略加打磨的石刀，很可能用做爪镰，其收割效率当高于石盘状器；二是北京南部未发现骨梗或石梗石刃刀。这或许反映其农业经济的比重更大。

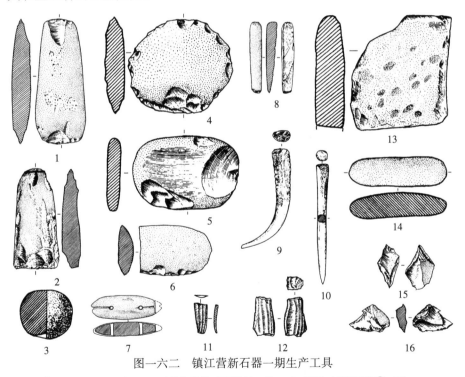

图一六二　镇江营新石器一期生产工具

1. 石斧（FZH321：175）　　2. 石斧半成品（FZH321：7）　　3. 石球（FZH1007⑦：32）
4. 石盘状器（FZH1095：2）　　5. 砺石（FZH973：1）　　6. 石刀（FZH280：166）　　7. 陶网坠
（FZH1066：11）　8. 石凿（FZH321：165）　9. 角锥（FZT0907⑥：5）　10. 骨锥（FZH544：45）
11. 石叶（FZH1095：50）　　12. 石核（FZH1099：11）　　13. 石磨盘（FZH1095：94）
14. 石磨棒（FZH1095：34）　　15. 石尖状器（FZH1095：8）　　16. 石刮削器（FZH1128：9）

　　制陶方面和赵宝沟文化上宅类型最大的不同，是泥质陶和圜底器的流行。泥质陶所用泥料经过筛选、淘洗，总体均匀细腻，在选料上明显进步。多数器物应为泥条或泥片筑成法手制而成，其中圜底釜类可能为倒扣制作。红顶钵圆整规矩、器壁极薄，有使用模制法的可能性。后岗类型罐上的规整旋纹，当为慢轮修制痕迹，慢轮制陶当为北京地区陶器制作的一大进步。壶类器物上还常贴附或挖洞榫接器耳，这也与赵宝沟文化不同。器表素雅，尤其泥质陶抹压光滑，但也常留下刮抹、抹压痕迹，尤其釜、壶内壁的刮抹痕很是明显。有些情况下也用戳刺、压印、刻划、镂孔等方法装饰出简单几何形纹饰。特别是纤细的网格状红彩的出现尤为引人注意，个别器物外表还敷抹一层泥浆作为陶衣。有的钵、盆底部有谷壳印痕，说明成型后放置时为避免粘连而在下面垫有谷壳。从红顶钵口部红色而下部灰色来看，钵类器流行叠烧技术，这样可以提高烧制效率。

　　石器制作技术和赵宝沟文化大同小异，只是未见滑石类雕刻品。从石斧半成品来看，该遗址或许也存在石器制作场所。同样还有斧、锛、凿等代表的木工手工业，并发现骨或角质的锥等缝纫工具。

四　铜石并用时代早期

　　已发现的北京地区雪山一期文化的生产工具主要是石器。刀、磨盘、磨棒、杵等表示农业经济的存在。和以前仰韶文化后岗类型最大的不同，是用刀，也就是爪镰作为收割工具，盘状器消失，这应当是农业生产进一步发展的体现。镇江营新石器三期还发现家猪骨骼，猪是稳定的农业经济最常见的家畜。凹底细石器镞则是北方系狩猎方式继续存在的证据。岳升阳等在燕园遗址清理地点及其附近，采集到麋鹿角、鹿齿、熊骨、龟甲、鱼骨、鸟骨等，有的或许就是当时人们的狩猎捕捞对象[①]。

　　陶器绝大多数都是泥条筑成法制成的平底器，有的器底还有编织纹印痕。广泛使用慢轮，许多器物表面都留下泥条衔接和旋抹痕迹。一般小型

———————
① 岳升阳、陈福友、夏正楷：《燕园遗址调查简报》，《考古与文物》2002 年增刊（先秦考古）第 12 页。

器物一次制成，大、中型器物分段制作后再衔接而成，豆也是分别制好盘、柄后再衔接，制好器体后再附加耳、鋬，有的器物上还留下修补铜孔。陶器崇尚素面，拍打陶坯的拍子也应当基本都是素面。有的压光，有的局部留下刮削痕迹。个别垂带纹、横带纹等彩陶绘制随意，图案简单。陶器颜色多为红褐或灰褐，且多斑驳不均、深浅不一，应仍以开放式的氧化焰烧制为主，而且窑内器物可能摆放拥挤，火候也不够高。个别灰、黑陶则应为封闭式的还原焰烧制而成，甚至还可能出现渗碳工艺，这是烧制技术上出现的新变化。

制作石器的石料有砂岩、页岩、玛瑙石等。以磨制为主，还有细石器制作工艺，但打制石器基本消失。从镇江营发现的穿孔石斧看，钻孔采用硬石两面桯钻的技术。小石凿、石环等通体磨光，光滑精美。燕园的一件刀形器，为琢制石器中的精品。

此外，还有斧、锛、凿等磨制石器工具代表的木工手工业。雪山遗址第二次发掘出土的石凿，有的顶部有明显敲击破碎疤痕（见图四六，8）。在燕园遗址还发现人工加工的木板、经砍伐加工的树干等。

五　铜石并用时代晚期

北京地区雪山二期文化的穿孔石刀是典型的旱作谷类农作物的收割工具，石磨盘、石磨棒可能为谷物加工工具，表明农业生产的继续发展。细石器镞、刮削器等则是北方系狩猎方式的典型工具。镇江营新石器四期既发现家畜黄牛，又发现野生动物斑鹿，正是农业之外还存在狩猎的反映。斧、锛、凿等磨制石器工具代表的木工手工业继续存在。石斧等半成品的发现，显示当时镇江营遗址存在石器制作活动。陶或石质纺轮的较多发现，是北京地区原始纺织业明显进步的反映。其中陶纺轮又分较大的扁平饼状和稍小的厚体珠状，或许在捻线功能上小有不同（图一六三）。

陶器制作与前有较大不同。一是器类异常繁多，尤其是出现构造复杂的三空足的鬲、甗、斝类器物，将北京地区制陶技术推到最高潮。二是制陶技术复杂，尤其一些中小型的泥质陶器采用先进的快轮拉坯方法制作，规整精美，器内外壁见有清晰整齐轮旋痕迹，有的器底有偏心涡纹；而一

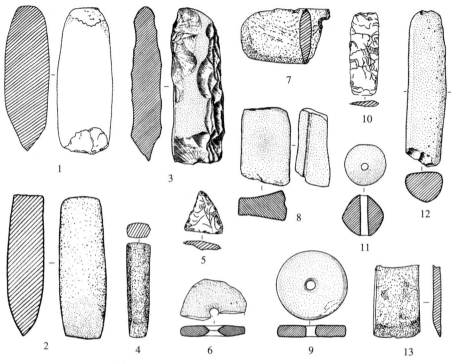

图一六三　北京地区雪山二期文化生产工具

1、2. 石斧（雪山、镇江营 FZH1108：31）　3. 石斧半成品（FZH1012：3）　4、13. 石凿（雪山）　5. 石镞（雪山）　6. 石纺轮（镇江营 FZH1012：5）　7. 石刀（雪山）　8. 砺石（镇江营 FZH1012：7）　9、11. 陶纺轮（镇江营 FZH1388：5、FZH1012：43）　10. 石刮削器（雪山）　12. 石磨棒（镇江营 FZH1108：25）

般拍印纹饰的大、中型器物仍为泥条筑成法，三空足器的足则多用模制。三是器表装饰多为拍印的绳纹、篮纹、方格纹等，这主要是为了使器胎致密而用带有印痕的拍子反复拍打所致，可视为制陶过程的副产品；既与仰韶文化下潘汪类型和后岗类型的素雅风格不同，又与赵宝沟文化那种"为艺术而艺术"的几何形装饰有别。四是虽然夹砂褐陶仍为使用开放式陶窑烧制，但泥质陶基本用封闭式陶窑，有的还用渗碳工艺，因此几乎都呈灰、黑色，只是有的还原不够或渗碳未足，才出现黑皮褐胎或灰胎的情况。在陶器普遍灰黑化的龙山时代，这种褐陶和灰黑陶平分秋色的情况显得别具特色。比如雪山出土的一件平底盆为轮制褐色，轮制技术和冀南山东地区无异，只是烧成采用氧化焰。这些新特点的出现，多半都与黄河流域制陶传统的进入有关。此外，由于就地取材，陶器中仍普遍包含滑石碎屑。

六 青铜时代前期

1. 夏家店下层文化大坨头类型

北京地区夏家店下层文化大坨头类型，当是以农业为主体，兼有狩猎捕捞和畜牧业的经济，仍属农业型经济的范畴。其一，生产工具中，磨制精整的穿孔石刀、石镰和石铲等典型农业石铲生产工具占到相当比重，表明不但以农业经济为主体，而且发展水平较高。尤其石镰刃部锋利，厚背弯身石刀便于把握，是农作物收割效率得到较大提高的反映。此外，石磨盘、石磨棒、石杵等传统的粮食加工工具仍然存在（图一六四）。现在还没有在大坨头类型发现农作物，应该和西辽河流域一样，也是粟和黍类旱作作物[①]。其二，存在细石器镞、骨镞、石刮削器、陶网坠、铜鱼叉等与狩猎捕捞经济有关的工具，甚至有的带翼铜镞也不排除用于狩猎。尤其带倒钩的铜鱼叉的出现，反映捕捞技术明显进步。张营遗址发现较多马鹿、斑鹿、狍、獐等鹿类动物的骨骼，当为主要狩猎对象，其余棕熊、虎、豹、野驴、野猫、鸟、鱼等也当于狩猎捕捞行为有关。其三，铜环首刀和穿孔砺石多半与较大空间范围的畜牧业有关，前者主要用于分割牲肉，后者用来磨刀，二者均带环或孔以便随身携带（图一六五）。在张营和塔照遗址发现的家畜主要有猪、羊、牛、狗等，以猪的比例最大（占张营家畜总数的47.4%）。塔照墓葬殉葬的牛、羊、猪不但是当时现实社会生活中常见的家畜，而且也是为墓主人安排的在地下的"家畜"，可见家畜饲养已经对人们的观念产生影响。这当中猪是与稳定农业经济相伴的可以圈养的家畜，而羊、牛需要较大草场才能放养，说明畜牧业有显著发展，人们的活动范围扩大，移动性相对增加。需要指出的是，在张营遗址还发现马的上颌骨和趾骨残块，未能确定其是否属于家畜。

陶器制作上又发生了重大变化。一是陶器坯体制作以慢轮配合的泥条

[①] 这类粟、黍类谷物遗存，发现于丰下、四分地东山咀和建平水泉等遗址。

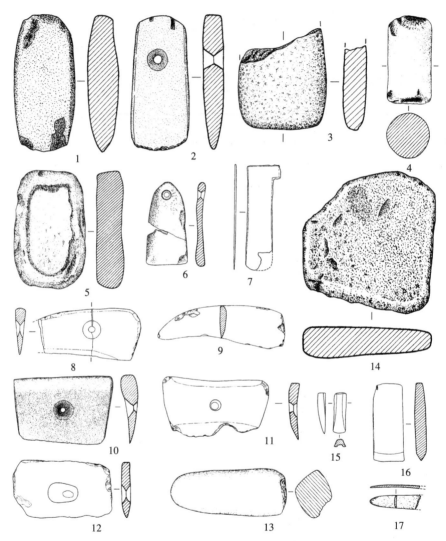

图一六四　张营第二期石、铜、骨质生产工具

1、2. 石斧（T8④：2、T11⑤：1）　3. 石铲（89H7：1）　4. 石磨棒（T0603⑤：2）　5、6. 砺石（T0305④：1、T13⑤：1）　7. 铜刻刀（89H1：1）　8、9. 石镰（H53：3、T0604④：26）　10～12. 石刀（T3⑤：3、T0602④：1、T0404④：7）　13. 石杵（H103：2）　14. 石磨盘（H102：4）　15. 铜凿（T8⑤：3）　16. 石凿（H97：2）　17. 骨匕（H62：19）

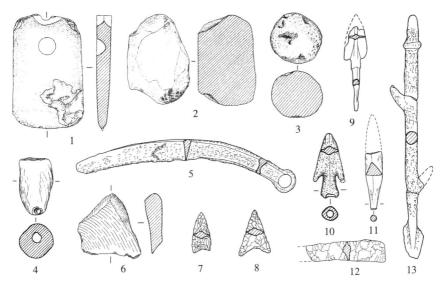

图一六五　张营第二期渔猎工具和武器

1. 石钺（H103：1）　2. 石砍砸器（T0405⑤：3）　3. 石球（T0403④：31）　4. 陶网坠（T0104④B：11）　5. 铜环首刀（H105：3）　6. 石刮削器（H87：3）　7、8. 石镞（T8④：6、T13④：1）　9、10. 铜镞（T12⑤：5、T13④：6）　11. 骨镞（H11：3）　12. 石刀形器（T8④：3）　13. 铜叉（T12⑤：6）

筑成法手制为主，需要内垫外拍以成型（图一六六，4~7），三足器的袋足多模制（图一六六，3），这些垫子或足模在张营Y1及其附近的制陶作坊区有所发现。轮制技术消失，许多先前常见的薄胎规整的精美泥质陶器已不复见，陶器总体较为粗犷，似乎表现为技术上的"倒退"。二是夹砂陶比例猛增，尤其夹粗砂者偏多，而泥质陶锐减。夹砂陶中的砂粒磨圆度不高，多数并非有意掺杂，泥质陶胎也不够细腻，反映陶器原料多未经仔细筛选，也是制陶技术趋于粗犷的一个反映。三是盛行绳纹等带纹饰的陶器，素面或压光陶减少。绳纹多为制陶时陶拍子的拍打痕迹，或也有滚压而成者，有的其上再施旋纹成旋断绳纹，实为手制陶器过程的副产品。有一种陶质圆饼状器物，素面或上有绳纹，很可能就是制陶用的陶拍子（图一六六，1、2）。蛇纹比较特殊，是在器表以细泥条附加堆纹组成几何形图案，属于纯粹的装饰纹样。此外，褐陶盛行，是当地开放式氧化焰烧制传统的延续，色泽斑驳则是其火候不均的反映，或许是由于窑内器物过于拥挤所致。浅淡黑皮褐胎陶当为渗碳形成，或许是较低温度下的渗碳，器胎的还原并不

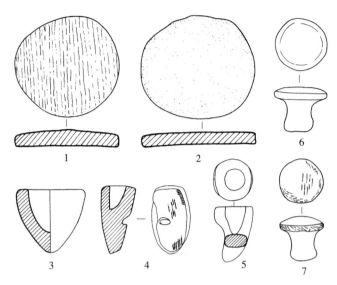

图一六六　张营第二期陶质制陶工具

1、2. 饼形陶拍（T0104④B∶8、H35∶6）　3. 足模（T0406④∶
3）　4、5. 环形捉手陶垫（T0406④∶29、F4∶6）　6、7. 蘑菇
状陶垫（T2⑤∶1、T10⑤∶11）

显著。少量彩绘陶为器物烧成出窑后用红、白等色绘制而成，与入窑前就绘好的彩陶不同。

　　石器制作主体与前变化不大。以张营遗址为例，发现石器 300 多件，种类主要是辉绿岩、砂岩、大理岩、凝灰岩等，基本属于就地取材，有的是从河流上游搬运来的砾石。此外，细石器原料主要为燧石，装饰品的原料为萤石、水晶、玛瑙、玉髓、绿松石等似玉矿物[1]。石器制作采用打制雏形、细琢成型、打磨钻孔等工序，其中钻孔多用硬石两面桯钻，有的为两面琢钻，未见明确的管钻穿孔。从铲、斧、锛、镰、凿等一些石器的半成品来看，张营遗址存在石器制作活动。这些半成品有的仅打制成雏形（图一六七，1），有的琢后略打磨（图一六七，2、4），有的大部打磨，只是未最后成器（图一六七，3、5、6）。我们推测，至少琢、磨这两道工序应是

────────────

① 员雪梅、杨岐黄、赵朝洪：《张营遗址出土部分玉（石）器材质鉴定报告》，《昌平张营——燕山南麓地区早期青铜文化遗址发掘报告》第 271～272 页，文物出版社，2007 年。

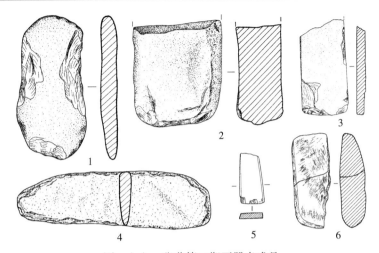

图一六七 张营第二期石器半成品

1. 铲（H108：3） 2. 斧（T0703④B：14） 3. 锛（T0104⑤：6）

4. 镰（T9④：5） 5. 凿（H81：2） 6. 斧形器（T0104④B：7）

在遗址内部进行，不过这需要在土样中筛选出曾剥落的小石片、石屑等才能确定。

骨器仅在张营遗址有较多发现。原料为牛或鹿的肢骨、肋骨，采用打砸、切锯、打磨、刻划、钻孔等工艺制作。遗址中还发现牛、狗等动物的废弃骨料和半成品，见有砸击、切锯等痕迹，表明遗址区有过骨器制作活动①。

这时手工业技术方面与龙山时代最大的变化，是铜器的普遍发现。种类有环首弯身刀、带翼镞、刻刀、锥、凿、带倒钩叉、喇叭口耳环、指环、梳等，属于小件的工具、武器和装饰品。在张营遗址存在铸铜作坊区，见有不少镞、刀、凿、钩等器物的石或陶范，以石范为多。属于单范或简单的二合范。虽然未见坩埚等熔铜器具，却发现石杯、石勺、陶勺、石臼等小型器具，或许为舀取铜液所用（图一六八）。分析表明，张营铜器绝大部分都是锡青铜制品，仅有 1 件为铅锡青铜。当时工匠们不但知道加入锡能够改善铜器的机械性能，而且能够按照不同用途进行锡含量配比，如刀、镞

---

① 黄蕴平：《北京昌平张营遗址动物骨骼遗存的研究》，《昌平张营——燕山南麓地区早期青铜文化遗址发掘报告》第 254～262 页，文物出版社，2007 年。

类武器或工具的锡含量最高。从金相组织看，多数为直接铸造成型，其次为冷、热锻成型①。而无论是以简单石范铸造为主，辅以锻造，还是流行锡青铜，都和西辽河流域大甸子墓地夏家店下层文化的情况很接近②，大致属于面向西北内陆的北方早期冶金技术圈。至于按照不同用途进行锡含量配比的技术，则和中原地区接近，或许是受到夏商文明影响的结果。

纺织缝纫技术与前大体相同，在张营发现陶纺轮、骨针（骨针管）、骨

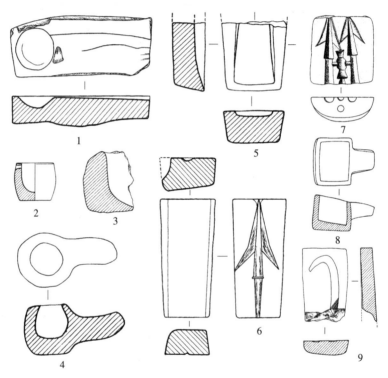

图一六八　张营第二期石、陶质铸铜遗物

1. 石刀范（T0406④：5）　　2. 石杯（T0505④：53）　　3. 石臼（H99：1）
4. 陶勺（T0505④：9）　　5. 陶凿范（T0403④：6）　　6、7. 石镞范（H105：
10、T12⑤：1）　　8. 石勺（T9④：1）　　9. 石钩范（T0104④A：3）

---

① 崔剑锋、郁金城、郭京宁等：《北京昌平张营遗址出土青铜器的初步科学分析》，《昌平张营——燕山南麓地区早期青铜文化遗址发掘报告》第 243～253 页，文物出版社，2007 年。
② 李延祥、贾海新、朱延平：《敖汉旗大甸子夏家店下层文化墓葬出土铜器初步研究》，《有色金属》2002 年 4 期第 123～126 页。

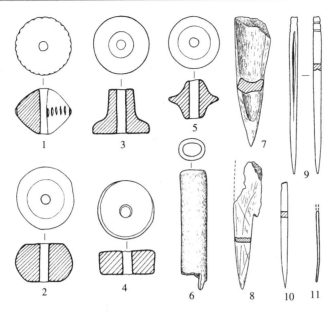

图一六九　张营第二期陶、骨、铜质纺织缝纫工具

1~5. 陶纺轮（T0104④B∶13、T0504④A∶3、H69∶6、T3⑤∶10、H10∶3）　6. 骨针管
（T0406④∶4）　7、8. 骨锥（H69∶21、H66∶2）　9、10. 铜锥（T2⑤∶4、T12⑤∶3）
11. 骨针（F1∶13）

锥、铜锥等纺织缝纫工具。其中陶纺轮形制多样，或许可适合不同纤维的需要。铜锥的出现显然会提高工作效率（图一六九）。

2. 围坊三期文化

北京地区围坊三期文化仍属农业型经济，石镰得到普遍应用，在镇江营商周二期发现家养黄牛。但铜或骨角镞的存在，当表示狩猎经济的存在（图一七〇）。另外，北京征集的兽首的剑、刀类如果确属当地出土，就表明围坊三期文化还存在一定的畜牧成分。刘家河墓葬的金臂钏、金喇叭口耳环、铜泡等，也具有明显的北方草原畜牧文化风格，当卢等马具的存在说明家马的存在。此外，燕山地区的抄道沟类遗存可能已经是半农半牧甚至畜牧业经济了。

陶器制作与夏家店下层文化大坨头类型近似，主要采用泥条筑成法制作，小型器物一次成型，大、中型器物以及豆、簋等复杂器物多分段制作，再衔接成型。器内壁多留有接合痕迹。鬲多为模制袋足，然后上接泥条筑

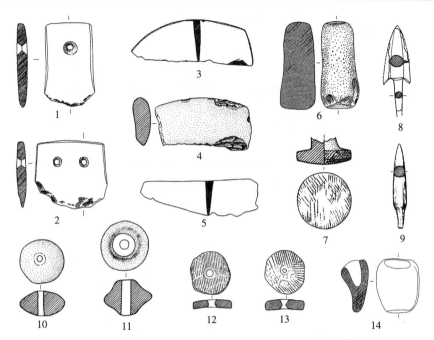

图一七〇　北京地区围坊三期文化生产工具和武器

1、2. 石斧（龙坡 T3⑥：1、T1⑥B：3）　　3、4. 石镰（龙坡 T1⑥B：2、塔照 FTT3008④：29）
5. 铜刀（龙坡 T1⑦：1）　6. 石杵（龙坡 T3⑦：8）　　7、14. 陶垫（塔照 FTT3507④：3、龙坡 T3
⑥：2）　8. 铜镞（塔照 FTT3411④：1）　9. 角镞（镇江营 FZH1105：7）　　10～13. 陶纺轮（塔
照 FTH76：46、FTH476：50、FTT2810④：27、FTT3011④：14）

成法制作的器身，也有的鬲足为捏合压裆而成；口沿外多箍一周附加堆纹
而成“花边”。甗分别做出上部的甑和袋足后再衔接，中部衔接处一般箍附
加堆纹以加固。器表滚压绳纹，多粗而僵直，有的绳纹在进一步修整过程
中几乎被抹压掉。发现制陶用筒状和蘑菇状陶垫。褐陶的继续流行，是当
地开放式氧化焰烧制传统的延续。

　　当时应当还存在较为发达的铜器铸造业。周建勋指出，刘家河墓葬所
出甗已经使用了铜芯撑，是中国最早使用这一技术的器物之一，这样可以
保证合范精度①。杨建华指出，刘家河墓葬出土的腹部饰联珠纹边的云雷纹
小方鼎，形体小而制作粗糙，三锥足、盖纽与提梁处有环套接的盉也少见

---

①　周建勋：《商周青铜器铸造工艺的若干探讨》，《琉璃河西周燕国墓地（1973～
　　1977）》第 254～269 页，文物出版社，1995 年。

于其他商文化，有当地仿造的可能性①。

至于不见于商文化的蛙形、蟾蜍形泡饰等更可能为当地铸造。果真北京地区当时能够用复合范法铸造结构复杂的青铜容器，那其水平就比大坨头类型有了重大进步，只是逊色于殷墟而已。尤其可能同样铸造于当地的铁刃铜钺，将中国内地利用陨铁的历史提前到距今 3300 年前②。另外，从刘家河墓葬精美的喇叭口金耳环、金臂钏来看，北京地区当时还应当存在较熟练的黄金器制造工艺。这些金器含金率 85%，采用范铸，技术上和青铜铸造没有本质差别。

此外，北京地区围坊三期文化还存在与前大体类似的石器手工业、纺织缝纫业等。发现的陶纺轮既有捏制而成的串珠状厚体纺轮，也有陶片打制加工而成的纺轮，或有功能上的细微区别。

七　青铜时代后期

1. 西周早中期的燕文化

西周早中期的燕文化明确为农业型经济，有典型的农业工具石镰和石刀，仍不见青铜农业生产工具。铜、骨、角镞或许也用于狩猎。琉璃河穿孔砺石的出现，表明部分人游动性增加，或许是其兼有畜牧成分的反映（图一七一、一七二）。镇江营商周三期发现的动物骨骼较多，家畜和野生动物所占的比例分别为 61.5% 和 38.5%。其中家畜多半为猪，其次是狗，黄牛和马数量很少。野生动物以斑鹿、麋鹿、狍等鹿类为多，尤其斑鹿占据首位，应为主要狩猎对象；有时也能猎获少量虎、熊、狼、獾等食肉动物；鱼和河蚌等则为捕捞对象③。至于白浮墓葬见有较多北方系的青铜刀、

① 杨建华：《燕山南北商周之际青铜器遗存的分群研究》，《考古学报》2002 年 2 期第 157～174 页。
② 张先得、张先禄：《北京平谷刘家河商代铜钺铁刃的分析鉴定》，《文物》1990 年 7 期第 66～71 页。
③ 黄蕴平：《动物遗骸鉴定报告》，《镇江营与塔照——拒马河流域先秦考古文化的类型与谱系》第 557～565 页，中国大百科全书出版社，1999 年。

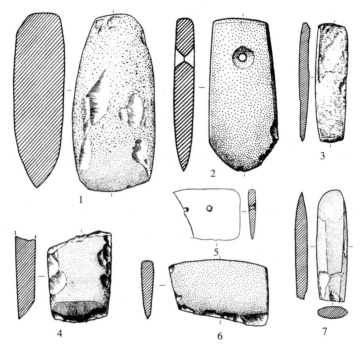

图一七一　西周早中期燕文化石质生产工具和武器

1. 斧（FZH233：5）　2. 钺（FZH1330：13）　3. 凿（FZT1206⑥A：3）
4. 锛（FZH711：16）　5. 刀（F10T132414：11）　6. 镰（FZH1123：
13）　7. 矛（FZH233：6）（5 出自琉璃河，余均出自镇江营）

剑等，尤其刀主要为肢解切割牲肉之用，暗示北京北部山区可能属于畜牧经济。

　　由于有发达的农业经济和稳定聚落作为基础，燕文化陶器、青铜器、玉石器、漆器、骨器制作等手工业都很发达，琉璃河都城应当存在明确的手工业分工。燕文化陶器制作与围坊三期文化接近，仍主要为泥条筑成法成型。陶器制作更为规范、水平较高。基本都使用缠绳拍子拍打整型，内垫带环形捉手的陶垫（图一七三，3、4）。一些罐、簋等泥质陶器表面有旋纹，但局部仍留有未抹去的绳纹痕迹，表明并非轮制。特别值得注意的是鬲的不同制作方法：大型的筒腹鬲为分别模制袋足和泥条筑成器身，再衔接而成，有明显分档；在琉璃河遗址就发现这类袋足模具（图一七三，1、2）。联裆鬲和袋足鬲均为先用泥条筑成一个圆筒，只是前者直接将一端压合成三袋足，而后者大概在底面还得添加一块三角形泥片，这样才能捏合

成三个低矮袋足。灰陶比例
增加，陶色渐趋纯正，尤其
琉璃河墓葬灰陶更多，是还
原焰陶窑得到推广的结果；
不过，灰褐陶仍占相当比例，
说明当地开放式氧化焰烧制
传统仍然顽强维持。此外，
琉璃河的轮制原始瓷器、刻
纹陶簋等，都应当由专业工
匠制作，代表燕国陶瓷制作
的最高水平。

　　琉璃河城址中部出土较
多陶范（图一七三，9），表
明存在规模不小的铸铜作坊，
附近墓地所出青铜器至少部
分当为城内铸造。这些青铜
器主要使用复合泥范浑铸法
铸造，个别为分铸法铸造；
采用铜芯撑以保证合范精度、
提高铸造质量，使用泥盲芯
以使铸件壁厚薄均匀、同时

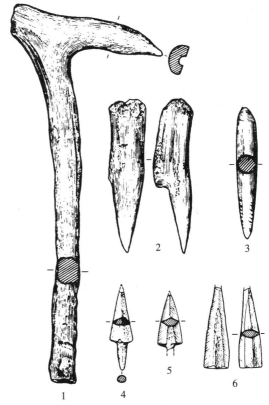

图一七二　镇江营商周第三期骨角质生产工具
1. 角镢（FZH605：3）　　2. 角锥（FZH175：8）
3. 骨锥（FZH906：14）　　4、5. 骨镞（FZT1910⑤：1、
FZH161：19）　6. 角镞（FZH233：3）

凝固①。合金成分主要为铜锡二元或者铜锡铅三元合金，不同种类的器物合
金往往不同，以适合不同用途：比如兵器中锡青铜含量适中，铅锡青铜含
铅量普遍低于车马器，保证其具有较高的强度和硬度；金相组织显示制作
技术成熟，材质优良②。玉器种类繁多、工艺先进。有平雕、透雕以及个别

---

① 周建勋：《商周青铜器铸造工艺的若干探讨》，《琉璃河西周燕国墓地（1973～
　1977）》第254～269页，文物出版社，1995年。
② 何堂坤：《几件琉璃河西周早期青铜器的科学分析》，《文物》1988年3期第77～82
　页；张利洁、孙淑云等：《北京琉璃河燕国墓地出土铜器的成分和金相研究》，《文
　物》2005年6期第82～91页。

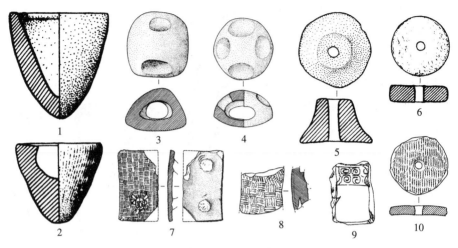

图一七三　西周早中期燕文化陶质工具和陶范

1、2. 模具（FZH921：8、FZT1406⑤C：2）　　3、4. 陶垫（FZH1307：5、FZH946：37）
5、6、10. 纺轮（FZH906：12、FZH200：6、FZH1330：14）　　7、8. 印模（FZH233：4、
FZH1056：11）　　9. 陶范（F10T1324⑨：14）（9 出自琉璃河，余均出自镇江营）

圆雕，流行阴刻和线条一侧斜刻的技法。漆器一般为木胎髹以红、褐色漆，并镶嵌蚌片、绿松石、金箔等，从复原情况看，造型多样、纹饰华丽，基本都是仿青铜器而来①。

值得注意的是，在镇江营等郊野之地还存在传统的斧、锛、凿等石器工具所代表的木器手工业，而在琉璃河都城区则代之以先进的青铜锛、凿等工具。纺轮代表的传统捻线活动继续存在（图一七三，5、6、10）。

2. 西周晚期至春秋早期的燕文化和西拨子类遗存

西周晚期至春秋早期燕文化的经济形态和西周早中期基本相同，属于农业型经济，种植粟、高粱等，农业收割工具仍为石镰和石刀，仍多见可能用于狩猎的铜、骨、角镞，仍有角镢、穿孔砺石、石杵等工具存在（图一七四、一七五）。镇江营商周四期发现的动物骨骼非常丰富，家畜和野生

① 殷玮璋：《记北京琉璃河遗址出土的西周漆器》，《考古》1984 年 5 期第 449～453页；郭义孚：《北京琉璃河西周燕国墓地出土漆器复原研究》，《华夏考古》1991 年 2 期第 96～105 页。

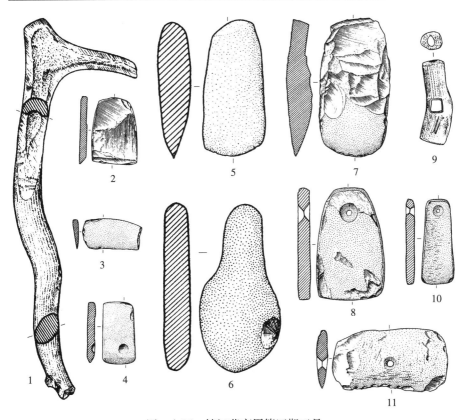

图一七四 镇江营商周第四期工具

1. 角镢（FZH134：7） 2. 石锛半成品（FZT1208②：18） 3. 石镰（FZT1909③：4） 4. 石锛（FZH918：57） 5. 石斧（FZH1293：1） 6. 石杵（FZH851：1） 7. 石斧半成品（FZT1106④：6） 8、10. 穿孔砺石（FZH396：10、FZT1207③：24） 9. 角锤（FZH1269：1） 11. 石刀（FZH405：1）

动物所占的比例分别为 59% 和 41%，猪、狗、黄牛和马等家畜所占比例和三期近同，野生动物也仍以斑鹿、麋鹿、狍等鹿类为大宗，虎、熊、貉、狼、豺、狐、獾、獐、麝、兔等少量，还有鸟、鱼、龟、鳖和河蚌等①。

西拨子类遗存有炊器铜镀和三足釜，以及北方系的青铜刀、匕、泡、猎钩等工具或武器，显然当属于兼有狩猎成分的畜牧经济。

---

① 黄蕴平：《动物遗骸鉴定报告》，《镇江营与塔照——拒马河流域先秦考古文化的类型与谱系》第 557～565 页，中国大百科全书出版社，1999 年。

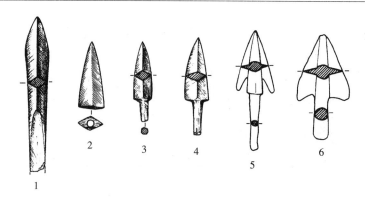

图一七五　镇江营商周第四期镞

1、4. 骨镞（FZH142：10、FZH163：1）　2、3. 角镞（FZT1407②A：2、FZT1406
④：10）　5、6. 铜镞（FZH20：1、FZT1712③A：3）

　　西周晚期至春秋早期燕文化的陶器制作基本承袭西周早中期，如都以配合慢轮的泥条筑成法手制为主，只是此前模制部分袋足的做法已经消失。所有的鬲都是从口至底泥条盘筑器体，只是多数做成釜形器后再按压底部成袋足鬲矮裆，也有的仍在底面贴三角形泥片以捏合成袋足鬲矮裆，有的则捏出较长足跟成足跟鬲。大型的瓮、罐等可能是先由肩部向底部盘筑，再倒过来接着从肩部向口部盘筑，中、小型器物一般是由底部向口部盘筑，圈足器则为分别制好器体和圈足后再衔接，衔接部位一般划出数道凹槽以利于衔接牢靠。基本都是内垫带环形捉手、柱状捉手的陶垫（见图七七），而外用缠绳子的拍子拍打整型，有的还在肩部或底腹转折处以缠绳拍子侧面按压以加强衔接。口沿部用手或带齿工具修抹，沿下绳纹多抹去；夹砂陶经旋转修正而周身增加了多周旋纹，鬲类沿面留下深浅不一的波浪形或凹槽状旋纹；泥质陶器表整体修抹光滑，绳纹多半抹去，或留下多周旋纹。此外，灰陶的猛增反映封闭式还原焰陶窑烧制技术的进一步推广。

　　由于属于该时期的燕国都城和燕侯墓葬尚未发现，因此对其青铜器、玉器、漆器等高级手工业的情况还基本不清楚。仅以普通的镇江营聚落出土的镞、刀、锥等铜器来看，其铸造技术应与前类似。至于西拨子类遗存的铜器，除个别重环纹鼎可能来自燕国都城区外，其余北方系铜器则可能为当地铸造，体现其拥有水平较高的青铜器制作技术。

　　镇江营聚落还发现石斧、石锛等的半成品，以及鹿角半成品和废品，

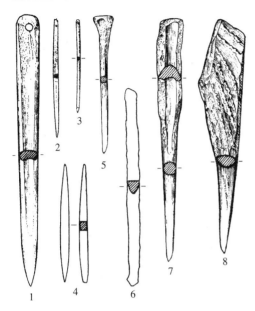

图一七六　镇江营商周第四期纺织
缝纫工具

1. 骨梭（FZT0808③B：18）2、3. 骨针
（FZH844：22、FZT1909③：1）4. 铜锥
（FZH134：4）5、7. 骨锥（FZT0806②：
2、FZH90：31）6. 铜刻刀（FZH309：23）
8. 角锥（FZH1017：48）

表明聚落内部存在石器和角器制作。尤其鹿角半成品和废品数量较多，留有锯、切、削、砍等痕迹，并且发现大量角质制品，可见鹿角品制作为该聚落的一大特色。

此外，陶纺轮（见图七八）、骨针、骨梭、骨锥、铜锥等代表的家庭纺织缝纫手工业（图一七六），石斧、石锛、石凿代表的木工手工业，在镇江营一类普通聚落继续存在。较多的陶印模则或许是当时装修墙壁等的工具（见图七九）。至于当时的燕国都城一带的贵族手工业区，则可能更多使用铜制的工具。因为就连偏在北部山区的西拨子类遗存中，也有不少斧、锛、凿等青铜工具。

八　早期铁器时代前期

1. 春秋中晚期的燕文化

对丁家洼遗址浮选结果的分析表明，当时仍然延续着北方旱作农业传统，以种植粟为主，黍次之，其他还有大豆、荞麦、大麻等农作物。这种先进的多品种农作物种植制度不但可以提高农业产量，而且能够有效减少粮食种植的危险系数，是农业生产成熟的重要标志①。较多灰坑窖穴、多种陶器，以及石斧、陶纺轮等生产工具的发现，也表明其经济方式与前基本一致。丁家洼遗址反映的经济形态状况大概能够代表北京平原地带燕文化的一般情况。

陶器制作基本同于春秋早期，以配合慢轮的泥条筑成法为主，内垫外拍整型，鬲等口沿部留下数周规整旋纹。鬲仍都是从口至底泥条盘筑器体，做成釜形器后再按压底部成袋足鬲矮裆，只是有的还在外附加长足跟成高足燕式鬲。值得注意的是，此时一些泥质素面的尊、罐、豆等当为快轮拉坯制作，器表见有均匀轮旋痕迹。

从龙湾屯出土的蹄足鼎、高圈足双耳豆、圈足簋，武器短茎剑、长胡戈、三棱有銎镞，以及车軎、盖弓帽等铜器看，当时北京燕文化存在发达的青铜铸造技术，可惜尚未发现此类作坊遗迹。春秋时期燕国是否存在铁器也还不得而知。此外，至少在春秋晚期，燕国应当已经铸造尖首刀作为钱币②，反映商品经济有相当的发展。

2. 玉皇庙文化

该文化至今尚未发现定居聚落，常见的生产工具青铜削刀、穿孔砺石等都适合随身携带，还大量流行各类随身装饰品，而陶器少且简单，表明社会生活具有相当的游动性。不过其游动范围有限，主要局限在燕山地区。青铜器和陶器等的制造也需要相对定居的作坊。且各墓地都延续较长时间，非在一定地区相对稳定生活难以形成。

玉皇庙文化典型工具削刀适于肢解动物，弓箭可用于狩猎，并大量殉葬马、牛、羊、狗等草原家畜，各类物品上常见家畜及虎、豹、熊、鹿、野猪、鸟、蛇、蛙、龟等野生动物的形象，而绝不见农业生产工具，因此应当属于兼有狩猎成分的游牧经济。虽然玉皇庙墓地早期铜罍中有炭化酒糟残留物，经鉴定为谷类粮食作物，但这些谷物很可能来自南部农业地区，据此并不能得出玉皇庙文化存在农业经济的结论。至于玉皇庙文化晚期出

---

① 赵志军：《丁家洼遗址浮选结果分析报告》，《北京段考古发掘报告集》第 229～237 页，科学出版社，2008 年。
② 石永士、王素芳：《燕国货币的发现与研究》，《燕文化研究论文集》第 350～379 页，中国社会科学出版社，1995 年。

现的个别殉葬家猪的现象，应为燕文化影响的结果，或许表明晚期出现家猪饲养，或者一定程度的农业，但不能改变其总体上属于游牧经济的性质。

作为玉皇庙文化陶器主体的夹砂红褐陶，其陶质粗糙，含砂量较多，砂粒粗大。原料为当地的砂质黄土和风化差的长石类矿物，原料制备较为粗放。均采用泥条筑成法制作，一般先做好口领部、肩腹部和器底后再衔接而成，常见从衔接部位断裂的现象。采用简单的内垫外拍方法整型，从而在器物内壁留下垫窝、指印和接荏，在外壁留下拍打印痕，近底则多见刮削修整痕迹。器物多不甚规整，未见轮旋痕迹，可见未使用慢轮修整技术。晚期突然增加的泥质陶胎质较为细腻，大约采用附近的颗粒匀细的冲积土为原料，其矿物组成和夹砂陶接近。虽仍主要为泥条筑成法手制而成，但普遍配合慢轮，故器形规整，器表还常见轮旋痕迹。这自然与燕文化的影响有关。据中国科学院硅酸盐研究所测定，夹砂陶和泥质陶的烧成温度都不高，在 600～700℃ 之间①，因此陶质疏松。从夹砂陶为红褐色而泥质陶多为灰色来判断，很可能两种陶系采用了开放式和封闭式两种不同结构的陶窑烧制。

玉皇庙墓地的鼎、罍、盘等中原青铜礼器铜质精良、铸工精细，当为从燕国直接获取。尤其玉皇庙 3 件铜罍分别采用了三种不同的焊料，这时迄今中国发现的最早的焊接例证。戈也当同样。自身制造的青铜容器主要是鍑，应为借鉴中原传统的泥范复合范法铸造，铜质较为粗劣，铸工也比不上前者，反映其复合范铸造技术尚不够成熟。其他工具、武器、装饰品等基本都是当地铸造，很可能主要采用石质硬型范，一般采用双范一次性铸造而成，有的鍑用三范合铸，总体铸造精整。短剑均为铜、铅、锡合金，其平均含锡量较高且多超过含铅量，锡已经成为主导合金成分，使剑、刀等具有较高的强度和硬度，反映合金技术已经成熟。其发展水平当介于夏家店上层文化和中原东周文化之间②。其合金含铅这一点和中原青铜器接

① 陈显求、李家治、方崚：《军都山东周山戎陶器的组成和工艺研究》，《军都山墓地——葫芦沟与西梁垙》附录三第 593～597 页，文物出版社，2009 年。
② 何堂坤、靳枫毅、王继红：《北京市延庆县军都山山戎青铜合金技术初步研究》，《北方文物》2002 年 2 期第 16～21 页；韩汝玢、许征尼：《北京市延庆县山戎墓地出土铜器的鉴定》，《军都山墓地——葫芦沟与西梁垙》附录四第 598～638 页，文物出版社，2009 年。

近，而不同于新疆及以西地区。此外，西梁垙龙庆峡别墅工程 M30 出土的铜钺内饰红漆，外饰红、黑、蓝三色漆绘，这是玉皇庙文化的人们对中原式青铜器的二次装饰，很具地方特色。

玉皇庙墓地发现的一件属于春秋中期偏早的铜柄铁刀，铁质刀身部分已经基本锈蚀，刀身断口层状结构明显，应为反复锻打而成，当属人工块炼铁[①]。

锛、凿、斧青铜工具的较多发现，表明存在较为成熟的木工手工业。还有简单的石器、骨角器、珠玉制作等手工业，以及皮革、纺织、缝纫、酿酒等家庭手工业。对铜器附着纺织品的鉴定可知，多为麻织品，个别为羊毛或其他动物毛织品，而未见中原流行的丝织品[②]，动物毛纺织品体现出鲜明的畜牧文化特色。较多铜锥和锥管的发现，当为皮革工艺技术普及的明证[③]。至于铜罍中的谷物残留，有人甚至认为是酿造白酒的遗留[④]，不过这一推论还有待进一步证实。

此外，春秋晚期刀币的出现是商品经济发展的直接反映。燕国的商品经济比玉皇庙文化发达，但其主要钱币却是以玉皇庙文化的削刀为原型。或许在玉皇庙文化中占据重要地位的削刀早就充当实物货币，后来在与燕文化的交流中分化成为专门的钱币。

九　早期铁器时代后期

北京地区铁器的发现比较零星，但附近的河北易县燕下都却有成批出土，并有大规模的冶铁遗址。铁器种类包括犁、锄、镢、镰、铲、臿、耙、

---

① 何堂坤、王继红、靳枫毅：《延庆玉皇庙墓地出土的铜柄铁刀及其科学分析》，《军都山墓地——葫芦沟与西梁垙》附录七第 660～665 页，文物出版社，2009 年。

② 赵汉生、王继红、靳枫毅：《军都山玉皇庙墓地残存纺织品的检测与分析》，《军都山墓地——葫芦沟与西梁垙》附录八第 666～671 页，文物出版社，2009 年。

③ Emma C. Bunker, Ancient bronzes of the eastern Eurasian steppes from the Arthur M. Sackler collections. Emma C. Bunker, Trudy S. Kawami, and Katheryn M. Linduff. The Arthur M. Sackler Foundation, New York, 1997.

④ 朱为庆：《玉皇庙墓地春秋时期青铜罍中残留谷物的检测与研究》，《军都山墓地——葫芦沟与西梁垙》附录九第 672～674 页，文物出版社，2009 年。

镐、锛、凿、斧、锤、刀、削等工具，剑、矛、镞、甲等兵器，以及带钩等生活用品。铁器的大量使用，对燕国社会经济的发展起到很大的促进作用。尤其是各种铁农具，可以广泛用于深翻土地、中耕除草以及收割等，可以在很大程度上提高单位产量。燕国农业无疑占有绝对优势，作物种类有粟等，家畜则有猪、牛、狗等。而镢、镐、锛、凿、斧等工具则极大地提高了农田水利、水井、城墙等土木工程的建设效率。此外，北部山区枣、栗等的采集或种植也成为燕国经济特色之一①。

生活用陶器采用配合慢轮的泥条筑成法制作，内垫外拍成型，器物内壁多见垫窝，外壁见拍打形成的单元印痕。南正遗址存在专门的制陶作坊，发现制陶托盘和陶垫（图一七七）。具体来说，釜、甑、盆等大口器物为口沿朝下制作，先用泥条盘筑成口部，再向上制作腹、底，并用缠有绳子的拍子拍打成型，最后正置续加泥条做出口沿；尊、罐、瓮等小口器物和豆等带柄或圈足的器物，则为分段制作后衔接而成；筒瓦和板瓦都是先制作一个圆形泥筒并压抹出瓦头，外壁拍印绳纹，再切割成两半成筒瓦，或切割成同等大小的四片成板瓦；瓦当头的饕餮纹等则为模印。此外，褐陶仍

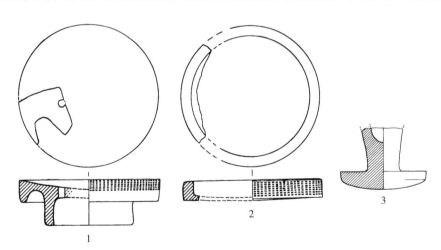

图一七七　南正制陶工具

1、2. 制陶托盘　3. 陶垫

① "（燕）北有枣栗之利，民虽不佃作而足于枣栗矣。"见司马迁：《史记·苏秦列传》第2243页，中华书局，1959年。

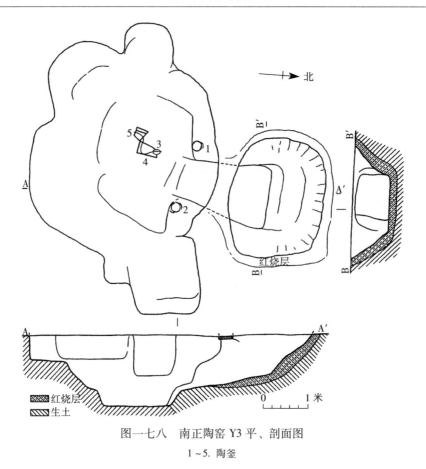

图一七八　南正陶窑 Y3 平、剖面图
1～5. 陶釜

然占据相当比例，说明当地开放式氧化焰烧制传统有着长久的延续，南正
窑址 Y3、Y4、Y7 等可能就属于此类（图一七八）。仿铜陶器主要以快轮拉
坯制作，陶匝或器耳、足、纽、铺首等多为模制。除器壁内外留下的整齐
旋纹或轮旋痕迹外，还用刻划、压印、彩绘、堆塑等方式装饰器表，尤以
用硬物在器坯半干时压印形成的光滑暗纹最有特色。

　　据分析，南正和岩上陶片中的云母状屑和料实以滑石为主，仅含少量
云母；两遗址陶器原料虽基本一致，但也存在一定差异，可能岩上陶器并
非在南正作坊制作[1]。

① 崔剑锋等：《南正、岩上遗址出土器物的初步分析》，《房山南正遗址——拒马河流域战国以降时期遗址发掘报告》第 233～245 页，科学出版社，2008 年。

青铜器和铁器铸造业都呈现较高水平，在黑古台遗址可能就存在青铜器和铁器铸造作坊。从中赵甫和贾家花园青铜礼器来看，普遍使用分铸法和焊接工艺，明显提高了生产效率。有人认为燕国青铜礼器使用了失蜡法铸造技术[①]，而某些金属牌饰则使用"失织—失蜡法"工艺[②]，可备一说。岩上铜印为铅、锡含量较高的三元合金青铜，新铸时应当色泽亮黄[③]。而燕刀币则为高铅青铜，虽质地粗脆，但成本低廉，利于大批铸造；其较高的杂质铁含量和大量硫化物的夹杂表明，铜、铅的冶炼可能采用了硫化矿，并存在先进的熔铁技术[④]。总体来看，当时工匠能够娴熟掌握不同比例的青铜合金性能。铁器制造已经较为成熟，发现的镰、镢等铁器都为铸造，坚硬锋利。曾在河北兴隆发现战国晚期的铁器冶铸作坊遗址，仅铁质铸范就有 87 件，包括锄、镰、镢、斧、凿、车具等[⑤]。铁范可反复使用，生产效率高且产品规整划一，可见其铸铁业发达的程度。该遗址距北京很近，很可能就是附属于燕上都的铁器冶铸作坊之一。对燕下都铁器的分析可知，战国晚期已经有白口铸铁、韧性铸铁、灰口铸铁、可锻铸铁等产品，并有锻钢、淬火等钢铁技术[⑥]。

此外，仍存在木工手工业，石器、骨角器、珠玉制作等手工业，以及纺织、缝纫、酿酒等家庭手工业。贾家花园战国墓葬青铜钫中尚存杏或梅核 10 多个，应为佐酒原料。

随着生产力的发展，战国时期包括北京在内的燕国地区的商品经济十

① 杜廼松：《论东周燕国青铜器》，《文物春秋》1994 年 2 期第 45 ~ 49 页。
② 〔美〕艾玛·邦克：《"失织—失蜡法"古代渤海地区的一种铸造工艺》，《环渤海考古国际学术讨论会论文集》（石家庄·1992）第 234 ~ 237 页，知识出版社，1996年。
③ 崔剑锋等：《南正、岩上遗址出土器物的初步分析》，《房山南正遗址——拒马河流域战国以降时期遗址发掘报告》第 233 ~ 245 页，科学出版社，2008 年。
④ 张晓梅、王纪洁、原思训：《燕国明刀币的合金成分与金相组织的分析》，《考古》2005 年 9 期第 82 ~ 86 页。
⑤ 郑绍宗：《热河兴隆发现的战国生产工具铸范》，《考古通讯》1956 年 1 期第 29 ~ 35页。
⑥ 北京钢铁学院压力加工专业：《易县燕下都 44 号墓葬铁器金相考察初步报告》，《考古》1975 年 4 期第 241 ~ 243 页；李仲达等：《燕下都铁器金相考察初步报告》，《燕下都》第 881 ~ 895 页，文物出版社，1996 年。

分发达，出土的匽刀数以万计，还仿铸赵平首耸肩尖足布、小耸肩方足布，新铸"右匽新冶"布①。与其伴出的常有韩、赵、魏的钱币，说明与三晋地区的经济联系尤为密切，甚至有通用货币的可能。正因为这样，《史记·货殖列传》才说"夫燕亦勃碣之间一都会也"，《盐铁论》更说"燕之涿、蓟，富冠海内，为天下名都"，才能成就燕国"地方二千余里，带甲数十万，车六百乘，骑六千匹，粟支数年"的"天府"景象②。

---

① 石永士、王素芳：《燕国货币的发现与研究》，《燕文化研究论文集》第 350～379 页，中国社会科学出版社，1995 年。

② "（苏秦）说燕文侯曰：'燕东有朝鲜、辽东，北有林胡、楼烦，西有云中、九原，南有嘑沱、易水，地方二千余里，带甲数十万，车六百乘，骑六千匹，粟支数年。南有碣石、雁门之饶，北有枣栗之利，民虽不佃作而足于枣栗矣。此所谓天府者也。"见司马迁：《史记·苏秦列传》第 2243 页，中华书局，1959 年。

第六章　人地关系

北京地区气候敏感多变，考古学文化的发展深受自然环境及其演变过程的制约，最直接的表现是在资源利用和经济形态方面，进一步则影响到文化的兴衰盛亡、发展更替、传播迁徙，影响到聚落形态乃至于文化和社会模式的形成，并对社会发展进程产生制约。反过来，人类的开发行为也会对该地区自然环境产生不同程度的影响。这就是人地关系研究的主要内容。

一　北京地区自然环境概况

由于燕山运动的作用，太行山以西山地抬升，以东平原断陷下降，初步奠定了目前北京的大地格局。西部的西山属太行山北端余脉，与山西高原毗连；北部的军都山属燕山山脉，与内蒙古高原接壤。东北与松辽平原相通，东南与黄淮海平原连成一片。最高峰东灵山海拔 2303 米，多数中低山海拔 200～1500 米，由太古界、元古界、古生界、中生界和新生界的岩系组成。东南平原区一般海拔 30～50 米，其上堆积着厚约几十至数百米的第四纪松散沉积物，包括更新世台地与二级阶地、全新世泛滥平原与一级阶地。

在全新世气候条件下，北京地区仍然发育黄土及古土壤，大体当属于周原黄土的范畴①，与黄土高原区大部发育的坡头黄土有一定差别②。据研

---

① "周原黄土"这一概念由周昆叔提出，指黄土高原东南边缘地区自下而上形成的杂色黄土、褐红色埋藏土、褐色埋藏土和新近黄土。见中国科学院黄土高原综合科学考察队：《黄土高原地区自然环境及其演变》第 94～107 页，科学出版社，1991 年；周昆叔：《周原黄土及其与文化层的关系》，《第四纪研究》1995 年 2 期第 174～181 页。

② "坡头黄土"这一概念由刘东生等提出，指黄土高原大部地区全新世发育的黑垆土及其上覆的晚近黄土。见 Liu Tungsheng and Yuan Baoyin. Paleoclimatic cycles in northern China: Luochuan Loess section and its environmental implication. *Aspects of Loess Research*, China Ocean Press, Beijing, 1987, 3-26.

究，阴山以北的内蒙古苏尼特右旗—二连浩特荒漠戈壁地区可能是北京—张家口地区黄土粉尘的主要物源区①。以东胡林全新世黄土剖面为例：黄土剖面总厚 7.88 米，剖面以不整合面为界可明显分为两部分，下部为晚更新世的堆积，上部是全新世黄土堆积，又可自下而上分为浅褐黄色黄土及钙质结核层（相当于周原黄土的杂色黄土）、浅褐红色古土壤层（相当于周原黄土的褐红色埋藏土下层）和浅黄色砂质黄土层（相当于周原黄土的新近黄土）；晚更新世及全新世沉积之间发育有沙砾沉积，整个剖面构成河流的二级阶地②。此外，北京西部马兰台上覆全新世黄土和古土壤，上、中部为红棕色，发育良好的团粒结构③。甚至在北京西缘海拔 1641 米的九龙洼也发现发育较好的全新世黄土剖面④。

北京地区分布着永定河、潮白河、北运河、拒马河、泃河等大小河流 60 余条，属海河流域，呈扇状东南向汇入渤海⑤。北京山前冲洪积扇形成的二级台地和阶地可以分为三大块：太行山前永定河与拒马河之间的房山—良乡台地，被大石河和小清河切割破碎；军都山南潮白河与永定河之间的昌平—北京台地，温榆河发育其上；燕山南潮白河以东的杨各庄—平谷台地，泃河、错河流经其上；台地之间则发育泛滥平原⑥。此外，北京西北还有延庆盆地。

北京平原主要由永定河水系堆积而成，拒马河水系和潮白河水系起到

---

① 秦小光、吴金水、蔡炳贵等：《全新世时期北京—张家口地区与黄土高原地区风成系统的差异》，《第四纪研究》第 24 卷 4 期第 430～436 页，2004 年。

② 郝守刚、马学平、夏正楷等：《北京斋堂东胡林全新世早期遗址的黄土剖面》，《地质学报》第 76 卷 3 期第 420～429 页，2002 年。

③ 卢演俦、魏兰英、尹金辉等：《北京西山古山洪堆积——马兰砾石形成环境及年代》，《第四纪研究》第 23 卷 6 期第 611～620 页，2003 年。

④ 刘东生、秦小光、蔡炳贵：《北京东灵山的全新世黄土》，《第四纪研究》第 23 卷 1 期第 109 页，2003 年。

⑤ 霍亚贞：《北京自然地理》，北京师范学院出版社，1989 年；周昆叔：《北京环境考古》，《第四纪研究》1989 年 1 期第 84～94 页。

⑥ 王乃樑、杨景春、徐海鹏等：《北京西山山前平原永定河古河道迁移、变形及其和全新世构造运动的关系》，《第三届全国第四纪学术会议论文集》，科学出版社，1982 年；周昆叔：《北京环境考古》，《第四纪研究》1989 年 1 期第 84～94 页。

了辅助作用①。末次冰期时，永定河水量减少，搬运能力下降，大量风化物质积累在山区，北京山前平原堆积速率不高，但奠定了北京平原的雏形。末次冰期后气候转型时期和全新世大暖期，永定河水量增加，搬运能力加强，携带大量泥沙堆积于北京平原②。全新世以来最为显著的特征是以河流的侵蚀、堆积作用为主，沉积类型以冲积为主，构成了一、二级阶地和近代河床、河漫滩；另外，在局部发育湖沼沉积和风成沙丘。

现代北京地区基本属暖温带大陆性半湿润季风气候，冬季受强盛蒙古高气压控制，多西北风，寒冷干燥；夏季处于大陆低气压控制，多东南风，天气炎热多雨。年均温度平原区为 11～12℃，海拔 800 米以下山区 7～10℃，百花山等高山区 2～4℃；年降水量一般为 500～650 毫米，山前迎风坡可达 700～800 毫米。降水季节分配不均，6～8 月降水量占全年 70% 以上，且年际变率大③。

二　北京及邻近地区全新世环境演变

亚洲地区第四纪以来气候波动的幅度较大，有数十次较大的冷暖干湿变化，全新世气候仍存在多次波动，表现出相对的不稳定性，全新世大暖期或适宜期就是指其中较为稳定暖湿的一段时间④。有研究者还辨认出若干次寒冷期⑤，或者认为存在 2000 年的准周期⑥，或 500、1000、1300 年的不

---

① 袁宝印、吕金波：《北京平原之形成》，《新构造与环境》第 136～143 页，地震出版社，2001 年。
② 袁宝印、邓成龙、吕金波等：《北京平原晚第四纪堆积期与史前大洪水》，《第四纪研究》第 22 卷 5 期第 474～482 页，2002 年。
③ 北京市气象局气候资料室：《北京气候志》，北京出版社，1987 年。
④ 施雅风、孔昭宸、王苏民等：《中国全新世大暖期气候与环境的基本特征》，《中国全新世大暖期气候与环境》第 1～18 页，海洋出版社，1992 年。
⑤ 王绍武等：《中国气候变化的研究》，《气候与环境研究》第 7 卷 2 期第 137 页，2002 年。
⑥ 史培军：《地理环境演变研究的理论与实践——鄂尔多斯地区晚第四纪以来地理环境演变研究》，科学出版社，1991 年；史培军等：《10000 年来河套及邻近地区在几种时间尺度上的降水变化》，《黄河流域环境演变与水沙运行规律研究文集》（第二集）第 57～63 页，地质出版社，1991 年；张兰生、史培军、方修琦：《中国北方农牧交错带（鄂尔多斯地区）全新世环境演变及未来百年预测》，《中国北方农牧交错带全新世环境演变及预测》第 1～15 页，地质出版社，1992 年。

同尺度的周期①。这种周期性的变化还具有全球性②，显示了千年尺度的温度变化主要受全球性因素制约，而降水变化的地方性则要远大于温度变化③。北京及邻近地区地处半湿润向半干旱地区的过渡带，大陆性季风气候显著，气候变化敏感；与中国北方其他地区一样④，全新世气候大致可分为早全新世回暖期、中全新世适宜期和晚全新世降温期三大阶段。降水与温度变化基本一致但略有滞后，总体显示出干旱化趋势。

1. 早全新世回暖期（距今 12000 ~ 8500 年）

随着末次盛冰期的结束，气温显著上升，降水相应增多，但总体还比现在凉干。据对房山东甘池、大兴小红门的分析，距今 12000 年左右基本未统计到炭屑，只有少量的松、蒿属的花粉，气候仍干冷；此后木本植物花粉逐渐增多，温度和降水增加⑤。在温和与较湿润的气候条件下，北京地区生长着以松、杉为主的针叶林或针阔混交林，局地存在以蒿、藜、菊为主的温带草原。

全新世初期本区沿袭了晚更新世末期的特征，塑造深切谷地。但随气温、湿度的显著增高和海面回升，河流下蚀作用由强渐弱，谷地中堆积作用加强，泥炭层开始发育，沉积物由砂砾石堆积渐变为砂质黏土、黏质砂

---

① 方修琦等：《全新世寒冷事件与气候变化的千年周期》，《自然科学进展》第 14 卷 4 期第 456 ~ 461 页，2004 年。

② Bond, G., Shower, W., Cheseby, M. et al., A pervasive millennial – scale cycle in north Atlantic Holocene and glacial climates, *Science*, 1997, 278：PP. 1257 – 1266.

③ 史培军、方修琦：《中国北方农牧交错带与非洲萨哈尔带全新世环境演变的比较研究》，《中国北方农牧交错带全新世环境演变及预测》第 87 ~ 92 页，地质出版社，1992 年；周尚哲等：《中国西部全新世千年尺度环境变化的初步研究》，《环境考古研究》（第一辑）第 230 ~ 236 页，科学出版社，1991 年；王绍武、朱锦红：《全新世千年尺度气候振荡的年代学研究》，《气候变化研究进展》第 1 卷 4 期第 157 ~ 160 页，2005 年。

④ 韩建业：《中国西北地区先秦时期的自然环境与文化发展》，文物出版社，2008 年。

⑤ 张佳华、孔昭宸、杜乃秋：《北京地区 15000 年以来环境变迁中灾害性气候突变事件的讨论》，《灾害学》第 11 卷 2 期第 71 ~ 75 页，1996 年；袁宝印、邓成龙、吕金波等：《北京平原晚第四纪堆积期与史前大洪水》，《第四纪研究》第 22 卷 5 期第 474 ~ 482页，2002 年。

土堆积,构成本区二级阶地,在沉积台地外围冲积平原开始形成[①]。对北京东方广场剖面的分析表明,距今 12000 ~ 8000 年降雨增加,地表径流加大,冰期时山区积累的风化物质大量进入河道,北京平原堆积速率明显加大[②]。根据斋堂盆地的河谷地貌结构,可以估算出距今 10000 ~ 8500 年期间河流年平均侵蚀量约为 158.0×10^3 吨/年[③]。

2. 中全新世适宜期 (距今 8500 ~ 3000 年)

中全新世气候总体温暖湿润,北京地区植被繁茂。北京平原一带木本植物花粉占优势,生长着栎、桦、落叶松、榆、胡桃、椴等落叶阔叶林或针阔混交林植被;北京西山区则为森林或草原—森林环境;当时河流水量丰沛,水网密布,海平面有所上升,河床相应抬高;永定河新期冲积扇形成,泥炭层更加发育[④]。但该阶段初期仍较凉爽,北京上宅遗址第 8 层 (约距今 8000 年) 就包含较多桦树花粉[⑤]。

对北京东方广场剖面的分析表明,距今 8000 ~ 4000 年虽然气候比较湿润,但山区原有风化物质的侵蚀、搬运已达到某种新的平衡状态,使得河水搬运的物质数量明显下降,北京平原沉积速率降低。据斋堂盆地的河谷地貌结构,

---

① 孔昭宸、杜乃秋、张子斌:《北京地区 10000 年以来的植物群发展和气候变化》,《植物学报》第 24 卷 2 期第 172 ~ 181 页,1982 年;赵希涛等:《北京平原 30000 年来的古地理演变》,《中国科学》B 辑第 27 卷 6 期第 544 ~ 554 页,1984 年;单青生、杨鸿连、刘连刚:《北京—通县平原地区第四纪环境演变》,《北京地质》1994 年 4 期第 1 ~ 7 页;李华章、蔡卫东:《北京地区第四纪古地理研究》,地质出版社,1995 年。

② 袁宝印、邓成龙、吕金波等:《北京平原晚第四纪堆积期与史前大洪水》,《第四纪研究》第 22 卷 5 期第 474 ~ 482 页,2002 年。

③ 刘静、夏正楷:《斋堂盆地的河谷地貌结构及近万年以来的水土流失概况》,《水土保持研究》第 12 卷 4 期第 90 ~ 92 页,2005 年。

④ 赵希涛等:《北京平原 30000 年来的古地理演变》,《中国科学》B 辑第 27 卷 6 期第 544 ~ 554 页,1984 年;单青生、杨鸿连、刘连刚:《北京—通县平原地区第四纪环境演变》,《北京地质》1994 年 4 期第 1 ~ 7 页;李华章、蔡卫东:《北京地区第四纪古地理研究》,地质出版社,1995 年;卢演俦、魏兰英、尹金辉等:《北京西山古山洪堆积——马兰砾石形成环境及年代》,《第四纪研究》第 23 卷 6 期第 611 ~ 620 页,2003 年。

⑤ 周昆叔:《上宅新石器文化遗址环境考古》,《中原文物》2007 年 2 期第 19 ~ 24 页。

可以估算出约距今 8500~4000 年河流平均堆积量为 3.31×10³吨/年①。

适宜期本身也存在气候波动,结合周围地区资料还可以辨认出至少 4 次相对冷期。

第一次冷期在距今 7000 年左右,伴随着降水减少。多项研究表明内蒙古的鄂尔多斯高原至岱海黄旗海一带当时趋于干冷②,黄土高原剖面中的落叶阔叶乔木花粉迅速减少,松、蒿花粉急剧增加③。之后温度和降水迅速回升。镇江营遗址距今 7000 年以后的新石器第一期发现多种真菌的孢子,并有少量禾本科以及车前科的花粉,表明当时以中性陆生草本植物为主,属草原型植被,气候稍趋温暖湿润④。

第二次冷期大约在距今 5000 年达到顶点,开始的年代则在距今 5500 年左右。这甚至可以视为适宜期间的一次极端气候事件,但这次降温并未伴随降水的显著减少,或可视为一次冷湿事件。据对房山东甘池剖面的分析,约距今 4560 年(校正后约距今 5000 年)孢粉浓度明显下降,缺乏乔木花粉,炭屑和烧失量减少,甚至出现了最低点⑤。内蒙古岱海、黄旗海湖面从距今 5500 年左右开始降低,至距今 5000 年前后达到前所未有的低谷,出现冰缘气候⑥。

---

① 刘静、夏正楷:《斋堂盆地的河谷地貌结构及近万年以来的水土流失概况》,《水土保持研究》第 12 卷 4 期第 90~92 页,2005 年。

② 史培军:《地理环境演变研究的理论与实践——鄂尔多斯地区晚第四纪以来地理环境演变研究》,科学出版社,1991 年;史培军等:《10000 年来河套及邻近地区在几种时间尺度上的降水变化》,《黄河流域环境演变与水沙运行规律研究文集》(第二集)第 57~63 页,地质出版社,1991 年;张兰生、史培军、方修琦:《中国北方农牧交错带(鄂尔多斯地区)全新世环境演变及未来百年预测》,《中国北方农牧交错带全新世环境演变及预测》第 1~15 页,地质出版社,1992 年。

③ 孙建中、柯曼红等:《黄土高原全新世古气候环境》,《黄土高原第四纪》第 192~195 页,科学出版社,1991 年。

④ 王宪曾:《镇江营遗址孢粉分析初步报告》,《镇江营与塔照——拒马河流域先秦考古文化的类型与谱系》第 555 页,中国大百科全书出版社,1999 年。

⑤ Zhang Jiahua, Kong Zhaochen. Study on vegetation and climate changes in Beijing region since Late Pleistocene. *Chinese Geographical Science*, 1999,9(3): 243-249.

⑥ 刘清泗、汪家兴、李华章:《北方农牧交错带全新世湖泊演变特征》,《区域·环境·自然灾害地理研究》第 1~7 页,科学出版社,1991 年;刘清泗、李华章:《中国北方农牧交错带(岱海—黄旗海地区)全新世环境演变》,《中国北方农牧交错带全新世环境演变及预测》第 16~54 页,地质出版社,1992 年。

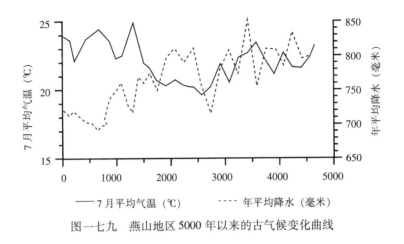

图一七九　燕山地区 5000 年以来的古气候变化曲线

另一项研究表明，岱海盆地自距今 5100 年后气温开始下降，但降水量仍较多，当时的 7 月份平均气温与现在相近，降水比现在多约 100 毫米①。渤海湾西岸距今 5000 年后开始海退，并留下多道贝壳堤②。距今 5000 年以后气温回升，降水增加，至距今 4500 年左右暖湿程度达到峰顶。距今 4500 年左右老虎山东侧剖面出现代表植被发育的古土壤层，之后见有代表较大洪冲积过程的砾石层③。从黄旗海剖面看，距今 4500 年左右湖面稍有回升。但当时已经无法恢复到先前的暖湿程度。

　　第三次冷期大约在距今 4000 年达到顶点，可以视为适宜期间的一次极端气候事件，有人称其为"小冰期"，开始的年代则在距今 4300 年左右，并以显著的干冷为特征。这在依据花粉—气候响应面恢复的燕山地区 5000 年来古气候变化曲线上有明显反映（图一七九）④。从岱海首花河口

① 许清海、肖举乐等：《孢粉资料定量重建全新世以来岱海盆地的古气候》，《海洋地质与第四纪地质》第 23 卷 4 期第 99～108 页，2003 年。
② 赵希涛：《渤海湾西岸全新世海岸线变迁》，《中国海岸演变研究》第 1～13 页，福建科学技术出版社，1984 年。
③ 内蒙古文物考古研究所：《岱海考古（一）——老虎山文化遗址发掘报告集》第 4 页，科学出版社，2000 年。
④ 许清海、杨振京、阳小兰等：《燕山地区花粉气候响应面及其定量恢复的气候变化》，《环境考古研究》（第三辑）第 164～172 页，科学出版社，2006 年。

剖面来看，距今4300年前后岱海地区的气温几乎降到0℃左右，降水也有明显减少①。有人推测这次冷干事件致使7月份平均气温比现在低约2～3℃，降水量比现在少约20～30毫米②。距今4000年以后气温降水稍趋上升，至距今3700年左右温暖程度达到一个准峰顶。据岱海盆地孢粉分析，距今3900～3500年的相对暖湿时期，7月份平均气温比今高约2～3℃，降水量比今也略高③。

第四次冷期大约在距今3500年。据对房山东甘池剖面的分析，约距今3390年（校正后约距今3650年）出现植被类型的突变，由针阔叶混交林转变为乔木稀少，蒿属占优势的草原景观④。对延庆盆地太师庄剖面的孢粉分析表明，该区域距今3300年（校正后约3500年）后先前的针阔叶混交林草原植被花粉几乎消失，草本植物花粉占绝对优势⑤。之后温度和降水又有回升。

3. 晚全新世降温干旱期（距今3000年至今）

从距今3000年左右进入晚全新世开始，气候明显向冷干方向发展。据花粉—气候响应面恢复的燕山地区5000年来古气候变化曲线上反映此时气温明显降低（图一七九）⑥。根据辛力屯、东高村、普贤屯、东甘池、小红门剖面的孢粉组合，反映出距今3000年时植被为松—桦—栎花粉带，但蒿、

---

① 刘清泗、汪家兴、李华章：《北方农牧交错带全新世湖泊演变特征》，《区域·环境·自然灾害地理研究》第1～7页，科学出版社，1991年；刘清泗、李华章：《中国北方农牧交错带（岱海—黄旗海地区）全新世环境演变》，《中国北方农牧交错带全新世环境演变及预测》第16～54页，地质出版社，1992年。

② 许清海、肖举乐等：《孢粉资料定量重建全新世以来岱海盆地的古气候》，《海洋地质与第四纪地质》第23卷4期第99～108页，2003年。

③ 许清海、肖举乐等：《孢粉资料定量重建全新世以来岱海盆地的古气候》，《海洋地质与第四纪地质》第23卷4期第99～108页，2003年。

④ Zhang Jiahua, Kong Zhaochen. Study on vegetation and climate changes in Beijing region since Late Pleistocene. *Chinese Geographical Science*, 1999,9(3): 243–249.

⑤ 靳桂云、刘东生：《华北北部中全新世降温气候事件与古文化变迁》，《科学通报》第46卷20期第1725～1730页，2001年。

⑥ 许清海、杨振京、阳小兰等：《燕山地区花粉气候响应面及其定量恢复的气候变化》，《环境考古研究》（第三辑）第164～172页，科学出版社，2006年。

藜、麻黄等草本植物花粉增多，气候偏干属针叶林—草原类型[1]。对北京昆明湖沉积物分析，发现在距今 3000 年前后孢粉组合中反映温干气候的松树花粉明显增加[2]。镇江营遗址的孢粉研究表明，距今 3100 年以后的商周第三期，出现菊科、藜科花粉和松属花粉，反映气候较为干冷，属干旱草原型植被，附近山区有松林生长[3]。北京西山此后转变为相对干冷的森林—草原或稀树草原环境[4]。北京地区全新世泥炭在距今 3000 年前后因水域缩减而逐渐停止堆积[5]。对河北省丰宁县沉积剖面分析，发现在上下两层黑沙土之间存在风沙层，记录了一次干旱化气候突变事件，正当距今 3000 年稍前之时[6]。

但这次冷干期之后不久，温度和降水又稍趋回升。距今 2800 年以后的商周第四期，发现较多形态一致的禾本科植物花粉，极可能属于粟、高粱等，应属人工栽培植物。锦葵科花粉的发现，是当时气候稍趋暖湿的反映[7]。丰宁县沉积剖面也显示在距今 3000 年前的沙层之后又出现黑沙层。

① 孔昭宸、杜乃秋、张子斌：《北京地区 10000 年以来的植物群发展和气候变化》，《植物学报》第 24 卷 2 期第 172～181 页，1982 年；赵希涛等：《北京平原 30000 年来的古地理演变》，《中国科学》B 辑第 27 卷 6 期第 544～554 页，1984 年；李华章、蔡卫东：《北京地区第四纪古地理研究》，地质出版社，1995 年；张佳华、孔昭宸、杜乃秋：《北京地区 15000 年以来环境变迁中灾害性气候突变事件的讨论》，《灾害学》第 11 卷 2 期第 71～75 页，1996 年；袁宝印、邓成龙、吕金波等：《北京平原晚第四纪堆积期与史前大洪水》，《第四纪研究》第 22 卷 5 期第 474～482 页，2002 年。
② 周新宇、蔡述明、孔昭宸等：《北京颐和园地区 3000 年来的植被与环境初探》，《中国生存环境历史演变规律研究》（一）第 31～42 页，海洋出版社，1993 年；黄成彦、孔昭宸、浦庆余：《颐和园昆明湖 3500 余年沉积物研究》第 156～158 页，海洋出版社，1996 年。
③ 王宪曾：《镇江营遗址孢粉分析初步报告》，《镇江营与塔照——拒马河流域先秦考古文化的类型与谱系》第 555 页，中国大百科全书出版社，1999 年。
④ 卢演俦、魏兰英、尹金辉等：《北京西山古山洪堆积——马兰砾石形成环境及年代》，《第四纪研究》第 23 卷 6 期第 611～620 页，2003 年。
⑤ 张子斌、王丁、丁嘉贤：《北京地区一万三千年来自然环境的演变》，《地质科学》1981 年 3 期第 259～268 页。
⑥ 邱维理、李容全、朱楠等：《河北省丰宁地区全新世风沙活动及其对古文化的影响》，《第四纪研究》第 25 卷 6 期第 729～740 页，2005 年。
⑦ 王宪曾：《镇江营遗址孢粉分析初步报告》，《镇江营与塔照——拒马河流域先秦考古文化的类型与谱系》第 555 页，中国大百科全书出版社，1999 年。

距今 2600 多年春秋中期以后又转冷干。据对叠压玉皇庙墓葬的洪坡积土层样品的分析，其中以蒿为主的草本花粉占绝对优势，乔木花粉和蕨孢子很少，说明春秋晚期或更晚时期北京延庆山区一带环境干凉[1]。战国以后又渐趋暖湿。

晚全新世之初干冷过程和海平面的下降，致使冲刷作用加剧，河流下蚀，塑造了一级阶地。来沙量小的潮白河等略有下切，永定河来沙量剧增，流域水土流失严重。之后，气候温凉干燥，河流作用影响面较前期明显减小。特别是人工改造的影响，使许多河流断流，并局部打破自然界河流的均衡作用，使河流侵蚀、堆积作用的人为影响加大[2]。根据斋堂盆地的河谷地貌结构，估算出约距今 4000 年以来的河流年平均侵蚀量为 963×10^3 吨/年，说明随着人类活动作用的加强，人为因素逐渐成为水土流失的主导因素，现今的土地受人为破坏严重[3]。

三　北京地区先秦时期的人地关系

1. 新石器时代早期

北京地区旧石器时代文化总体属小石器类型，小石器适合肢解加工动物，代表主要依赖于肉食的狩猎经济类型，这显然与该地区中、晚更新世温带草原环境相适应。

随着末次冰期的结束，北京地区的气温和降水都迅速回升，新石器时

---

① 周昆叔：《军都山玉皇庙墓地孢粉分析》，《军都山墓地——葫芦沟与西梁垙》附录一第 577～578 页，文物出版社，2009 年。

② 孔昭宸、杜乃秋、张子斌：《北京地区 10000 年以来的植物群发展和气候变化》，《植物学报》第 24 卷 2 期第 172～181 页，1982 年；赵希涛等：《北京平原 30000 年来的古地理演变》，《中国科学》B 辑第 27 卷 6 期第 544～554 页，1984 年；单青生、杨鸿连、刘连刚：《北京—通县平原地区第四纪环境演变》，《北京地质》1994 年 4 期第 1～7 页；李华章、蔡卫东：《北京地区第四纪古地理研究》，地质出版社，1995 年。

③ 刘静、夏正楷：《斋堂盆地的河谷地貌结构及近万年以来的水土流失概况》，《水土保持研究》第 12 卷 4 期第 90～92 页，2005 年。

代早期的东胡林类遗存在此背景下出现。当时的北京为针阔混交林植被，气温较现在还略高一些。人们相对定居渔猎，兼营对禾本科植物的密集采集或者开始发展原始农业，都与这种日趋适宜的气候条件密切相关。同时，随着气候和植被带的北移，带动人群整体北移，这样，华南地区更早就出现的稻作农业经验，有可能逐渐北传，并对包括北京在内的华北地区旱作农业的出现产生可能的影响。

东胡林和转年遗址都位于西部山区河流上游海拔较高的二级或三级阶地上（图一八〇，上左），背风向阳，石基山坡上发育森林，黄土台地为草原环境，低处则为河流。这样的环境具有丰富多样的动植物资源，适合狩猎、捕捞和采集经济的发展，为早期人类相对定居提供了条件。遗址发现的大量鹿类野生动物，以及厚度 20 厘米以上的螺蚌层，都是人们利用这些自然资源的证据。正如周昆叔指出的那样，东胡林遗址是"坐北朝南和亲水土原则的早期原型"[①]。

不过，该文化至今尚未发现房屋，只有一些可能临时性使用的火塘，反映人们稳定定居的时间可能不是很长，这可能与食物来源还不是很稳定有关。

2. 新石器时代中期

进入全新世适宜期，气候日趋暖湿，中国新石器文化进入一个新的发展阶段——中期阶段，兴隆洼文化也正在此时得到蓬勃发展，并伴随着气候带和植被带的南移而向南产生较大影响，"之"字纹等因素一直流播至中原的裴李岗文化。

兴隆洼文化和赵宝沟文化粟、黍类旱作农业的发展，应当是适应中全新世适宜气候的结果。粟和黍比较耐旱，但在生长期要求平均气温达到 20℃左右，还需要满足日照需要。全新世适宜期初期燕山南北温度和降水要高于现在，这提供了适宜土壤形成的空气、湿度与生物条件，从而形成具有团粒结构的顶层埋藏土或古土壤，利于涵养空气、水和有机质，以便通过毛细管作用让植物吸收养分，同时也利于农作物扎根生长，因此，就使

[①] 周昆叔：《东胡林遗址环境考古信息》，《中国文物报》2003 年 12 月 12 日。

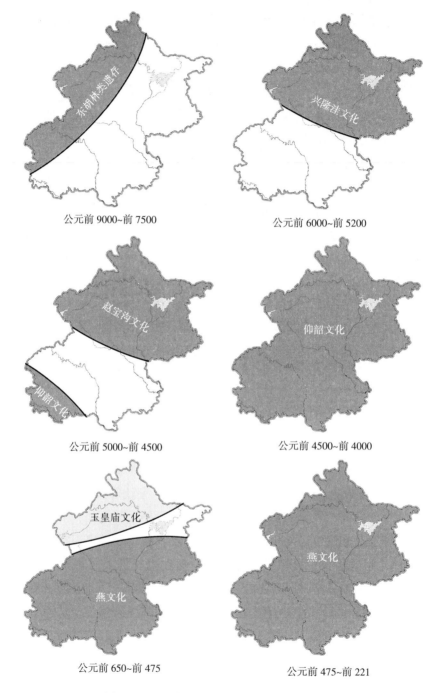

公元前 9000~前 7500　　　　　　公元前 6000~前 5200

公元前 5000~前 4500　　　　　　公元前 4500~前 4000

公元前 650~前 475　　　　　　公元前 475~前 221

图一八〇　北京地区部分先秦文化分布态势图

发展粟、黍类农业具备了一定的物质基础①。但该地区温度水分等发展农业的条件毕竟有限，因此狩猎经济仍占相当比例。

与新石器时代早期的东胡林和转年遗址相比，上宅和北埝头遗址的海拔位置降低，都位于二级黄土阶地之上，上宅前临沟河，北埝头前临沟河支流错河，都背依低山丘陵（图一八〇，上右）。这样既可方便利用水资源，又可避免水患；既方便狩猎野生动物和捕捞鱼蚌，又可以采集森林植物果实；聚落近周平地黄土母质土壤还适宜作为农田。

赵宝沟文化上宅类型早期房屋均为地穴与半地穴式，这需要区域内拥有相当数量的林木；实际上孢粉分析表明，北京地区山地当时的确分布有大面积森林。另一方面，该文化房屋结构简单，看来在同一个聚落定居的时间可能不是很长，这与食物来源还不是很稳定有关。

由于发展农业需要破坏自然植被，房屋建筑、炊煮食物也都要消耗树木资源，所以兴隆洼文化和赵宝沟文化的发展对环境存在一定影响是可以肯定的，不过负面影响的程度大概仍很有限。

3. 新石器时代晚期

约距今 7000 年发生的气候干冷事件，对整个中国史前文化的发展产生重大影响，造成新石器时代中期文化的大范围衰落，尤其以中原地区裴李岗文化、磁山文化和白家文化的衰落最为明显。但并非所有文化都发生重大转折，包括上宅类型在内的赵宝沟文化和山东地区的北辛文化就都能够连续发展下来。这或许因为这次干冷的幅度并不很大，而且北京、东北、山东这些地区又靠近海洋，降水还能大体维持原先的生态系统的缘故。

距今 7000 年之后，气温和降水迅速回升。黄河流域农业发展步伐加快，人口有较大幅度增长，开始向人口相对稀少而又可以从事农业生产的北方地区强烈拓展。整合一新的仰韶文化下潘汪类型不但占据了河北平原大部，而且还伸入北京南部地区（图一八〇，中左）；不仅如此，仰韶文化下潘汪类型镇江营亚型的人群还西北向进入内蒙古中南部地区，其典型器红顶钵

---

① 周昆叔：《周原黄土及其与文化层的关系》，《第四纪研究》1995 年 2 期第 174～181 页。

等还通过北京地区北向渗透到滦河甚至西辽河流域。

距今 6500 年以后进入全新世中期气候最适宜期，仰韶文化蓬勃发展，后岗类型加大了继续北向拓展的力度，北京地区甚至滦河流域都成为黄河流域文化的组成部分，北京地区文化面貌空前统一（图一八〇，中右）。在仰韶文化强力北上的背景下，终于有了红山文化的兴起。

北京地区新出现的仰韶文化和原先的兴隆洼—赵宝沟文化相比，流行收割工具石刀，不见主要适合狩猎经济的骨梗石刃刀，表明旱作农业有一定发展，这显然与更为暖湿的环境条件相关。

约距今 6000～5300 年间北京地区文化的"空白"或者衰弱状态，或许与战争背景有关，但也不排除环境变化的可能性。此时正当全新世降水最充足的时期，北京和河北平原湖沼面积显著扩大，对人们的生存环境造成很大威胁，许多稍低的地方可能已不再能够居住。也或许正是这种环境变化削弱了太行山以东地区后岗类型的实力，从而为其遭受庙底沟类型沉重打击埋下了伏笔。

从局部环境来说，镇江营聚落位于北拒马河边南侧二级台地上，生态环境和上宅、北埝头遗址有相似之处，也属于资源辐辏的适合早期农业发展的良好处所。遗址发现的鹿角锥就可能利用狩猎所获鹿角为原料，陶网坠的存在反映可在附近水域从事捕捞。尤其值得一提的是，镇江营一、二期的夹砂陶器均普遍含滑石碎屑[①]，而镇江营台地附近基岩表层及其碎屑堆积也都含有大量的硅镁滑石，这说明当时人们的制陶黏土和砂粒原料均为就地取材。

上宅和镇江营遗址都发现石器半成品、残废品等，表明石器制作场的存在，所用石器原料也都取材于当地。尤其具有一定规模的上宅石器制作场，应当依赖于附近沟河河谷大量砾石的存在。

发展农业、房屋建筑、炊煮食物等都会对植被环境有一定程度的破坏。不过值得注意的是，由于此时收割谷物主要是掐穗而非割茎干，所以大部

---

① 黄素英：《镇江营遗址出土陶盆的片状羼和料化学成分的光谱定性分析》，《镇江营与塔照——拒马河流域先秦考古文化的类型与谱系》第 556 页，中国大百科全书出版社，1999 年。

分茎干有可能保留在田地，这样无疑会保持土地碳含量和肥力，对农业文化的可持续发展有重要意义。

4. 铜石并用时代早期

正当人类文化发展高潮的全新世中期，欧亚大陆北部气候却出现突变，这当然会对文化产生较大影响。距今 5500 年左右，包括北京在内的整个中国北方地区气候都趋于寒冷，这可能引起纯粹从事游猎采集的人们集团向南方移动，从而对红山文化产生较大压力。不但刺激了红山文化社会复杂化进程的加快，出现以牛河梁大型遗址群为代表的文明化趋势，而且还迫使红山文化向西南移动和寻求新的出路。和内蒙古中南部仰韶文化海生不浪类型的出现一样[1]，河北中部雪山一期文化中贾壁类型的形成也与这次红山文化的南下影响密切相关。红山文化的筒形罐、成组宽鳞纹、双孔石刀等因素，都成为雪山一期文化的重要组成部分，很大程度上改变了原来当地仰韶文化面貌。同时，在气候变冷的背景下，中原核心地区文化的对外影响显著减弱，中原农人向北移动的可能性减小，加上各类型之间的相互交流也减少，这就使得各地区域性特征明显增强，这也是河北中部从仰韶文化分化演变出地方特征强烈的雪山一期文化的原因之一。此外，不排除这时有北亚蒙古人种少量向南渗透的可能性。

这次气候变化同时引起京津地区的湖沼和洼地面积缩小，适合居住和发展农业的区域向低海拔延伸。这就为北京文化的发展和与中原文化的交流提供了一次难得的机遇[2]。大约距今 5300 年，具有蓬勃生机的雪山一期文化从河北中部挺进北京、天津和河北西北部，并进一步深入西辽河流域，从而造成红山文化的衰落和小河沿类型的兴起。

距今 5000 年左右，气候寒冷达到谷底，对文化变迁的影响更加显著，农业文化的南移趋势更加明显。这时，整个西辽河流域和北京地区大概都已经很难用传统的方式发展农业，因此出现大范围农业文化的"空白"现

---

① 韩建业：《中国北方地区新石器时代文化研究》，文物出版社，2003 年。
② 王其腾：《京津地区的自然环境与新石器时代文化》，《环渤海考古国际学术讨论会论文集》（石家庄·1992）第 162 ~ 164 页，知识出版社，1996 年。

象。或许这些地区一度被狩猎采集民族占据。甚至内蒙古半干旱草原区和岱海—黄旗海地区文化也同时出现突然"中断"或出现间歇，农业文化范围大幅度向南收缩。这些地区气候敏感，当环境恶化到一定程度，就可能极大地限制农业生产的进行，甚至可能有不少人群西南向移动到甘青地区①。

铜石并用时代早期人们的聚落选择原则与前没有多大变化，如镇江营聚落就仍位于原来的台地。但降水量毕竟有所减少，东南低地湖沼面积缩小，所以雪山和燕园遗址的位置都明显向平原地区靠近，已经位于二级阶地的边缘了，海拔也进一步降低到新石器时代以来的最低点。比如雪山遗址位于北部昌平—北京台地的南部边缘，背依山丘，西有古河道。燕园遗址位于海淀台地的边缘，曾为永定河古道的南岸：这里采集到鹿、鸟、鱼、龟等动物的骨骼，发现大量树的叶、枝、干、根，以及核桃楸等植物的果实，说明当时人们能够利用的动植物种类丰富。可见随着水位的下降，人们会选择将其居地安排到比较靠近水源和资源更加丰富的地方。此外，雪山一期文化的夹砂陶器普遍含滑石碎屑，这并非其与当地以前的文化有所联系，而是北京周缘地带基岩表层及其碎屑堆积含有大量的硅镁滑石所致。

此时中国北方大部地区社会普遍发生变革，而变革的深层次原因仍然在于自然环境的变化。由于气候变冷和自然环境恶化，使得中国北方广大地区自然资源减少、生存压力越来越大，加之北方狩猎民族南侵而导致连环的文化南移反应，这都深深地触动着原本比较稳定的社会格局，使之有机会出现大的调整和变革。北京地区的考古资料有限，还不足以说明上述社会变革，但基本情况当大致类似。

5. 铜石并用时代晚期

北京和河北中北部自大约距今 4900 年以后文化极度衰弱，至距今 4200 年左右才又恢复生机，这当中的环境背景实在令人寻味。

实际上，在距今 5000 年左右的极端气候事件之后，气温又渐渐回升，

---

① 韩建业：《距今 5000 年和 4000 年气候事件对中国北方地区文化的影响》，《环境考古研究》（第三辑）第 159~163 页，北京大学出版社，2006 年。

至大约距今 4500 年又达到一个准高峰。在此背景下，黄河流域文化经重组后再度繁荣，进入龙山时代或铜石并用时代晚期。就连水热条件较差的岱海地区，也从文化“空白”迎来了文化发展的又一个高潮，出现了较为发达的老虎山文化的聚落群[①]；甚至内蒙古半干旱草原区也有了老虎山文化遗存。唯独北京和河北中北部仍停留在文化衰弱阶段。到距今约 4300 ~ 4200 年，气候日渐恶劣，距今 4000 年左右还出现所谓“小冰期”。受其影响，龙山后期文化格局又发生动荡，北方文化有明显的南下趋势，老虎山文化大规模南迁，岱海地区老虎山文化聚落消失或极度衰落。而恰在此时，北京和河北中北部却迎来文化发展的高峰。这难道不是逆潮流而动吗？其深层原因到底是什么呢？

关键还在于自然环境的区域性差异。包括岱海地区在内的内蒙古中南部等地靠近内陆，降水相对稀少，当气候干冷到一定程度，就会直接阻遏农业文化的发展。而北京和河北中北部靠近海洋，降水较为丰富，即使在气候干冷期，也还可以发展农业生产。尤其北京和河北中部平原地区地势低洼，在距今 4500 年左右的气候较适宜期，可能湖沼洼地面积广大，反而对人类的居住和生产造成限制。距今 4200 年左右开始，气候向干冷方向发展，则使湖沼洼地面积缩小，从而给人类发展提供了越来越广阔的地理空间。正是在此背景下，黄河流域龙山文化、后岗二期文化和造律台类型人群北进，而西北方的老虎山文化人群东南移动，终于融合土著文化而产生雪山二期文化。

6. 青铜时代前期

从距今 3800 年左右开始，气候又稍趋暖湿，为农业文化的向北拓展提供了新的契机。在此背景下，雪山二期文化和后岗二期文化北扩形成夏家店下层文化，其范围也从燕山以南北京等地扩展至西辽河流域，使西辽河流域再次迎来农业文化的繁荣。在同一背景下兴起的晚期夏文化（二里头

① 田广金、史培军：《内蒙古中南部原始文化的环境考古研究》，《内蒙古中南部原始文化研究文集》第 119 ~ 132 页，海洋出版社，1991 年；内蒙古文物考古研究所：《岱海考古（一）——老虎山文化遗址发掘报告集》，科学出版社，2000 年。

文化）和晚期先商文化（下七垣文化）也从中原向北方强烈施加影响，前者的爵、鬶、斝等陶礼器见于西辽河流域的大甸子墓地，后者的卷沿实足跟鬲等深刻影响到永定河以南地区。同时，由于 4000 年左右"小冰期"而引发的西方的青铜技术和青铜文化因素，也终于辗转来到燕山南北地区，为夏家店下层文化进入青铜时代作出了贡献，也为其增添了些许草原畜牧文化色彩。

距今 3600～3300 年间的早商阶段，气候虽然稍趋干冷，但对华北地区农业发展的影响大概还比较有限。早商的二里岗下层文化尤其是二里岗上层文化继续北拓，其折沿实足跟鬲、假腹豆（及其"十"字镂孔装饰）等典型的早商文化因素较多渗透到燕山以南地区，但终究没有像二里头文化那样进入西辽河流域。同时，在气候稍趋干冷的背景下，环境较为恶劣的内蒙古中南部等地的人群及其文化被迫向东迁徙，将花边鬲、蛇纹鬲等朱开沟文化典型因素渐次传播到张家口和北京地区。

由于包括北京在内的夏家店下层文化分布区靠近海洋，水热条件较好，因此即使在距今 3800 年后还能够发展农业，但气候渐趋干冷的大势已不可逆转。北京及其燕山以南地区夏晚期已见畜牧色彩，早商阶段更普遍牧养牛、羊，塔照墓葬甚至还将牛、羊安排在地下作为"家畜"，这种畜牧成分渐次增加的现象正是顺应自然环境的结果。

这时的聚落仍多位于河、湖边的台地或阶地上，陶器、石器等的制作原料基本都是就地取材，因此使这些器物也都带上了一定的局地环境特征。如含大量滑石屑的夹砂陶器在北京南部房山地区盛行而在北部地区罕见，与南部基岩表层及其碎屑堆积普遍富含硅镁滑石有关。北京北部燕山山区有不少铜矿①，当时北京地区青铜铸造有就地取材的可能性。

在气候日趋干旱化的背景下，夏家店下层文化加大畜牧业比重，就能够较好地适应自然，人类对自然环境的负面影响也就有所降低。但当时收割庄稼已经较多用可以割取作物茎干的镰，割下来的植物茎干极有可能用于柴薪、建筑，这样就会减少田地本身的碳含量。如果没有专门的施肥技术的话，持续积累下去会降低土壤肥力。对于燕山以南的北京平原来说，

---

① 李延祥：《开展燕文化区的铜冶金考古》，《有色金属》2003 年 4 期第 168～172 页。

这样的种植方式或许对土壤影响不大；对于土壤本来就浅薄的西辽河来说，长此以往将造成难以逆转的负面结果。

距今3300年以后，气候进一步趋于干冷，导致朱开沟文化的后继者人群向东拓展，使长城沿线东部地区畜牧成分越来越重，在燕山南北留下北方系青铜器和花边鬲等典型草原文化因素，中国北方长城草原文化带基本形成。至于畜牧色彩浓厚的抄道沟类遗存盘踞在北部山区，而以农业为主的围坊三期文化分布于南部平原，那正是适应局地自然环境结果：北部气温较低，适耕土地较为缺乏，一旦气候干冷化到一定程度，就难以发展农业，而只能让位于适应性更强的畜牧业。

气候的干冷同时带动以畜牧业占主体的抄道沟类遗存人群南进，压迫围坊三期文化进一步南下中原，将北方文化范围扩展至河北唐河流域，对晚商王朝形成很大压力。同样带给商王朝压力的还有来自西北方向的李家崖文化、先周文化等。甲骨文记载武丁时期曾多次征伐土、舌方、羌方等，其实并非由于商王朝强盛而着意对外扩张，而主要是对这些北方民族入侵的反击而已。

7. 青铜时代后期和早期铁器时代前期

中国北方地区的气候至距今3000年左右到达干冷低谷，这或许是畜牧民族不但继续盘踞燕山山区，而且还能够向南实施影响的原因。至于周人北上和燕文化的形成，表面上似乎有些逆于环境变化的潮流，其实不然：周人的根基在关中，这次干冷气候事件对以农为本的周人发展农业生产有较大影响，再加上周围的畜牧民族也为严寒所迫而纷纷南下，就对周人造成极大压力。在这种背景下，周人对内调整应对策略，对外则强力东扩至最终消灭商王朝，并乘势扩张至北京等地。尤其值得注意的是，燕国都城选择在先前空旷无人的大石河（琉璃河）中游转弯处，也当与干冷气候条件下这一带变得干爽易居有关。

距今3000年左右的气候干冷事件，造成气候带大范围南移，对北方尤其是西北地区文化发展带来新的考验。但北京地区毕竟靠近海洋，降水量仍可以保证平原地带发展农业的需要。因此燕山山区为畜牧经济，而北京平原燕文化区仍为农业经济，仍然反映了对环境的良好适应。这样的人地关系总体上仍较为协调。距今2800年进入西周晚期以后，气温和降水稍有回升，镇江营遗址商周第四期发现较多形态一致的粟等禾本科植物的花粉，表明农业对周围生态环境造成一定程度的改变。但北部山区仍为畜牧业经济的西拨子类遗存。

而经过较长时期的干冷过程，包括北京北部山区在内的北方长城沿线大部地区都已经被半干旱草原所覆盖，这就为北亚蒙古人种的南下和北方长城沿线形成发达的游牧业文化——玉皇庙文化等准备了条件（图一八〇，下左）。为争夺资源，这些游牧文化和以农业为主的燕文化、赵文化频繁碰撞，农业文化时常面临威胁，镇江营聚落遗址的废弃就可能与玉皇庙文化所代表的游牧人群的侵入有关。而玉皇庙文化向西南方向的扩张，已将冀西北蔚县、晋东北浑源一带纳入代文化范围，并与更南河北中部畜牧色彩浓厚的中山国文化连为一体。

春秋中晚期气候较为干冷，但从燕下都等的发现来看，燕文化还基本沿袭以前的经济方式和社会模式，农业生产、建筑薪柴等都可能对附近植被造成一定破坏。与其他遗址相比，丁家洼遗址浮选出的炭化木屑的平均含量明显偏低，仅有0.108克/10升，但陶窑窑址采集的浮选土样炭化木屑含量却很丰富，表明烧陶所用燃料主要为木柴。而北京北部的玉皇庙文化的游牧经济方式，就可以更好地适应气候恶化，对环境的负面影响可能小得多。

8. 早期铁器时代后期

距今2500年左右进入战国时期以后，气候稍趋暖湿，气候带略向北推移，这就为人群的北向移动提供了可能。战国早中期，以北京平原燕文化和蓟城燕上都为根基，燕文化已经北向扩展到北京全境（图一八〇，下右）。强势的燕文化继续向北强力扩张渗透，实际上已将燕山地区基本纳入其势力范围，玉皇庙文化基本衰亡，凌河和下辽河流域也深受其影响。战国晚期燕文化向北方和东北方大规模扩张则更为剧烈，短时间内就将冀东北和东北南部地区都囊括其中，并在其北部边界修筑了燕北长城。燕文化的北进和对北方游牧—畜牧文化的胜利，开了整个长城沿线农业文化强力北进拓边的先河。到战国中晚期，燕、赵、秦诸国均向北拓土垦田，强力打击北方游牧民族。由于东部靠近海洋,季风气候向暖湿方向的转变也总是东部早于西部,因此农业民族对游牧民族的胜利也是先东后西,就连长城的修筑年代也遵从自东而西的次序。而被挡在长城之外的游牧民族则形成由东向西移动的趋势,并大大加强了东西向的联合,同时融入北亚人群而逐渐形成匈奴民族①。与此同时,在自然环境改善背景下强大起来的秦国则加紧了攻伐关东的行动,并最终于公元前 221 年统一六国,建立了秦帝国。14 年以后,它又被更具生命力的西汉帝国所取代。长城沿线的匈奴人群也迅猛发展,在汉文明影响之下而建立了匈奴帝国。

从局地自然环境来看,北京北部山区山林密布、交通不便,而南部平原平旷肥沃、交通便利,这使得北部山区特产枣栗而南部平原农业发达。类似的这种局地环境的差异,甚至在燕文化对外拓展的过程中也表现出明显的不同:燕文化向平原地带的影响更加迅速深入,而对山区的渗透则相对缓慢肤浅,这在冀西北、冀东北和辽西地区都有反映。即便到西汉时期,环境闭塞的延庆山区葫芦沟瓮棺中仍有殉葬兽骨的现象,附近西汉墓还随葬褐陶三足罐等,反映出早先玉皇庙文化因素的绵长延续。

从战国时期,尤其是战国晚期开始,随着铁农具逐渐普及带来的农垦能力的极大提高,北京尤其是北部山区的人地关系发生了较大变化。由于燕国北逐戎狄、拓边垦田,北部山区一些草场逐渐变为农田。战国时期干旱大局已不可逆转,游牧业仍然应当是适合当地的最佳经济方式。而在这些地方大面积的垦殖,就会对生态环境造成严重破坏,这种状况一直延续到汉代以后。

---

①　韩建业:《中国西北地区先秦时期的自然环境与文化发展》,文物出版社,2008 年。

第七章　结语

北京地区从几十万年的旧石器时代早期以来就一直有人类繁衍生息，从距今 12000 年进入全新世以后更加蓬勃发展。大体可将从新石器时代至秦皇朝建立以前的北京先秦文化分为 9 大阶段 16 期 25 段：第一阶段（公元前9000～前7500年）为新石器时代早期，第二阶段（公元前6000～前5000年）为新石器时代中期，第三阶段（公元前5000～前4000年）为新石器时代晚期，第四阶段（公元前3300～前2900年）为铜石并用时代早期，第五阶段（公元前2200～前1800年）为铜石并用时代晚期，第六、七阶段（公元前1800～前650年）为青铜时代，第八、九阶段（公元前650～前221年）为早期铁器时代。其中第一、二阶段间，第三、四阶段间和第四、五阶段间都有较大缺环。

我们从文化谱系、聚落形态、经济形态和人地关系等方面综合考察先秦时期的北京地区，得到如下主要认识：

（1）不同系统文化间不断的碰撞和融合，使北京地区不时成为文化旋涡区，并对文化上"早期中国"的形成和发展起到重要作用。

在新石器时代早中期 4000 多年的时间里，北京地区的东胡林类遗存、兴隆洼文化和赵宝沟文化基本属东北文化系统[①]。虽然内部存在诸多整合过程，但总体上稳定发展，且向周围的拓展和影响均较为显著。但自公元前5000年左右进入新石器时代晚期以来，文化格局发生根本性改变，随着黄河流域文化整合局势的加强和北向拓展，北京地区先是成为东北和华北文化系统南北共存的地带，后来又全部纳入仰韶文化——华北文化系统。正

---

① 严文明：《中国古代文化三系统说——兼论赤峰地区在中国古代文化发展中的地位》，《中国北方古代文化国际学术研讨会论文集》第 17～18 页，中国文史出版社，1995 年。

是通过北京地区的纽带作用，两大文化系统得以碰撞交融，终于有了集二者之长的红山文化的兴起，将西辽河流域也纳入文化上"早期中国"的范畴。

公元前4000～前3300年，正是黄河长江流域文化空前发展的时期，北京文化却出现"空白"或者极度衰弱的状态，这使得当地文化传统基本中断。公元前3300年进入铜石并用时代以后，才有多元文化交汇而成的雪山一期文化从冀中拓展至北京地区，又以北京为基点向西辽河流域扩展。正是在雪山一期文化的强势作用下，燕山南北文化融为一体，东北地区文化最发达的西辽河流域与中原文化已成为不可分割的统一体。

大约公元前2900年以后，北京地区农业文化再一次基本中断。直至公元前2200年进入铜石并用时代晚期晚段——龙山时代后期，才在多元文化的基础上形成雪山二期文化。由于雪山二期文化的中介作用，使得龙山后期的海岱、中原和北方地区连结为一体，对龙山时代文化上"早期中国"的发展和成熟起到重要作用。

青铜时代以后北京文化就再也没有出现过明显的中断，但文化旋涡的特征却仍然延续。公元前1800年左右形成的夏家店下层文化大坨头类型，尽管其基础是雪山二期文化，但也吸收了包括晚期夏文化（二里头文化）、早商文化在内的多种文化成分，甚至还有安德罗诺沃文化等西方青铜文化因素的渗入。夏家店下层文化本身的根基在中原，而分布地域却跨越东北和华北，其发展过程也是东北和华北文化系统进一步密切融合的过程。

公元前1300年前后形成的围坊三期文化，尽管以当地的夏家店下层文化大坨头类型为基础发展而来，但也有来自西部朱开沟文化和中原晚商文化等的重要贡献。更要紧者，从晚商开始在燕山地区形成畜牧色彩浓厚的抄道沟类遗存，首次在北京地区形成平原农业人群和山区畜牧人群南北对峙的局面。这种对峙虽然一定程度上阻碍了华北和东北地区的整合，但却加强了草原地带东西向的远距离交流，使得处于东亚东缘的北京地区也可以较快感受到来自西西伯利亚和中亚地区的草原气息。

公元前1050年左右，随着周文化的强力北向推进，北京文化格局发生重大变化，姬周文化、殷商文化和土著文化融合形成地方特色浓厚的燕文化。尤其周人实行的国野制度，使得北京大部地区居民仍以原先土著为主，从而残留较多土著文化因素。而北京北部以至于河北北部的燕山山区仍然有畜牧遗存存在。不过土著文化的长期存在，并不妨碍燕文化向北方广大地区的渗透影响，一些青铜礼器甚至时常发现于辽西地区。西周晚期至春秋早期燕文化中的土著文化因素虽迅速减少，但并非丧失殆尽，尤其北部山区仍有畜牧性质的西拨子类遗存或半农半牧的夏家店上层文化存在。

春秋中晚期，分布在北京地区大部的燕文化和北部军都山区的狄人文化——玉皇庙文化南北对峙，而且狄人的实力空前高涨。这使得北京地区成为农业民族对抗游牧民族的前沿阵地，战略地位显得异常重要。但文化交流和融合仍不断进行，玉皇庙文化乃至于西辽河流域的青铜文化当中，也常见燕文化青铜礼器等。以北京地区为核心，燕国通过文化传播和渗透的方式，逐渐同化、消融北方非农业民族，为下一步的北向发展奠定了基础。

战国以后，燕文化和北方游牧文化的关系发生了戏剧性变化。战国早中期，以北京平原燕文化和蓟城燕上都为根基，燕文化已经北向扩展到北京全境。强势的燕文化继续向北强力扩张渗透，实际上已将燕山地区基本纳入其势力范围，凌河和下辽河流域则深受其影响。战国晚期燕文化向北方和东北方大规模扩张则更为剧烈，短时间内就将冀东北和东北南部地区都囊括其中，并在其北部边界修筑了燕北长城。但即便这样，许多土著仍留居当地，其土著文化也一直有所残留，这在闭塞的山区更加明显。此外，虽然战国晚期燕山南北已经都是燕文化一统天下的局面，但来自西北的畜牧—游牧文化因素仍不断渗入。

正是北京地区的文化旋涡和纽带地位，使得不同系统和不同经济形态的文化彼此碰撞交融，为文化上"早期中国"的形成、发展和成熟作出了重要贡献。

（2）北京地区文明进程相对滞后于黄河长江流域，方国文明的形成和发展深受中原文明的影响。

北京地区一直和周围地区存在交流，新石器时代早中期的社会发展也和黄河长江流域基本同步：聚落没有明显分化，社会分工不很明显，社会基本平等，尚处于文明社会的前夜。黄河流域大致从新石器时代晚期晚段开始迈开走向文明社会的步伐[1]，以仰韶文化庙底沟类型近百万平方米的大型聚落和 250 平方米的似宫殿式房屋为代表，但北京地区却为庙底沟类型的北向拓展付出了沉重代价，此时基本为文化"空白"或极度衰弱期，文明起源自然无存谈起。

铜石并用时代早期是中国大部地区文化起源的关键时期，大汶口文化、良渚文化、红山文化、屈家岭文化的古城、大墓、玉器等都无不昭示出这一社会变革的过程[2]。当地的雪山一期文化虽然也出现以墓群强调各家族独立性的现象，但无论在墓葬大小，还是随葬品方面，并没有明显的贫富差别。之后龙山时代前夕的公元前 2900 ~ 前 2200 年之间则为"空白"期，又使北京地区在文明起源的浪潮中再一次错失良机。

由于北京文化自公元前 2200 年以后的龙山后期才连续无间断地发展，从而使北京地区的文明起源真正具备了条件。从雪山二期文化的陶器来看，种类空前繁多，专门化程度很高，仅炊器就有五大类之多，由此可推想其社会生活的丰富多彩，以及社会分工和社会阶层的存在。当时或已形成地方"邦国"，进入初期的文明社会，但缺乏聚落形态方面的直接证据。

公元前 1800 年左右进入青铜时代。虽然还看不出北京地区夏家店下层文化大坨头类型存在明显的贫富分化现象，但张营聚落日常生活区、宗教祭祀区和铸铜作坊区功能区分显著，表示社会秩序井然，并存在明确的社会分工。尤其铸铜作坊区的发现，是当时社会生产力得到较高发展的反映，推测当时的社会当比龙山时代更加复杂化。围坊三期文化有着随葬青铜礼器和铁刃铜钺的刘家河墓葬，其墓主人当为贵族甚或军事首领，表明北京及邻近地区晚商初期阶级分化相当严重。当时北京地区应当存在深受商王朝影响的"方国"，它们和其他许多方国一起，连接成多层次的以中原为核心的早期中国文化共同体。

公元前 1000 年后在中原周王朝的强势拓展过程中，北京地区成为其分封的诸侯国之一——燕国的核心所在，春秋战国时期燕上都和燕中都也都

---

[1]　张忠培：《仰韶时代——史前社会的繁荣与向文明时代的转变》，《文物季刊》1997 年 1 期第 1 ~ 47 页。

[2]　严文明：《略论中国文明的起源》，《文物》1992 年 1 期第 40 ~ 57 页。

在北京平原。琉璃河燕国都城遗址、燕国贵族墓葬、大量珍贵青铜礼器等，与燕国普通聚落和小型墓葬形成鲜明对照，使燕国严格的等级制度、强大的国家权力和高度文明的特质表露无遗。正是由于有燕国这样的诸侯国作为坚强屏障，周王朝才能数百年屹立于世。

西周以后北部山区具有浓厚畜牧色彩的青铜文化，尽管其社会发展水平远低于燕文明，但也都可能基本迈入文明社会的门槛，并且复杂程度渐次增加。尤其春秋中晚期的玉皇庙文化，墓葬分化显著，大型墓殉牲数量多达数十，随葬品近千，还有较多中原式青铜礼器、北方系月牙形项饰、虎形牌饰等珍贵金饰。如此明显的阶级差异和较为严密的组织制度，反映玉皇庙文化处于早期国家阶段。

（3）北京地区先秦时期多数时候都是农业和狩猎、畜牧乃至游牧经济共存的局面。

新石器时代早期的东胡林文化流行细石器，见有骨梗或石梗石刃刀，基本属狩猎经济，但石磨盘、石磨棒等的存在暗示其有出现旱作原始农业的可能。此外还有石器制作、骨器制作、制陶、木工、缝纫等手工业，其中磨制的斧、锛等木工工具是北京地区最早的磨制石器。这些手工业在数千年间一直得以发展延续。

新石器时代中晚期的兴隆洼文化和赵宝沟文化已明确存在铲、盘状器等农业工具，当已出现黍、粟类旱作农业，陶塑猪头的发现暗示当时已经饲养家猪，但狩猎采集仍占据重要地位。而新石器时代晚期北京南部新出现的仰韶文化下潘汪类型和后岗类型，出现可能用做爪镰的石刀形器，其农业比重可能更大一些，初步反映出北京地区南北部存在差异。

铜石并用时代的雪山一期文化和雪山二期文化与以前最大的不同，是明确用石刀，也就是爪镰作为收割工具，这应当是农业生产进一步发展的体现。雪山一期文化还明确发现家猪骨骼。陶或石质纺轮的较多发现，则是北京地区存在原始纺织业的反映。

青铜时代前期的夏家店下层文化大坨头类型当是以农业为主体，兼有狩猎捕捞和畜牧业的经济。其生产工具中，磨制精整的穿孔石刀、石镰和石铲等典型农业生产工具占到相当比重，表明不但以农业经济为主体，而且农业发展水平较高。但细石器镞、骨镞、石刮削器、陶网坠、铜鱼叉等的存在，是狩猎捕捞经济仍占一定比重的反映。更重要的是，其铜环首刀和穿孔砺石多半与较大空间范围的畜牧业有关，家畜中羊、牛的出现也说明畜牧业有显著发展。手工业方面与龙山时代最大的变化，是环首刀等小件铜质工具的出现与铜器冶铸技术的引入。围坊三期文化的情况大体依旧，铜器冶铸技术进一步发展，已经能够铸造铜容器，但当时燕山地区的抄道沟类遗存可能已经是半农半牧甚至畜牧业经济了，初步形成两种经济类型南北对峙的局面。

青铜时代后期的西周至春秋早期燕文化农业型经济发达，但也兼有狩猎、畜牧，其陶器、青铜器、玉石器、漆器、骨器制作等手工业都很发达，尤以复合泥范浑铸法铸造青铜器为最。而北部的西拨子类遗存见有较多北方系的镞、刀、剑、泡、猎钩等青铜器，当属于兼有狩猎成分的畜牧经济，其铜器制作也具有一定水平。两种经济类型南北对峙的局面进一步明显起来。

早期铁器时代前期的春秋中晚期燕文化仍然延续着以粟为主的旱作农业传统，而且形成先进的多品种农作物种植制度，还应当存在发达的铜器铸造技术，尖首刀的出现反映商品经济有相当的发展。而北部山区的玉皇庙文化则属于兼有狩猎成分的游牧经济，流行削刀、短剑、弓箭、穿孔砺石等，大量殉葬马、牛、羊、狗等草原家畜，陶器制作粗陋，青铜器复合范铸造技术尚不够成熟，也可能以尖首刀为专门钱币。两种经济类型的南北对峙空前显著。

早期铁器时代后期的战国时期燕文化出现镢、镰、铲、斧等铁器，先进铁器的大量使用，对燕国社会经济的发展，尤其是农业的发展，起到很大的促进作用。青铜器和铁器铸造业都呈现较高水平，战国晚期已经有白口铸铁、韧性铸铁、灰口铸铁、可锻铸铁等产品，并有锻钢、淬火等钢铁技术。

（4）当气候向干冷或暖湿趋势发展时，植被带随之向南或向北移动，多数情况下会带动不同经济方式的人群南北移动。

公元前5000年之后，气温和降水迅速回升。焕发活力的黄河流域文化迅速北扩，整合一新的仰韶文化下潘汪类型不但占据了河北平原大部，而且还扩展到北京南部地区。公元前4500年以后，仰韶文化后岗类型继续北向拓展的趋势，北京地区甚至滦河流域又成为黄河流域文化的组成部分，北京地区文化面貌空前统一。公元前 4000～前 3300 年间北京地区文化的"空白"或者衰弱状态，或许不排除气候暖湿、湖沼面积扩大给人们生存环境造成威胁的可能性。公元前 3500 年左右开始的气候寒冷趋势，迫使红山文化向西南移动并在河北中部产生雪山一期文化，并稍后拓展至北京地区。公元前 3000 年左右的气候寒冷事件则使得北京地区出现农业文化的"空白"现象，或许该地区一度被狩猎采集民族占据。公元前 1800 年左右气候又稍趋暖湿，雪山二期文化和后岗二期文化北扩形成夏家店下层文化。公元前 1300 年后气候稍趋干冷，使得环境较为恶劣的内蒙古中南部等地人群被迫向东迁徙，将朱开沟文化典型因素渐次传播到北京地区。公元前 1000 年左右到达干冷低谷，对以农为本的周人发展农业生产有较大影响，刺激周人对内调整应对策略，对外则强力东扩，并最终消灭商王朝，并乘势扩张至北京等地；同时畜牧人群东进南下，使得包括北京北部山区在内的北方长城沿线形成畜牧—游牧业文化。公元前 500 年以后气候稍趋暖湿，气候带略向北推移，这就为燕文化的大规模北向扩展创造了条件。

（5）自然环境及其变化制约着先秦时期北京地区的经济方式和经济水平，进一步影响到社会发展水平和阶段性变化，长期以后还形成了适合当地环境的社会发展模式，人地关系总体比较和谐。

北京地区总体水热和土壤条件较好，决定其农业发展水平有可能达到较高水平。西周以后以北京为核心的燕国之所以能够成为"富冠海内"的"天下名都"，又被誉为"天府"之地，当与这种较为优越的地理环境直接相关。

但北京地区环境变化敏感，这也使以其为根基的早期文化深受环境变化的影响，有不甚稳固的一面。新石器时代早期东胡林文化的形成背景，显然与全新世初期北京地区气温和降水的迅速回升有关，新石器时代中晚期至铜石并用时代旱作农业文化的蓬勃发展，与全新世适宜期的气候条件直接相关，而青铜时代以后畜牧经济成分的出现和变化，又与晚全新世前后气候向干冷方向的发展吻合。这当中的公元前 4000～前 3300 年间本来是气候暖湿期，黄河以北大部地区都在这种气候条件下大为受益，可唯独包括北京在内的河北平原一带由于地势低洼、湖沼扩大，反而给文化发展带来空前的障碍。公元前 3000 年左右的气候寒冷事件，又使北京地区一度出现农业文化的"空白"现象。再往后，公元前 2500 年左右的气候稍趋暖湿并未给北京地区带来文化的繁荣，反而在公元前 2200 年左右的气候干冷背景下出现了雪山二期文化，这可能仍与地势低洼的北京和河北中部平原地区湖沼面积的扩大与缩小有关。

北京南部平原适合发展农业，北部山区便于狩猎畜牧，这种局地环境所决定的经济差异在新石器时代中晚期便已显现，至青铜时代以后更是十分显著。青铜时代以后两种经济类型长期南北并存、相互交流、彼此补充的局面，使得北京文化富于变化和活力，文化发展再未中断。这也是适合北京环境特点的可持续发展的模式。

总体来看，先秦时期大部分时间内北京地区生产力发展水平有限，自然环境及其变化对文化发展有明显的制约；反过来，多样性的人类文化多数时候都能够有效适应环境特点及其变化，对自然环境的负面影响有限。这种比较和谐的人地关系，成为北京地区数千年文化发展的基础机制。在现在首都北京的现代化建设进程中，如何从自然环境的实际特点出发，人与自然和谐共存，实现北京地区环境资源的可持续利用、社会经济的可持续发展，将是一项十分艰巨的任务。

后 记

撰写本书的最初构想，和参与我校历史系前任系主任朱耀廷教授的研究项目有关。朱耀廷教授 2001 年开始主持北京市哲学社会科学规划重点项目《北京文化史（分类研究）》，预期结题成果是 10 多本系列性专著。设想如此宏大，当然非他单枪匹马可以完成，为此他请了校内外的很多专家参与研究，我是其中之一。他原希望我写一本关于北京文物考古通论性质的专著，但我以学力不逮婉言相辞，最后只同意与他合写《概论》卷，我仅负责撰写其中秦皇朝以前的考古学部分，并于 2004 年初步完成写作任务。

这次粗浅尝试，却引发我对北京先秦考古研究的浓厚兴趣。我发现北京本身的地域虽然不大，但却是东北、中原、海岱和狭义北方地区的交汇点，还和欧亚草原地带存在长距离的东西向联络，该地区自然环境变化对文化发展的影响也很是明显。研究北京先秦考古，可以在文化谱系、多元文化交流、社会演进、人地关系等多方面都有收获。只是我从 2004 年开始把重点放在国家社会科学基金项目《中国西北地区先秦时期的自然环境与文化发展》的研究上，无暇旁顾。2007 年西北项目结题后，我在北京市属高校人才强教计划等的支持下，才真正投入对北京地区的研究。实地调查遗址，观摩库房遗物，梳理文献资料，研究思路与做西北地区课题类似，内容也互相照应。阶段性成果以《试论北京地区的新石器时代文化》（《文物春秋》2007 年 5 期）和《试论北京地区夏商周时期的文化谱系》（《华夏考古》2009 年 4 期）为题发表，并在最终成果基础上修改形成本书。

在本书出版之际，我要对一直给予我指导和关怀的恩师、北京大学考古文博学院的严文明教授表示感谢！对北京大学考古文博学院我的老师们表示感谢！

对给予我帮助的北京市文物考古研究所的同行师友表示感谢！

对调查参观时给予支持的北京各区县文博部门的同行表示感谢！

对给予我支持和帮助的北京联合大学的领导和同事们表示感谢！

对一贯支持我的父母妻子和在北京市文物考古研究所工作的二弟韩鸿业表示感谢！

我从 1994 年来到联大历史系工作，就在各方面一直得到系主任朱耀廷教授的关照，也正是他引导我慢慢开始关注北京、研究北京，撰写这本书的起因也和他有些关系，只可惜他于今年春天带着无限的遗憾病逝。愿以此书的出版作为对朱耀廷教授的纪念！

2010 年 8 月 31 日